Religiöse Bildung als Weg

Peter Graf

Religiöse Bildung als Weg

Selbstfindung in einer Welt der kulturellen Vielfalt

Einführung in eine Theologie des Weges

Bibliografische Information der Deutschen Nationalbibliothek
Die Deutsche Nationalbibliothek verzeichnet diese Publikation
in der Deutschen Nationalbibliografie; detaillierte bibliografische
Daten sind im Internet über http://dnb.d-nb.de abrufbar.

Umschlagabbildung:
© Peter Graf

ISBN 978-3-631-64537-6 (Print)
E-ISBN 978-3-653-03683-1 (E-Book)
DOI 10.3726/978-3-653-03683-1

© Peter Lang GmbH
Internationaler Verlag der Wissenschaften
Frankfurt am Main 2016
Alle Rechte vorbehalten.
Peter Lang Edition ist ein Imprint der Peter Lang GmbH.

Peter Lang – Frankfurt am Main · Bern · Bruxelles ·
New York · Oxford · Warszawa · Wien

Das Werk einschließlich aller seiner Teile ist urheberrechtlich
geschützt. Jede Verwertung außerhalb der engen Grenzen des
Urheberrechtsgesetzes ist ohne Zustimmung des Verlages
unzulässig und strafbar. Das gilt insbesondere für
Vervielfältigungen, Übersetzungen, Mikroverfilmungen und die
Einspeicherung und Verarbeitung in elektronischen Systemen.

Diese Publikation wurde begutachtet.

www.peterlang.com

Herrn Bundespräsident a. D. Dr. h.c. Christian Wulff
als Dank für seine bildungs- und kulturpolitischen Impulse gewidmet

Vorwort

Interreligiöse Religionspädagogik in Zeiten des interkulturellen Konflikts zu konzipieren, stellt ein fachliches Wagnis dar. Dennoch muss jungen Menschen eine Antwort darauf gegeben werden, welche Wege des Glaubens sie in einer Welt der kulturellen Vielfalt beschreiten können, die aus der interreligiösen Konfrontation herausführen. Gleichzeitig soll religiöse Bildung sie befähigen, ihre eigene religiöse Identität zu finden. Meine Konzeption hierzu gründet auf einer interdisziplinären Analyse von Grundpositionen der Sozialpsychologie, der Anthropologie und Kognitionspsychologie, denen allgemeine Bedeutung für die Entwicklung junger Menschen zukommt. Daraus leite ich eine Perspektive für religiöse Bildung ab, in deren Mitte junge Menschen als Schüler stehen, die sich auf ihrem Weg in eine Welt der kulturellen Vielfalt befinden. Ihr religiöses Selbst in der Begegnung mit anderen zu entfalten ist eine grundlegende Aufgabe der Interreligiösen Religionspädagogik. Religion zu lernen heißt für Schüler, in einen Weg des Glaubens einzutreten, den sie in Achtsamkeit für ihre Gleichaltrigen und im Austausch mit dem Weltwissen beschreiben, das sie in anderen Fächern erfahren. In diesem erweiterten Horizont hat religiöse Bildung hat die Aufgabe, Schüler zu befähigen, individuell die Wahl ihrer religiösen Orientierung zu treffen und sich selbst auf den Weg des Glaubens zu begeben. In dieser Perspektive mündet meine Studie in eine Theologie des Weges, die in vielen Religionen — so im Tao asiatischer Lehren – von hoher Bedeutung ist. Ihr kommt eine wichtige Rolle für interreligiöse Beziehungen zu. Dabei ist eine Theologie des Weges immer eine Einführung, die vor und über die Lehre hinaus dazu befähigt, aufzubrechen, um auf dem eigenen Lebensweg den gewählten Glauben zu verwirklichen. Zudem richtet das Konzept des Weges tragfähige Brücken dafür ein, dass Menschen unterschiedlicher Religionen einander in dialogischer Beziehung begegnen.

Der offene Horizont für eine religiöse Wahrnehmung der Welt, den ich für die religiöse Bildung vorschlage, schließt keine Gruppe aus und weist keine Position der anderen a priori zurück. Daher sind Standards der Naturwissenschaften und der Erkenntnistheorie zu verarbeiten. Dieses dient nicht dazu, die eigene Lehre anzupassen, sondern sie für junge Leute in einen überzeugenderen Kontext einzubetten. So finden Schüler zu einem interdisziplinär begründeten Bild vom Menschen und der Welt, das sie befähigt, in einen konstruktiv-kreativen Austausch mit ihrer Umwelt einzutreten. An die Stelle sozialer Abgrenzung tritt eine Haltung, die Unterschiede erkennt und reflektiert. In der Verarbeitung von Differenz werden kreative Potentiale gefunden, die aus der Verschiedenheit kommen. Meine Studie zielt daher nicht auf eine spezifische Didaktik, sondern soll das religiöse Bewusstsein von Lehrern und Schülern dadurch erweitern, dass sie dazu befähigt, religiöse Differenz zu erkennen und gemeinsam konstruktiv zu verarbeiten. Hierin liegen nicht nur Möglichkeiten, die anderen neu wahrzunehmen, sondern auch die Chance, den je eigenen Weg vertieft in seiner einmaligen Bedeutung zu wahrzunehmen.

Obgleich mir bewusst ist, wie sehr das untersuchte Handlungsfeld von Frauen verantwortet wird, bitte ich um Verständnis dafür, im Sinne der Lesbarkeit des Textes die männliche Version für beide Geschlechter gewählt zu haben. Abschließend spreche ich Frau Dr. Melike Nihan Arpagin meinen großen Dank für Ihr Lektorat des Manuskripts aus.

Dezember 2015
P. Graf

Danksagung

Meine Grundlegung einer ‚Interreligiösen Religionspädagogik' bildet den Abschluss einer langjährigen Reflexion, deren Beginn im interreligiös konzipierten Aufbau des neuen Lehrgebietes *Islamische Religionspädagogik* an der Universität Osnabrück lag. An dieser Hochschule werden zusammen mit den Erziehungswissenschaften die Evangelische wie die Katholische Theologie gelehrt, so dass mit dieser Initiative der Plan verbunden war, an dieser Universität einen akademischen Raum für den interreligiösen Dialog zu schaffen. Er konnte nur durch die bildungspolitischen Initiativen des damaligen Ministerpräsidenten des Landes Niedersachsen, Herrn Dr. h.c. Christian Wulff, verwirklicht werden. Gleichzeitig haben herausragende geistliche Autoritäten in besonderer Weise dieses Vorhaben befördert. Hierzu zählt Kardinal Dr. Franz König, Erzbischof von Wien, sowie der damalige Präsident des *Päpstlichen Rats für den Dialog zwischen den Religionen* des Vatikans, Erzbischof Michael Fitzgerald (Pontificium Consilium pro Dialogo Inter Religiones). Eine besondere Unterstützung habe ich von Istanbul aus erfahren, jener europäischen Metropole, in der sich Christentum und Islam bis heute in existentieller Form begegnen. Hierfür soll als Zeichen meines Dankes ein Schreiben des Ökumenischen Patriarchen S.H. Bartholomaios I. wiedergegeben werden, das ich zur Eröffnung einer meiner Fachkonferenzen zum interreligiösen Dialog an der Universität Osnabrück erhielt. Die darin eröffneten Aufgaben und Perspektiven des interreligiösen Dialogs haben bis heute wegweisende Bedeutung.

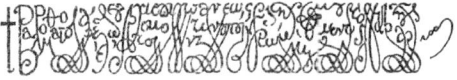

Τῷ Ἐλλογιμωτάτῳ κυρίῳ Peter Graf, Καθηγητῇ τοῦ ἐν **Osnabrück** Γερμανίας Πανεπιστημίου, τέκνῳ τῆς ἡμῶν Μετριότητος ἐν Κυρίῳ ἀγαπητῷ, χάριν καί εἰρήνην παρά Θεοῦ.

Ἡ καθ' ἡμᾶς Ἁγία τοῦ Χριστοῦ Μεγάλη Ἐκκλησία ἀκλινῶς στοιχοῦσα τῷ εὐαγγελικῷ μηνύματι τοῦ Σωτῆρος ἡμῶν Ἰησοῦ Χριστοῦ, ἀείποτε ἐν τοῖς προσώποις τῶν ἐν ποικίλαις ἀνάγκαις εὑρισκομένων συνανθρώπων, ἀνεξαρτήτως θρησκευτικῆς πίστεως καί φυλετικῆς καταγωγῆς, διαβλέπει αὐτόν τοῦτον τόν Κύριον, Ὅστις διά τῶν ὅσων ἀναφέρονται εἰς τό κε΄ κεφάλαιον τοῦ κατά Ματθαῖον Ἁγίου Εὐαγγελίου, ταυτοποιεῖ Ἑαυτόν πρός τούς ἐν περιστάσεσιν ἀδελφούς. Ὑπό τοῦ ἀνθρωπολογικοῦ τούτου πνεύματος ἐμφορούμενοι καί ἡμεῖς οἱ σημερινοί ταπεινοί συνεχισταί τοῦ ἔργου τοῦ καθ'ἡμᾶς Οἰκουμενικοῦ Πατριαρχείου, κατανοεῖτε, ὅτι ἰδιαιτέραν εὐαισθητοποίησιν ἔχομεν εἰς θέματα ἀφορῶντα εἰς τήν προβληματικήν τῶν ἐν περιστάσεσι κοινωνικῶν τάξεων, μεταξύ τῶν ὁποίων καί ἐκείνης τῶν μεταναστῶν καί μάλιστα τῶν οἰκονομικῶν ἀποκαλουμένων.

Ἡ διάβασις τῶν ἐθνικῶν συνόρων συνακολουθεῖται καί ὑπό τῆς πολιτιστικῆς, θρησκευτικῆς, μορφωτικῆς καί φυλετικῆς ἰδιαιτερότητος ἑνός ἑκάστου τῶν μεταναστῶν, εἴτε καί πολυπληθεστέρων ὁμάδων ἰδίας προελεύσεως. Ἡ δέ ὕπαρξις διαφορετικῶν τρόπων κοινωνικῆς ζωῆς καί ἐκφράσεως τῶν χωρῶν εἰς ἅς οἱ μετανάσται ἐγκαθίστανται, ἀναγκάζουν τούτους ἐν μεγίστῃ ψυχολογικῇ καί συναισθηματικῇ πιέσει νά συμμορφωθῶσιν, ὅσον ἔνεστι, πρός τάς ἐν τῇ νέᾳ υἱοθετουμένῃ πατρίδι ὑφισταμένας συνθήκας, τελείως διαφόρους τῶν ἐν τῇ χώρᾳ καταγωγῆς αὐτῶν ὑπαρχουσῶν.

Ὅθεν, ἐν τῷ πλαισίῳ τούτῳ καθίσταται φανερόν, ὅτι εἶναι ἀναπόφευκτοι αἱ οἱασδήποτε μορφῆς δυσλειτουργίαι καί διά τοῦτο χρῄζει τό φαινόμενον καί γεγονός εἰδικῆς μελέτης καί πολιτικῆς διά τήν ὁμαλωτέραν συμφιλίωσιν πρός τάς νέας συνθήκας ζωῆς.

Ἰδιαίτατα κατά τήν ἐποχήν ἡμῶν, διαπιστοῦντες ὁπόσον σημαντικώτατον ρόλον διαδραματίζει ἡ θρησκευτική πίστις καί ὁποίους κινδύνους ἐνέχει ἡ φανατική διαστρέβλωσις ταύτης διὰ τῶν ποικίλων ἐκφράσεων τοῦ φονταμενταλισμοῦ, ἀποτελουσῶν μείζονα ἀνασχετικὸν παράγοντα καὶ διὰ τὴν παγκόσμιον εἰρήνην, ἀλλὰ κυρίως καὶ διὰ τὴν ἀληθῆ σχέσιν τῆς Θεοπλάστου καὶ Θεοδιψάστου ἀνθρωπίνης ψυχῆς μετὰ τοῦ Δημιουργοῦ της, ὀφείλομεν μετὰ πολλῆς τῆς περισκέψεως καὶ τῆς σφαιρικῆς μελέτης τῶν ἀναφυομένων προβλημάτων νὰ ἀντιμετωπίζωμεν τὸ ἀνθρώπινον πρόσωπον, ρίπτοντες συνεχῶς γεφύρας ἐπικοινωνίας διὰ τοῦ πάντοτε ἀγαθὰ ἀποφέροντος διαλόγου.

Ὅθεν, μετὰ πολλῆς τῆς χαρᾶς ἀνταποκρινόμενοι εἰς τὴν μέσῳ ὑμῶν εὐγενῆ πρόσκλησιν τοῦ Ἐλλογιμωτάτου Προέδρου τοῦ καθ' ὑμᾶς Πανεπιστημίου, ὅπως μετάσχωμεν δι' ἐκπροσώπου εἰς τὰς ἐργασίας τοῦ ὑπὸ τὸν τίτλον: "Αἱ Θρησκεῖαι εἰς τὴν μετανάστευσιν-Ἡ διάβασις τῶν συνόρων ὡς πρόσκλησις εἰς διάλογον", ἐκεῖσε διοργανουμένου Συνεδρίου, ἀνέθεμεν τὴν ἀποστολὴν ταύτην τῷ Αἰδεσιμολογιωτάτῳ Πρωτοπρεσβυτέρῳ τοῦ Οἰκουμενικοῦ Θρόνου κ. Κωνσταντίνῳ Μύρων, διακεκριμένῳ κληρικῷ τῆς καθ' ἡμᾶς Ἱερᾶς Μητροπόλεως Γερμανίας, ὅστις καὶ θέλει προβῆ εἰς σχετικὴν εἰσήγησιν.

Συγχαίροντες τῷ ὑμετέρῳ ἀνωτάτῳ Πνευματικῷ Ἱδρύματι καὶ τοῖς σχοῦσι τὴν τοιαύτην πρωτοβουλίαν τῆς συγκλήσεως τοῦ λίαν ἐπικαίρου καὶ ἐνδιαφέροντος τούτου Συνεδρίου, ἀφιερουμένου, μάλιστα, εἰς τὴν μακαρίας μνήμης Καρδινάλιον **König**, μέγαν θρησκειολόγον καὶ ἄνθρωπον ἰδιαίτατα ἀγαπῶντα τὸν διάλογον ὡς μέσον ἀλληλογνωριμίας καὶ ἀλληλοσεβασμοῦ τῆς πολυθρησκευτικῆς ἐκφράσεως, ἐκφράζομεν πᾶσι τοῖς εἰς αὐτὸ συμμεθέξουσιν ἀγαπητοῖς καὶ ἐγκρίτοις κυρίοις εἰσηγηταῖς καὶ συνέδροις τὰς Πατριαρχικὰς ἡμῶν εὐλογίας, εὐχόμενοι πλουσίαν τὴν καρποφορίαν τῶν ἐργασιῶν εἰς δόξαν Θεοῦ καὶ εἰρηνικὴν πορείαν τοῦ εἰσέτι πολυπαθοῦς καὶ ἀνειρηνεύτου ἀνθρωπίνου γένους.

Ἡ δὲ χάρις τοῦ Εἰρηνάρχου Κυρίου ἡμῶν Ἰησοῦ Χριστοῦ, τοῦ κατ' ἐξοχὴν Ξένου καὶ Μετανάστου, εἴη μετὰ πάντων ὑμῶν, ἀδελφοὶ καὶ τέκνα ἐν Κυρίῳ.

βδ´ Δεκεμβρίου κγ´

Ökumenischer Patriarch Bartholomaios I

Dem hochgelehrten Herrn Peter Graf, Professor der Universität Osnabrück, unserem im Herrn geliebten Sohn, Gnade und Friede von Gott.

Unsere heilige große Kirche Christi erkennt in ihrer Treue zum Evangelium unseres Erlösers Jesus Christus in der Gestalt unserer von vielfältigen Nöten geplagten Mitmenschen Christus selbst, unabhängig von ihrer religiösen und nationalen Identität. Denn Christus identifiziert sich im Gleichnis vom Weltgericht (Mt 25,31–46) mit unseren Brüdern, die in Bedrängnis sind. Vom Geist dieser Humanität getragen haben wir, die wir heute in aller Demut die Mission des Ökumenischen Patriarchates fortführen, ersichtlich eine besondere Sensibilität für die Problematik derjenigen gesellschaftlichen Schichten, die in Nöten sind, für die Gruppe der Migranten und insbesondere der sogenannten Wirtschaftsmigranten.

Die Überschreitung ethnischer Grenzen bedingt auch andere Überschreitungen in den Bereichen Kultur, Religion, Bildung und Volkszugehörigkeit. Dies gilt sowohl individuell als auch kollektiv. Die Andersartigkeit des gesellschaftlichen Lebens der Einwanderungsländer erfordert von den Migranten, sich unter großem psychologischen und emotionalen Druck so weit wie eben möglich den in der Wahlheimat herrschenden Bedingungen anzupassen, auch wenn diese von den in ihrem Herkunftsland herrschenden Bedingungen vollkommen verschieden sind.

Es ist klar, daß in diesem Zusammenhang Konflikte jeglicher Art unvermeidlich sind. Darum bedarf das Phänomen, mit dem Sie sich befassen, eingehender Untersuchung und einer Politik, die die Angleichung an die neuen Lebensbedingungen erleichtert.

Angesichts der gerade in der Gegenwart signifikanten Bedeutung des religiösen Glaubens und der Gefahr seiner Perversion durch Fanatismus und die von ihm hervorgerufenen vielfältigen, den Weltfrieden, aber auch die wahre Beziehung der von Gott geschaffenen und nach Gott dürstenden menschlichen Seele zu ihrem Schöpfer bedrohenden Formen von Fundamentalismus müssen wir uns mit großer Besonnenheit und umfassender Analyse der sich aus all dem ergebenden Probleme der menschlichen Person annehmen, indem wir durch einen fruchtbaren Dialog beständig Brücken bauen, die die Kommunikation ermöglichen.

Darum antworten wir voller Freude auf die durch Sie an uns ergangene Einladung des hochverehrten Rektors Ihrer Universität, durch einen Delegierten an den Arbeiten des von Ihrer Universität ausgerichteten Kongresses „Die Religionen in der Migration – Grenzüberschreitung als Aufforderung zum Dialog" teilzunehmen. Wir haben den hochwürdigsten Erzpriester des Ökumenischen Throns Pfr. Constantin Miron, einen hervorragenden Kleriker unserer Metropolie von Deutschland, mit der Wahrnehmung dieser Delegation beauftragt. Er wird auch einen Vortrag zum Thema halten.

Wir freuen uns mit Ihrem renommierten Institut und mit allen, die die Initiative zur Veranstaltung dieses außerordentlich aktuellen und interessanten Kongresses, der Kardinal König seligen Gedenkens, einem großen Religionswissenschaftler und Mann gewidmet ist, der den Dialog als Mittel zum gegenseitigen Verstehen und zur gegenseitigen Respektierung in einer multireligiösen Welt ganz besonders geschätzt hat, ergriffen haben, und erteilen allen uns teueren und hochgeschätzten Teilnehmern, den Referenten und den Delegierten, unseren Patriarchalen Segen. Wir beten für einen reichen Ertrag aller Mühen zur Ehre Gottes und für den friedlichen Fortschritt der noch immer vielfältig leidenden und des Friedens entbehrenden Menschheit.

Die Gnade des Friedensfürsten, unseres Herrn Jesus Christus, des Fremden und Migranten par excellence, sei mit euch allen, Brüder und Kinder im Herrn.[1]

23. Dezember 2004
Patriarch Bartholomaios von Konstantinopel,
inständiger Fürbitter bei Gott

---

1   Übertragung durch Prof. Dr. I. Karvela, Universität Athen.

Inhaltsverzeichnis

Teil I 19
1.0 Religionen in einer Welt der kulturellen Vielfalt 19
    1.1 Interkultureller Dialog in Zeiten des Konflikts............................ 19
    1.2 Funktionalisierungen des Religiösen 21
2.0 Religiöse Bildung in öffentlichen Schulen 25
    2.1 Das Grundgesetz als Ausgangspunkt 29
    2.2 Die veränderte Stellung des Religionsunterrichts 30
    2.3 Das religiöse Gespräch ‚von Anfang an' 33
3.0 Religiöse Bildung und Sozialisation 35
    3.1 Dimensionen religiöser Sozialisation 44
        3.1.1 Religiöse Identität aus Verschiedenheit 44
        3.1.2 Die Verantwortung der Gemeinde für religiöse Selbstfindung 47
            a) Religiöse Selbstfindung als Heil-Werden 49
            b) Die Bedeutung von Gemeinde und Umwelt..................... 50
            c) Erneuerung durch religiöse Selbstfindung mit anderen ... 51
    3.2 Religiöse Sozialisation in einer Einwanderungsgesellschaft 53
    3.3 Raum für den interreligiösen Dialog 56
        1. Wissenschaftliche Institute für das Studium des Islam 57
        2. Akademische Ausbildung von muslimischen Religionslehrern und Imamen... 57
        3. Einrichtung einer religiösen Autorität in Deutschland..... 57
4.0 Religiöse Sozialisation in Europa 60
    4.1 Die Bereitschaft zur Verarbeitung von Differenz 61
    4.2 Die Zustimmung zu Veränderung 63
    4.3 Die Befähigung zum dialogischen Gespräch 64
    4.4 Die Offenheit für Erneuerung... 66
5.0 Schüler auf dem Weg nach Europa 68

Teil II 71
1.0 Religionen in Migration und Konflikt 71
    1.1 Interreligiöse Begegnung in einer vernetzten Welt 75
    1.2 Die Notwendigkeit einer Unterscheidung im Religiösen 76
2.0 Die Unterscheidung zwischen *Glaube* und *Religion* 80
    2.1 Der Glaube als Ursprung des religiösen Lebens 83
    2.2 Religion als Institution 86
3.0 Die Bedeutung einer Unterscheidung im Religiösen 89
    3.1 Folgen der Nicht-Unterscheidung 89
    3.2 Der Gewinn einer Unterscheidung 91

Teil III 99
1.0 Dialog als Beziehung 99
    1.1 Die Anthropologie Martin Bubers 99
    1.2 Die anthropologische Dimension des dialogischen Prinzips 100
    1.3 Selbstfindung im Dialog 102
        1.3.1 Dialog als personales Gespräch 102
        1.3.2 Dialog als Lernprozess 103
        1.3.3 Dialog als rückhaltloses Gespräch 103
        1.3.4 Dialog als Haltung der Verantwortung 103
2.0 Distanz und Beziehung 104
    2.1 Religiöse Bildung als Wahrnehmung von Individualität 105
    2.2 Das religiöse Selbst als offener Raum 106
    2.3 Erneuerung des Glaubens durch Interkulturalität 108
3.0 Religiöse Bildung inmitten einer interreligiösen Welt 109
    3.1 Religionsunterricht und Glaube 110
    3.2 Religionsunterricht und Selbstfindung 110
    3.3 Religionsunterricht in dialogischer Beziehung 111
    3.4 Religionsunterricht und Inklusion der Welt 111

Teil IV 115
1.0 Erkennen als Sich-Erfahren 115
    1.1   Naturwissenschaften und Theologien.................................... 116
    1.2   Erkennen in den Naturwissenschaften 119
2.0 Impulse der Naturwissenschaften für das Weltwissen 120
    2.1   Kernphysik als Blick in das Grenzenlose 120
    2.2   Physiker als Vermittler zwischen den Disziplinen 123
    2.3   Kernphysik als Annäherung an die Wirklichkeit 125
3.0 Die wirkliche Welt aus Naturkräften 128
    3.1   Die Einheit der Kräfte der Natur 132
    3.2   Das Wirkliche aus einem wirkenden Feld 133
    3.3   Potenzialität anstelle des Stofflichen 136
4.0 Impulse der Erkenntnispsychologie 140
    4.1   Erkennen aus der Leib-Geist-Einheit 141
    4.2   Erkennen aus der Verarbeitung von Differenz 144
    4.3   Bewegendes Erkennen aus bewegter Veränderung 148
5.0 Menschliches Bewusstsein in Beziehung 150
    5.1   Religiöses Erkennen aus persönlicher Erfahrung 153
    5.2   Großes Erkennen als ‚reine Erfahrung' des Absoluten 157
6.0 Religiöses Erkennen als Erfahren 160
    6.1   Eine Grundstruktur für religiöse Erfahrung......................... 162
        1.   Das Bewusstsein um die Einheit des Seins 162
        2.   Religiöses Erkennen als Selbstfindung........................ 163
        3.   Religiöses Bewusstsein aus der Beziehung 163
        4.   Religiöses Erkennen als konkretes Tun....................... 163
    6.2   Neues Erkennen aus der Verarbeitung von Differenz 164
    6.3   Erfahrung des Unbedingten im bedingten Leben................. 167

Teil V 171
1.0　Der Weg als Prinzip des Glaubens 171
　　1.1　Das Konzept des Weges 172
　　1.2　Der Weg als religiöse Botschaft 174
2.0　Erfahrungen von Menschen auf dem Weg 177
　　2.1　Ein Weg entsteht durch Gehen 178
　　2.2　Ein Weg besteht aus Schritten 178
　　2.3　Einen Weg zu gehen heißt zu wählen 179
　　2.4　Der Gegenkraft des Bodens standhalten 180
3.0　Der Weg als Erfahrung des Glaubens 181
　　3.1　Wege als Raum für Religionen 182
　　　　3.1.1　Die Einheit von Körper und Geist 182
　　　　3.1.2　Der individuell gelebte Glaube 183
　　　　3.1.3　Das Stehen im grenzenlosen Horizont 183
　　3.2　Notwendigkeit einer Theologie des Weges 185
　　　　3.2.1　Die interkulturelle Aufgabe der einen Welt 186
　　　　3.2.2　Die personale Aufgabe der Selbstfindung 187
　　　　3.2.3　Die soziale Aufgabe der Interaktion 190
　　　　3.2.4　Die kognitive Aufgabe der Verarbeitung von Differenz 192
　　　　3.2.5　Die religiöse Aufgabe der Beziehung zu Gott 195
4.0　Koordinaten interreligiöser Orientierung 199
　　4.1　Ein Axiom für religiöse Orientierung 200
　　4.2　Fünf Koordinaten der religiösen Orientierung 202
　　4.3　Wegweisung im interkulturellen Feld 213

> Wenn die Winde des Wandels wehen,
> bauen die einen Mauern,
> die anderen Windmühlen.
>
> (China)

Teil I

1.0 Religionen in einer Welt der kulturellen Vielfalt

Religiöse Bildung in der Schule findet im öffentlichen Raum statt. In Schulen werden Schüler eines Jahrgangs gemeinsam unterrichtet. Das Konzept, in gemeinsamen Klassen zu lehren und zu lernen, zeichnet das europäische Bildungswesen aus. Religiöse Bildung, die in Klassen des allgemeinen Schulwesens stattfindet und sich an die Schüler eines bestimmten Glaubens richtet, spricht daher immer junge Menschen an, die zusammen mit Gleichaltrigen lernen, die aus anderen Glaubensrichtungen und Religionen kommen oder auch einer säkularen Orientierung folgen. Damit ist religiöse Bildung an öffentlichen Schulen immer auch Teil der interreligiösen Begegnung, die in unserer Gesellschaft stattfindet. Doch welche Strukturen lassen Begegnung zu einer bereichernden Erfahrung im Dialog werden? Der zukünftige Religionsunterricht wird, – unabhängig von der darin gelehrten Religion –, nur überzeugen, wenn er kontinuierlich eine Perspektive des Dialogs entfaltet. Nur in dieser Ausrichtung wird der getrennte Religionsunterricht nicht zu einem Vorhaben, das parallele Welten pflegt.

1.1 Interkultureller Dialog in Zeiten des Konflikts

Wie können wir in Zeiten des Konflikts den interkulturellen Dialog pflegen, vor allem mit Blick auf das Verhältnis zum Islam, der neuen, zweitgrößten Religion in Europa? Der französische Philosoph Jacques Derrida hat eine seiner großen Studien zur Postmoderne mit dem Titel versehen: ‚Wie nicht sprechen?' Angesichts der Verwirrung, die im Verhältnis zum Islam herrscht, sollte das Wort von J. Derrida nicht übergangen werden. Zu viele haben schon ihre Stimme erhoben, ohne die Dinge zu klären. Zu viele halten sich für zuständig, ohne eine entsprechende Autorität zu haben. So geht es im Gespräch zwischen den Kulturen und Religionen darum, um die Fallen zu wissen, in die man in diesem neuen Feld tappen kann, und sich auf das Wenige zu beschränken, das in der aktuellen Situation allerdings gesagt werden muss. Festzuhalten ist, dass sich die westliche Welt seit vielen Jahren in einem Konflikt mit dem islamischen Kulturkreis befindet, der inzwischen seit 14 Jahren in einen offenen Krieg übergegangen ist. Verantwortungslose Politiker des Westens haben schwere Attentate muslimischer Terroristen zum Anlass genommen, um 2001 dem Land Afghanistan den Krieg zu erklären, 2003 dem Irak. Auf beiden Seiten haben entsprechend harte Positionen die Oberhand gewonnen, auf Seiten der Muslime kommt der terroristische Kampf hinzu. Doch auch Bombardements und offene Kämpfe sind blutige Gewalt. Das Klima verhärtet sich zunehmend. Auf beiden Seiten setzen sich Feindbilder über die anderen fest. Im gesamten islamischen Kulturkreis breitet sich eine Stimmung der Unterlegenheit gegenüber dem Westen aus, die zum Kampf gegen den Westen aufruft. Obgleich alle Konflikte und Kriege im Orient, in Nordafrika und Palästina im Kern aus politischen Gründen geführt werden, laden sie alle Beteiligten religiös auf, verhärten so den interreligiösen Konflikt. Derzeit kann die Welt nur auf Politiker in den betroffenen Ländern warten, die sich zuerst dem Frieden verpflichtet fühlen, die Kriege beenden. Über militärische Interventionen hinaus müssen die politisch Verantwortlichen in den betroffenen Ländern zusammen mit Politikern des Westens alles unternehmen, um in den umkämpften Ländern Freiheit und demokratische Rechte einzuführen. Ihr Fehlen und die mangelnde Beachtung der Menschenrechte ist der eigentliche Grund für das Ausbrechen von Gewalt, Terror und Kriegen im islamischen Kulturkreis. Millionen Syrer verlassen derzeit nicht nur ihr Land, in dem seit Jahren Krieg herrscht. Sie verlassen auch den islamischen Kulturkreis auf der Suche nach Freiheit und der Achtung der Menschenrechte.

Der aktuelle Krieg zwischen der IS-Terrormiliz im Orient, den dortigen Regierungen und dem Westen hat ein weiteres Merkmal der Konfrontation vor Augen geführt. Auf muslimischer Seite sind es einerseits vorwiegend junge Männer und Frauen, die in den Dschihad ziehen, andererseits kommen sie nicht nur aus muslimischen Ländern, sondern auch aus Europa, Nordamerika und den Nachfolgestaaten der UdSSR. Junge Menschen, die im Westen aufgewachsen sind, führen im Orient einen ebenso harten wie blutigen Krieg gegen den Westen oder Zivilisationen, aus denen sie selbst kommen.

Nichts kann die Bedeutung einer religiös-ethischen Bildung junger Menschen deutlicher vor Augen stellen als dieses Faktum. Im Orient, in der Türkei, aber auch im Westen muss eine neue religiöse Erziehung eingeführt und vermittelt werden, die den aktuellen Feindbildern den Boden entzieht, die zunehmende Verhärtung zwischen Juden und Christen gegenüber den Muslimen abbaut und junge Menschen befähigt, für den Frieden zwischen den Religionen einzutreten. Diese neue Aufgabe zu leisten beinhaltet nicht, neue religiöse Lehren zu verkünden. Doch sie verlangt von den Erziehern und Lehrern, dass mit der Lehre und dem Gesetz anders umgegangen wird. Daher werden Erzieher und Pädagogen diese entscheidende Aufgabe übernehmen müssen. Durch sie müssen in den Institutionen der Medien und Schulen neue Konzepte eingesetzt werden, um eben aus den Sackgassen des Konflikts, in die man global geraten ist, herauszuführen. Es wird daher wesentlich die Aufgabe von Pädagogen und Psychologen sein, in der Erziehung von jungen Menschen und der Beratung von Familien neue Wege der Begegnung und des gegenseitigen Verstehens zu erschließen, die bisher nicht wahrgenommen oder nur unzureichend beschritten wurden. Wie es heute junge Menschen nicht nur aus dem Orient, sondern auch aus Europa sind, die in den Dschihad ziehen, werden junge Gläubige in Europa und den muslimischen Ländern nötig sein, um eine gemeinsame Welt des Friedens zu schaffen.

1.2 Funktionalisierungen des Religiösen

Der Philosoph Jean-François Lyotard sah in der Implosion von bislang gültigen philosophischen Systemen das Kennzeichen der Postmoderne. Wie andere Denker stellt Lyotard fest, dass mit dem ‚*Ende der großen Erzählungen*' der Aufklärung die Religionen in einer neuen und überraschenden Form in die Politik einziehen. In dieser Linie hat Gilles Kepel 1991 mit seiner Studie ‚*Die Rache Gottes*',ein neues Kapitel in der Auseinandersetzung mit dem Religiösen eröffnet' das niemand mehr übergehen kann.[2] Zur großen Überraschung der Soziologen meldet sich ein Thema der Menschheit, das man für geklärt, ja für abgeschlossen hielt, in neuer Form zurück. Gilles Kepel verweist auf die kämpferische, ja gewalttätige Dimension im Judentum, Christentum und Islam, die neu in Erscheinung tritt. Nach Jan Assmann hat das Judentum mit der ‚*Mosaischen*

---

[2] Kepel, Gilles: Die Rache Gottes. Radikale Moslems, Christen und Juden auf dem Vormarsch, München – Zürich: Piper 1991.
– Kepel, Gilles: Die Spirale des Terrors. Der Weg des Islamismus vom 11. September bis in unsere Vorstädte. Aus dem Franz. von Ursel Schäfer, München – Zürich: Piper 2009.
Ich lehne es ab, an dieser Stelle erneut die mit großen Fehlern behafteten Studien der Konflikttheoretiker Samuel P. Huntington und Bassam Tibi zu zitieren. Nicht ihre destruktive Theorie hat sich bewahrheitet, vielmehr ist ihre Aufforderung zum Kampf zwischen dem westlichen und dem islamischen Kulturkreis von unfähigen Politikern, die zu dieser Zeit die westliche Welt führten, in die Tat umgesetzt worden, indem sie den gewalttätigen Terror von Al Quaida benützten, um eine Weltmacht zusammen mit westlichen Ländern in einen ebenso blutigen wie erfolglosen Krieg zu führen.

Unterscheidung' eine exklusive Konzeption des Monotheismus geschaffen, die religiöse Traditionen ihrer Umwelt als ‚*Gegenreligion*' zurückweist.³

Tatsächlich stehen wir im Verhältnis der Religionen zueinander vor einer erschütternden Bilanz, eben im Blick auf das Verhältnis zwischen den abrahamitischen Religionen Judentum, Christentum und Islam. Dieses wahrzunehmen, daran führt kein Weg vorbei. Religiöse Perspektiven sind zu einem wichtigen politischen Faktor geworden. Nicht nur Israel befindet sich seit seinem Bestehen im Kriegszustand mit den meisten seiner Nachbarn, die westliche Welt insgesamt ist in einen globalen Konflikt mit einer Reihe von muslimischen Ländern eingetreten. Die USA als führende Weltmacht des Westens haben 2001 Afghanistan angegriffen, 2003 dem Irak den Krieg erklärt und kämpfen nun mit anderen Ländern in Syrien gegen die IS-Milizen. Gleichzeitig kämpfen junge europäische und amerikanische Muslime auf Seiten der IS-Milizen im Orient gegen die ‚*Ungläubigen aus dem Westen*'. Die aktuellen Terrorattentate in Europa zeigen auf dramatische Weise, dass Europäer zu Beteiligten eines globalen Konflikts geworden sind. Nicht nur in Frankreich, in der gesamten Europäischen Union stellen die Muslime mit insgesamt rund 14 Millionen Menschen eine bedeutsame Bevölkerung dar, deren Größe die Bevölkerung einer Reihe von Mitgliedsstaaten der EU übertrifft. Die weitere Entwicklung der EU wird daher nicht zuletzt von der Form des interreligiösen Austausches mit den Muslimen in Europa abhängen.

Inzwischen hat dieser Konflikt zwei Kulturkreise weltweit erfasst, den europäisch-westlichen einerseits und den islamischen Kulturkreis andererseits: Letzterer umfasst große Teile Afrikas, den gesamten Orient, asiatische Länder bis nach Indonesien. Die beiden großen Kriege des vergangenen Jahrhunderts werden zu Recht als *Weltkriege* bezeichnet. Doch der globale, interreligiös begründete Konflikt, in den führende Weltmächte involviert sind, dauert inzwischen länger, als beide Weltkriege zusammen gedauert haben. So unvorstellbar das Töten und die Gewalt im 2. Weltkrieg war, so fallen doch die begrenzten Angriffe seit dem Krieg im ehemaligen Jugoslawien höchst brutal aus. Die ideologisch-religiöse Aufladung dieser Konflikte verlangt eine mentale politische Reform in den betroffenen Gesellschaften. Der hierzu nötige freie Raum des Denkens ist mit Waffen allein nicht zu schaffen. Für keinen der Kriege im Orient seit 2001 ist bislang ein friedlicher Ausgang erkennbar, weder in Palästina noch in Syrien, Afghanistan oder den umkämpften Ländern in Afrika.

---

3   Assmann, Jan: Die Mosaische Unterscheidung oder der Preis des Monotheismus, München: Hanser 2003, S. 49f.

Die Vergehen und Verbrechen, die derzeit im Namen der Religion durch Terror und Kriege geführt werden, finden nun seit über einem Jahrzehnt statt. Sie sind so umfassend, die Vertreibung und das Töten unschuldiger Menschen so alltäglich, dass darüber noch lange gesprochen werden muss. Wie über den Holocaust bis heute zu reden ist, wird in Zukunft auch dann, wenn die aktuellen interreligiösen Konflikte beendet sein werden, worauf die Welt wartet, zu sprechen sein. Bereits heute ist jedoch darüber zu reflektieren, was derzeit im Namen von Religionen geschieht. Zu lange ist schon geschwiegen worden. Wir müssen sprechen, denn die einfachste und falscheste Reaktion ist die Nicht-Antwort und die damit verbundene Haltung, keine Verantwortung zu übernehmen. Diese Haltung besteht darin, junge Muslime, die sich zum salafistischen Terror bekennen, umgehend auszuweisen, sie in das Land ihrer Eltern zu schicken.[4] Nichts mit dem islamistischen Fundamentalismus zu tun zu haben, unterstreichen immer wieder auch Imame und muslimische Dachorganisationen. Keine Verantwortung für junge Menschen zu übernehmen, die in unserer Gesellschaft heranwachsen, in jedem ihrer Argumente sich auf den Islam berufen, ist nicht länger zu vertreten, denn es handelt sich um junge Menschen dieses Landes, um Mitglieder muslimischer Gemeinden, um die Söhne und Töchter von muslimischen Familien, deren Kinder in Europa leben und den Schulen Europas lernen.

"Wie nicht sprechen?" Anders als die muslimischen Dachorganisationen handelt Frau Lamya Kaddor, muslimische Religionslehrerin in Nordrhein-Westfalen. Sie hat mit den *Liberal-Islamischen Bund* gegründet.[5] Frau Kaddor zeigt sich erschüttert darüber, dass auch aus ihren eigenen Schulklassen junge Muslime in den Dschihad als Kampf ziehen. Sie ist aber auch erschüttert über die generelle

---

4   Der Bayerische Innenminister J. Herrmann hat die umgehende Ausweisung eines salafistischen Muslimen aus dem Allgäu angeordnet, der seit seinem 3. Lebensjahr in Deutschland lebte, hier seine Schullaufbahn mit einem Fachhochschulabschluss absolvierte, keine andere Heimat als Deutschland hat. Mit dieser Ausweisung dokumentierte der Innenminister auch seine fehlende Verantwortung der muslimischen Minderheit gegenüber. Sie befördert deren Weg in den Fundamentalismus, der gegen die westliche Umwelt gerichtet ist. Ebenso meinte nach Presseberichten der Imam, in dessen Moschee der junge Mann betete: *„Mit diesen Herrschaften haben wir nichts zu tun."* Damit wird eine Haltung vertreten, die in den muslimischen Dachorganisationen vorherrscht, doch angesichts der Entwicklung weder ausreicht noch überzeugt.

5   Lamya Kaddor wollte als gläubige Muslimin nicht länger die Stellungnahmen, den zu konservativen Einfluss der Dachorganisationen auf den islamischen Religionsunterricht und die Lehre in den Hochschulen hinnehmen. Vgl.: Kaddor, Lamya: *Futter für die Salafisten. Zu Recht berichten die Medien über die dunklen Seiten des Islams. Manche aber betreiben geistige Brandstiftung*, Süddeutsche Zeitung, 17.11.14, Nr. 264, S. 2.

Verurteilung des Islams als Religion, nennt das ein ‚*Futter für die Salafisten*', die ihr Verhalten als ihre notwendige Antwort auf die ablehnende Haltung darstellen, die der Westen gegen den Islam angenommen hat. Lamya Kaddor spricht von geistiger Brandstiftung einerseits, aber auch von der Notwendigkeit, unter Muslimen neu darüber zu forschen, wie der Islam für so viele zur Quelle von Gewalt werden konnte. Wie konnte der Westen mit seinen Kriegserklärungen gegen muslimische Länder den Fundamentalisten das Argument in die Hand geben, die Muslime seien als Religionsgemeinschaft angegriffen worden? Es sei nach dem Koran nicht nur ihr Recht, sondern ihre Pflicht, zu kämpfen und Gott würde ihnen dabei beistehen.[6]

Muslimische Organisationen sprechen mit ihrer Ausgrenzung salafistischer junger Muslime eben ihr eigentliches Problem aus: Sie erreichen viele junge Muslime, die auf der Suche nach ihrem Glauben sind, nicht mehr. Ihre Imame, die die westliche Welt oft nicht wirklich kennen, sind nur teilweise in der Lage, junge Menschen auf ihrem Weg inmitten einer andersgläubigen Welt konstruktiv zu begleiten. Zu viele junge Muslime wenden sich nicht nur von ihnen, sondern auch von der Glaubensform ihrer Eltern ab, suchen nach dem ‚wahren Islam' im Internet. Dort wird eine religiöse Gegenwelt zur eigenen Umwelt aufgebaut, dort ruft man eindringlich Muslime dazu auf, endlich etwas zu tun, sich gegen diese religiöse und weltanschauliche Gegenwelt zu erheben, sich dem ‚wahren Islam' der Vorväter (arab. ‚salaf') und Nachfahren des Propheten zuzuwenden und in den Kampf zu ziehen. Eine fundierte und in Europa zu leistende wissenschaftliche und theologische Auseinandersetzung darüber, wie es dazu kommen konnte, dass junge Muslime aus europäischen Ländern in so großer Zahl im Namen des Islams in den bewaffneten Kampf der IS-Terroristen gegen den Westen, aus dem sie selbst kommen, ziehen, steht noch aus. Diese Aufgabe wird vornehmlich eine pädagogische und psychologisch fundierte Analyse sein. Sie muss jene Strukturen freilegen, die Verbindungen zwischen Religion und Gewalt herstellen. Über diese Erkenntnisse sind junge Menschen von der Vorstellung von Gegenwelten zu befreien, die zum gewaltsamen Kampf auffordern. Im Gegensatz dazu wird es in den muslimischen Minderheiten darum gehen, sich von Einstellungen der Bedrohung durch die Mehrheit zu lösen. Ihre jungen Gläubigen sind in neuer Form zu befähigen, ihren Glauben zusammen mit Andersgläubigen konfliktfrei

---

6   Es handelt sich um die Sure 22 al Hadjj, Vers 39: „*Erlaubnis (zum Kampf) ist denen gegeben, die bekämpft werden, weil ihnen ja Unrecht getan wurde — und Gott hat gewiss die Macht, sie zu unterstützen.*"
    Zit.n.: Der Koran, übers. v. Khoury, Adel Th.; Muhammad S. Abdullah, Gütersloh: Gütersloher Verlagshaus 1987, S. 254.

und ohne gegenseitige Ausgrenzung zu leben. Darin sollte eine der ersten Aufgaben muslimischer Dachorganisationen liegen, der Wirklichkeit ins Auge zu sehen, für junge Muslime in Europa Verantwortung zu übernehmen. Es sind nicht nur ihre Söhne und Töchter, sondern auch ihre Schüler und Gläubigen im Islam. Sie werden es sein, die auf Dauer über die Stellung der Muslime in Europa entscheiden werden.

> Jeder von uns steckt in einem Panzer,
> dessen Aufgabe ist, die Zeichen abzuwehren.
> Zeichen geschehen uns unablässig,
> leben heiß angeredet zu werden,
> wir brauchten uns nur zu stellen,
> nur zu vernehmen.
>
> Martin Buber [7]

2.0 Religiöse Bildung in öffentlichen Schulen

Die genannten Zusammenhänge verweisen auf die Notwendigkeit einer interreligiösen Erziehung junger Menschen. Sie muss dort, wo sie nicht stattfindet, neu eingeführt werden, wo sie nur unzureichend stattfindet, von allen Beteiligten gemeinsam neu konzipiert werden. Öffentliche Schulen sind berufen, unsere sozialen Landschaften für die interkulturelle Begegnung der jungen Generationen zu öffnen, sie vom religiösen Gegeneinander zu befreien. Schule ist in Deutschland darüber hinaus dem Konzept der individuellen Bildung ihrer Schüler verpflichtet. Damit zielt ihre Aufgabe im Kern auf die Entfaltung der individuellen Person in jedem einzelnen Schüler. Sie werden es sein, die als junge Gläubige die Begegnung mit anderen suchen, den interreligiösen Dialog führen oder beides zurückweisen. In einen interreligiösen Dialog treten nur Menschen ein, nicht Institutionen oder Parteien. Je mehr gläubige Menschen den interreligiösen Dialog pflegen, umso überzeugender werden seine Ergebnisse in das öffentliche Leben ausstrahlen. Damit wird die religiöse Bildung von Schülern als Teil der Entfaltung ihrer individuellen Identität zur eigentlichen Schnittstelle des zukünftigen Verhältnisses der Religionen zueinander. Nicht Institutionen oder Lehrgebäude werden ein Verhältnis des gegenseitigen Verstehens schaffen, sondern individuelle Personen, die als Gläubige ihrer Gemeinschaft personal handeln.

---

7 Buber, Martin: Das dialogische Prinzip, Heidelberg: Schneider 1984 (5. Aufl.) S. 153.

Das *öffentliche Schulwesen* in Deutschland ist endlich dabei, sich auf die religiös-ethische Bildung ihrer rund 700 000 Schüler muslimischen Glaubens einzustellen. Hierin geht es um die Verwirklichung hoher Vorgaben des Grundgesetzes. Gleichzeitig wird die notwendige bildungspolitische Entwicklung in einigen Ländern weiterhin nicht in der verfassungsmäßig gebotenen Konsequenz verwirklicht.[8] Eben in diesem Kontext ist festzuhalten, dass diejenigen jungen Muslime, die jetzt aus Deutschland in den Dschihad ziehen, in der Regel als Schüler ‚*in die Pause geschickt*' wurden, wenn ihre Mitschüler Religionsunterricht oder Ethik hatten. Nachdem sie sprachlich schon nicht zählten, wurden sie auch hier, im Feld der Werte, des Weltbildes und Glaubens als kulturelle Habenichtse ihren Mitschülern vorgeführt, einer quantité négligeable vergleichbar in ihrem Glauben übergangen.[9] Diese Erfahrung über einen ganzen Lebensabschnitt hinweg vergessen junge Menschen nicht so leicht. Schließlich war ihr Glaube etwas, das ihre Mitschüler nicht kannten, das Einzige, was sie auszeichnete gegenüber ihren Freunden. Zu erfahren, dass dieses Merkmal der eigenen Identität nicht nur übergangen, sondern ein Schülerleben lang zurückgewiesen wurde, hat sie auf die Lehren des Internets verwiesen und sie für dessen Botschaft sensibilisiert. Sie lautet in ihrem Kern: ‚Wir Muslime werden vom Westen abgelehnt, doch wir besitzen allein den einzig wahren Glauben. Es ist daher

---

8   Im Bundesland Bayern wird weiterhin nach einem Konzept, das nicht die Ansprüche des Grundgesetzes erfüllt, in vorläufiger Form *Islamunterricht* angeboten, entsprechend auch keine Lehrerbildung mit einem Abschluss zur regulären Befähigung, islamischen Religionsunterricht zu lehren, an einer der bayerischen Universitäten verwirklicht. Ab 2009 werden für über 100 000 Schülerinnen muslimischen Glaubens in öffentlichen Schulen bislang verschiedene Konzepte wie *Islamische Unterweisung in deutscher Sprache* als *Islamischer Unterricht* dargestellt, wobei das Kultusministerium festhält, dass es sich dabei nicht um einen islamischen Religionsunterricht nach GG 7.3 handelt.

9   Dalil Boubakeur, Rektor der *Mosquée de Paris* und Präsident des 2003 gegründeten ‚*Conseil Français du Culte Musulman*', spricht als geistliche Autorität für die größte muslimische Minderheit in Europa, rund 5–6 Mio. Muslime. Boubakeur bezeichnete mir gegenüber die Tatsache, dass Muslime in Frankreich, die dort seit den späten 40iger Jahren arbeiteten, mit ihren Mitbürgern über alles sprechen konnten, nur nicht über ihre Religion, als die tiefste Verletzung ihrer Identität, denn der Islam war für sie das Einzige, das sie als französische Muslime gegenüber den Einheimischen auszeichnete. Vgl.: Boubakeur, Dalil: Der interreligiöse Dialog als Faktor des sozialen Zusammenhalts in Europa und Instrument des Friedens im Mittelmeerraum, in: Graf, Peter (Hg.): Der Islam im Westen, der Westen im Islam. Positionen zur religiös-ethischen Erziehung von Muslimen, Göttingen: V&R Unipress 2004, S. 201–209.

unsere Pflicht, aufzustehen und für den Islam einzutreten, ja selbst für den Islam zu kämpfen…' Der islamische Fundamentalismus in Europa ist nicht nur Ergebnis einer verhärteten Lehre, die noch zu weit verbreitet ist. Er muss auch als Ergebnis der Erfahrung von Ausgrenzung gesehen werden, die die muslimischen Einwanderer bis heute weithin erfahren. Die bisherigen Konzepte von Akkulturation und Integration haben nach Ludger Pries noch nicht den notwendigen Prozess der Teilhabe an der Migrationsgesellschaft eingeleitet, um den es eigentlich geht.[10] Für schulische Erziehung ist es hierzu notwendig, den anderen Glauben von Schülern aus muslimischen Familien wahrzunehmen anstatt diese Schüler zu übergehen.

Ein Lehrspruch des Zen-Buddhismus lautet: *Zwei Spiegel spiegeln einander.*[11] Gläubige müssen in der Begegnung mit anderen Religionen diese Wahrheit erkennen und sie überschreiten. Trotz ihrer Wahrnehmung von Verschiedenheit muss es ihnen möglich sein, das Bild vom Glauben des anderen als ein Gegenbild zum eigenen Glauben wahrzunehmen. Das Spiegelbild des fremden anderen wird zu so einem Konstrukt des vertrauten Eigenen, insofern es von ihm abweicht. Die Bilder, die zwischen zwei Spiegeln hin und her reflektiert werden, verstärken sich gegenseitig nicht nur laufend, sie vervielfältigen sich ins Endlose. Die Spiegelungen selbst wiederholen sich ständig, wenn die Spiegel diametral einander gegenüber stehen. Sie lassen keinen Ausweg aus der Gegen-Wirklichkeit zu, die sie endlos verlängern. Gleichzeitig reicht eine kleine Drehung des eigenen Spiegels aus, um die geschlossene Selbstreferenz zu erkennen, so den Horizont zu öffnen und die endlose Reihe der Spiegelungen als das zu erkennen, was sie ist: ein Konstrukt von Vorstellungen, die sich gegenseitig hochschaukeln. Wer sollte diese Welt der gegenseitigen Spiegelungen aufbrechen wenn nicht die öffentliche Schule mit den vielen Blickwinkeln ihrer Fächer, mit den so verschiedenen Individuen ihrer Schüler? Dabei geht es nicht darum, Schüler als junge Gläubige theologisch neu einzustellen, sondern darum, dass diese für ihren Lebensraum erkennen, dass alle Entwürfe des Eigenen nur dann ihre volle Bedeutung entfalten, wenn sie geöffnet werden für die andere Antwort und den anderen Blickwinkel des anderen. Alle Gläubigen müssen erkennen, dass sie ihre eigenen Entwürfe spiegeln, wenn sie eine antithetische Umwelt annehmen. In ihnen wird wie erwartet der Glaube der anderen immer als ‚Gegenreligion' erscheinen, wie sie Jan Assmann in seiner Studie für die Konzeption der

---

10 Pries, Ludger: Teilhabe in der Migrationsgesellschaft: Zwischen Assimilation und Abschaffung des Integrationsbegriffs, in: IMIS-Beiträge 47/2015, Osnabrück, S. 7–36.
11 Zit. n. Smith, Jean (Hg.): Dem Lauf des Wassers folgen. Zen-Meditationen, München 2001, S. 203.

mosaischen Lehre festgestellt hat.[12] Dafür ist ein schwerer Preis zu bezahlen, der nicht von der Religion der anderen kommt, sondern vom Umgang ihr im Spiegel der eigenen Religion.

Damit dient die vorliegende Abhandlung nicht dazu, religiöse Lehren zu bewerten oder neue zu entwerfen, sondern dazu, den Umgang mit dem eigenen Glauben im Verhältnis zu einer veränderten Umwelt neu auszurichten. Nicht die Glaubenslehren haben sich geändert, vielmehr sind die Umwelten, in denen alle Weltreligionen zu leben sind, andere geworden. Es geht darum, das Feld der religiösen Wahrnehmung durch Impulse aus der Pädagogik, der Sozialpsychologie, der Erkenntnistheorie und Naturwissenschaften zu öffnen. Es geht um die Fähigkeit, den eigenen Glauben im Horizont der Weltbilder, denen andere folgen, ‚wahr-zu-nehmen'. Die Schnittstelle hierzu wird immer der einzelne junge Mensch auf seinem eigenen Weg zu glauben sein. Er ist es, der eine tradierte Religion in einer bestimmten Lebenswelt in einen gelebten Glauben wandelt. Er ist über religiöse Bildung auf seinen einmaligen Weg vorzubereiten. Religiöse Erziehung als personale Bildung wird ihm aufzeigen, dass er sein Selbst nur in offener Begegnung mit seiner Welt ringsum finden und seinen Weg nur mit anderen überzeugend gehen kann. Damit steht der einzelne Mensch in seiner gläubigen Identität im Mittelpunkt dieser Studie. Sein personales Selbst im Glauben wird er nur inmitten des Kulturkreises, dem er angehört und in dem er lebt, verwirklichen können. Dabei wird seine Fähigkeit, die Impulse seiner Umwelt mental zu verarbeiten, ohne bestimmte Teile oder Gruppen auszuschließen, entscheidend sein.

Die zukünftige Lebenswelt, die Welt der Europäischen Union wird in vielen Bereichen noch zu gestalten sein. Ihre Entwicklung liegt noch in vielen Bereichen im Dunkeln. Doch sicher ist, dass Europa noch mehr als bisher durch seine kulturelle und religiöse Vielfalt gekennzeichnet sein wird. Die gleichrangige Achtung vor der Person des einzelnen Menschen ist durch die Grund- und Menschenrechte in allen europäischen Staaten gesichert. Sie schützt den einzelnen Gläubigen in der von ihm gewählten Religion ebenso wie sie von ihm verlangt, alle Menschen ringsum unabhängig von deren Religion und Weltbild zu achten.

Angesichts der vorliegenden Aufgabe muss meine Studie theologische Positionen überschreiten, sie neu in die Prozesse von Sozialisation und Entwicklung einordnen, ohne sie in ihrem Kern zurückzuweisen. Vergleichbar ist im Religionsunterricht religiöses Wissen nicht nur zu lehren, sondern einzusetzen, um

---

12 Assmann, Jan: Die Mosaische Unterscheidung oder der Preis des Monotheismus, München: Hanser 2003, S. 59f.

Schüler als junge Menschen zu befähigen, inmitten ihrer Religionsgemeinschaft und ihrer Lebenswelt ihren Glauben zu entfalten und personal zu verwirklichen. Diese Perspektive schreibt jeder Theologie eine dienende Aufgabe zu, denn nicht sie, sondern der Gläubige in seiner Beziehung zu Gott steht in der Mitte des Glaubens. So werde ich abschließend Positionen zur Grundlegung einer *Theologie des Wegs* vorlegen. Sie beinhaltet nicht nur Leitlinien für eine religiöse Bildung, die interreligiöse Brücken für eine religiöse Erziehung in gemeinsamen Schulen schaffen. Sie dient in allen ihren Positionen dazu, junge Menschen zu befähigen, ihren religiösen Weg gemäß dem von ihnen gewählten Glauben selbst zu gehen.

2.1 Das Grundgesetz als Ausgangspunkt

Der Religionsunterricht an öffentlichen Schulen in Deutschland stellt eine einmalige Antwort jener Persönlichkeiten dar, die 1948 das Grundgesetz entworfen haben. Nach den Personenrechten, noch vor den Rechten der deutschen Bürger, haben sie in § 7 den Religionsunterricht als ‚*ordentliches Lehrfach*' begründet. Kein anderes Schulfach wird im Grundgesetz strukturiert. Die einmalige Bestimmung, an prominenter Stelle ‚*Religionsunterricht*' als ordentlichen Teil schulischer Erziehung einzuführen, hat mit der Katastrophe des Dritten Reiches zu tun, dessen Verbrechen gegen die Menschlichkeit jedes Maß überschritten haben. Alle staatlichen Institutionen, die für Recht und Ethik zuständig waren, haben einschließlich der Schule gänzlich versagt, junge Menschen nicht zu indoktrinieren, vielmehr im Sinne von Bildung für die individuelle Freiheit von Gewissen und Glauben einzutreten. Diese Erfahrung musste zudem dazu führen, den Religionsunterricht nicht ausschließlich in die Hände des Staates zu legen. Nur in Kooperation mit den Religionsgemeinschaften sollte dieser Unterricht, der gleichwohl unter der Aufsicht des Staates stattfindet, verwirklicht werden. Der Verfassungskonvent auf Herrenchiemsee tagte eben im Jahr 1948, in dem die Allgemeine Erklärung der Menschenrechte der UN beschlossen wurde. Wie die UN-Charta verbürgt das Grundgesetz nicht nur die Freiheit des Gewissens und des Glaubens, sondern auch dessen ungestörte Pflege und die Bildung im Glauben. Sie ist aller staatlichen Gewalt entzogen.[13] Auch die ‚*Allgemeine*

---

13 Der betreffende **Artikel 18 der UN-Menschenrechte** lautet: Jeder hat das Recht auf Gedanken-, Gewissens– und Religionsfreiheit; dieses Recht schließt die Freiheit ein, seine Religion oder seine Weltanschauung zu wechseln, sowie die Freiheit, seine Religion oder seine Weltanschauung allein oder in Gemeinschaft mit anderen, öffentlich oder privat durch Lehre, Ausübung, Gottesdienst und Kulthandlungen zu bekennen.

Erklärung der Menschenrechte' durch die UN ist als Aufarbeitung der vorausgehenden Katastrophen des 2. Weltkriegs und des Holocausts zu verstehen.[14] Entsprechend geht es in den sowohl im Grundgesetz wie in der Menschrechtscharta gewährten Rechten zentral um den Schutz des einzelnen Menschen in Glaubens- und Gewissensfragen, nicht um die Rechte und den Einfluss von Religionsgemeinschaften, die ja sehr wohl in vielen Nationen die staatliche Macht mit bestimmen. In Deutschland ist der Religionsunterricht in öffentlichen Schulen ein Angebot an gläubige Schüler und deren Familien, diesen Unterricht zu wählen. Darüber hinaus war dieser Unterricht, der sich getrennt an verschiedene christliche Konfession wandte, durch eine gemeinsame Ethik und ein übergreifendes Menschenbild aus christlichem Ursprung geprägt.[15]

Vorausschauende Politiker haben diese hohe Vorgabe des Grundgesetzes zum Anlass genommen, auch für muslimische Schüler in Abstimmung mit den ihren Religionsgemeinschaften eine religiöse Bildung in öffentlichen Schulen anzubieten. Eine führende Rolle in diesem Feld, politische Verantwortung zu übernehmen, hat Christian Wulff als Ministerpräsident des Landes Niedersachsen wie auch als Bundespräsident für Deutschland eingenommen.[16]

2.2 Die veränderte Stellung des Religionsunterrichts

In einem doppelten Sinn hat sich die Stellung des Religionsunterrichts in öffentlichen Schulen grundlegend geändert: Die christliche Religion mit ihren Konfessionen ist nicht weiter die bestimmende Religion in Deutschland. Ferner geht der Anteil der Eltern — auch Familien christlichen Glaubens — laufend zurück, die Religion als Fach für ihre Kinder wählen. Die übergreifende ethische

---

14 Sollten die schweren Konflikte, die derzeit in muslimischen Staaten stattfinden, vergleichbar zur Folge haben, dass nach ihrer Beendigung auch in diesen Staaten demokratische Rechte verwirklicht, die Gewissens- und Religionsfreiheit einschließlich der Menschenrechte eingeführt werden, so stünde die Welt vor einem historischen Wandel der Befreiung von Menschen und Achtung ihrer Würde.

15 Der *Ethikunterricht* als ‚Ersatzunterricht' für Schüler, die keinen RU wahrnahmen, wurde in den verschiedenen Bundesländern erst in den 80iger Jahren eingeführt.

16 – Wulff, Christian: Religion und Gesellschaft in Europa, in: Graf, Peter; Gibowski, Wolfgang G.: „Islamische Religionspädagogik" – Etablierung eines neuen Faches. Bildungs- und kulturpolitische Initiativen des Landes Niedersachsen, Göttingen: V&R Unipress 2007, S. 31–38.
– Wulff, Christian: Die bunte Vielfalt Europas ist Sache seiner Bürger, in: Vogel, Bernhard (Hg.): Heimat, Vaterland, Europa. Festschrift zum 70. Geburtstag von Hans-Gert Pöttering, Köln: Böhlau 2015, S. 493–498.

und weltanschauliche Relevanz des Religionsunterrichts besteht wie früher nicht mehr. Diese Aufgabe hat das neu eingerichtete und generell wählbare Fach ‚Ethik' übernommen.

Religiös werden in den großen Städten Deutschlands die meisten Weltreligionen gelebt. Der Islam ist mit rund 5 Millionen Gläubigen zur zweiten Religionsgemeinschaft in Deutschland geworden. Ebenso ist Deutschland zu einem wichtigen Einwanderungsland für Juden aus Osteuropa geworden. Damit stehen die großen Kirchen nicht mehr wie früher umfassend für religiöse und ethische Bildung in Deutschland. Das Fach ‚Religion' ist zunehmend zu einem Wahlfach geworden, das erstens die Eltern einer Schule nur teilweise wählen. Zweitens können die Schüler je nach Bundesland ab dem Alter von zwölf Jahren dem Religionsunterricht zustimmen oder das Fach nach ihrer Religionsmündigkeit mit 14 Jahren — teilweise auch später wie in Bayern — abwählen.[17]

Anders als früher ist damit Religionsunterricht nicht mehr ‚ordentliches Lehrfach', das weithin die gesamte Schullaufbahn der Schüler — je nach ihrem Bekenntnis — bestimmte. Die Zukunft des Religionsunterrichts hängt daher davon ab, in welchem Umfang dieser Unterricht von den Eltern gewählt und wie lange er von den Schülern selbst gewünscht wird. Hierzu müssen die Schüler erst mal den Gewinn erfahren, den religiöse Bildung für ihre Schullaufbahn ‚bringt', wie sie gerne sagen. Dieser Kontext gilt ebenso für religiöse Minderheiten, die eben dabei sind, den islamischen oder alevitischen Religionsunterricht in öffentlichen Schulen einzurichten. Auch für sie wird gelten, dass keine Organisation, sondern gläubige Eltern, vor allem aber individuelle Schülerpersönlichkeiten darüber entscheiden werden, inwieweit religiöse Bildung zu einem ‚ordentlichen Lehrfach', auf Dauer, damit zu einem kontinuierlichen Teil ihrer Schullaufbahn werden wird.

Die gegebene neue Situation verdeutlicht das Eltern- und Personenrecht, das den Religionsunterricht letztlich trägt. Der Religionsunterricht an öffentlichen Schulen wird nur aufgrund ihrer Wahl und kann laut GG 7.3 nur ‚*in Übereinstimmung mit den Religionsgemeinschaften*' durchgeführt werden. Es genügt nicht, dass eine Institution oder Vereinigung den Religionsunterricht beschließt und für ihre Gemeinschaft fordert. Um die nötige Übereinstimmung zu schaffen, sind kontinuierliche Gespräche zwischen den Eltern, den Religionsgemeinschaften, Wissenschaftlern und den zuständigen Kultusministerien erforderlich. Als

---

17 In Bayern ist diese Abwahl des Religionsunterrichts erst mit 18 Jahren möglich, die Pflicht zur Teilnahme am Religionsunterricht entfällt allerdings vorher schon mit dem Kirchenaustritt.

erstes deutsches Bundesland hat Niedersachsen unter der Verantwortung von Ministerpräsident Christian Wulff einen entsprechenden ‚Runden Tisch' im Kultusministerium in Hannover ab dem Jahr 2003 eingeführt. Das Land Niedersachsen ist im Blick auf den ‚Islamischen Religionsunterricht' an öffentlichen Schulen weiter fortgeschritten als andere Bundesländer, die hohen Anforderungen von GG 7.3 zu erfüllen. Ebenso hat das Land an der Universität Osnabrück unter meiner fachlichen Verantwortung den ersten Masterstudiengang ‚Islamische Religionspädagogik' zur Ausbildung von muslimischen Religionslehrern innerhalb der etablierten Lehrerbildung eingeführt und 2008 international akkreditieren lassen.[18] Das noch von mir konzipierte ‚Zentrum für Interkulturelle Islam-Studien' (ZIIS) der Universität Osnabrück ist inzwischen von Bülent Uçar und seinen Kollegen zum bundesweit bedeutsamen ‚Institut für Islamische Theologie' (IIT) ausgebaut worden.

Ein vergleichbar intensives Gespräch über Fragen der Erziehung der muslimischen Minderheit wurde ab 2006 in Berlin in der ‚Deutschen Islam Konferenz', die Wolfgang Schäuble 2006 als Innenminister einberufen hat, geführt. Diese Versammlung von Verantwortlichen aus den Regierungen, den Minderheiten und zuständigen Wissenschaften ist von W. Schäuble als eine offene Konferenz konzipiert worden, die — über einzelne Aufgaben und Beschlüsse hinaus — das Gespräch mit den Muslimen im Land führt, so lange entsprechende Themen gemeinsam zu bearbeiten sind.

Unabhängig von der gewählten Religion wird der Religionsunterricht in öffentlichen Schulen ein intensives Gespräch zwischen den Eltern, Erziehern und Schülern einerseits, den Vertretern von Wissenschaft und Kultusministerium andererseits erfordern, um den hohen Ansprüchen der religiösen Bildung an öffentlichen Schulen gerecht werden zu können. Nur über diesen kontinuierlichen Austausch wird es gelingen, die Eltern zu überzeugen, vor allem aber die Schüler zu gewinnen, das Fach Religion dauerhaft als ‚ordentlichen' Teil ihrer Schullaufbahn zu wählen.

Aktuell werden bundesweit neue Formen des Religionsunterrichts erprobt. Doch auch der etablierte christliche Religionsunterricht findet im Kontext eines neuen religiösen, ethischen und kulturellen Raums statt. Dies bedeutet für Religionslehrer, die immer hohe Erwartungen zu erfüllen hatten, in einem neuen kulturellen Horizont der gegenseitigen Wahrnehmung neue Wege zu

---

18 Vgl.: Graf, Peter; Gibowski, Wolfgang G. (Hg.) „ISLAMISCHE RELIGIONSPÄDAGOGIK" — Etablierung eines neuen Faches. Bildungs- und kulturpolitische Initiativen des Landes Niedersachsen, V&R Unipress: Göttingen 2007.

beschreiten. Ihnen wird als erstes die Frage gestellt, warum in öffentlichen Schulen nicht eine gemeinsame religiöse Erziehung für alle Schüler unabhängig von ihrer Religionszugehörigkeit angeboten wird.

Der Weg eines Religionsunterrichts für alle wurde vielfach vorgeschlagen, in der Hansestadt Hamburg auch teilweise verwirklicht, doch er wird aus zwei Gründen in der nächsten Zeit keine Lösung darstellen. Anstelle des bisherigen religiösen Gesprächs zwischen Lehrer und Schüler gleichen Glaubens würde damit ein neues Fach treten, in dem, – einer ‚*Religionskunde*' vergleichbar -, in die Grundlagen und Geschichte aller Weltreligionen eingeführt wird. Dieses Fach erfüllt nicht die Grundsätze, die im Grundgesetz zum Religionsunterricht in öffentlichen Schulen genannt sind. Sie werden mit Ausnahme der Städte Bremen, Hamburg und Berlin sowie ehemals ostdeutschen Bundesländern weiterhin Geltung haben. Nicht nur die Kirchen werden die weitreichenden Rechte, die ihnen darin eingeräumt wurden, nicht aufgeben. Hinzu kommt, dass die neuen Religionsgemeinschaften ihrerseits Gleichbehandlung verlangen. Eine Religionskunde, die nur den Minderheiten angeboten wird, erfüllt dieses Recht nicht. Aufgrund des Verfassungsprinzips der ‚*Neutralität*' des Staates muss auch religiösen Minderheiten ein bekenntnisorientierter Religionsunterricht angeboten werden, wenn die Eltern dieses wünschen und mit ihren Gemeinden zu entsprechenden Vereinbarungen mit dem Kultusministerium kommen. Damit scheidet für die großen Bundesländer eine kulturpolitisch denkbare Verlagerung dieses Erziehungsfeldes entweder auf einen Religionsunterricht für alle oder einen allgemein verpflichtenden Religions- und Ethikunterricht aus.

2.3 Das religiöse Gespräch ‚von Anfang an'

Der Religionsunterricht an öffentlichen Schulen wird in der Regel entweder von Anfang an gewählt oder er findet nicht statt. In den ersten Schuljahren beinhaltet er somit ein religiöses Gespräch mit Schülern, die noch Kinder sind. Gleichzeitig führt dieses Gespräch die Schüler in ihre eigene Religion in einer Form ein, die Kinder weder in der Gemeinde erleben noch in der eigenen Familie erfahren. Ebenso erschließt das religiöse Gespräch einen inneren Raum des gegenseitigen Vertrauens, der in Lerngruppen zwischen Lehrern und Schülern, die sich zur gleichen Religion bekennen, gepflegt werden kann. Ein Christ wird über Jesus und Maria anders als ein Muslim sprechen. Dieser wird die Geschichte des Propheten Mohammed anders darstellen als ein Christ das kann. Den je eigenen und vertrauten Binnenraum von Erwartungen und Antworten im Gespräch über den gemeinsamen Glauben zu pflegen entspricht nicht nur dem Alter der Schüler in den Eingangsklassen. In diesem Kreis des gemeinsamen Vertrauens über das

Gebet, die Verehrung Gottes und der Heiligen zu sprechen ist ebenso kindgemäß wie es die Grundlagen für weitere Gespräche den Mitschülern schafft. In diesem Kreis des Vertrauens kann daher eine religiöse Reflexion grundgelegt werden, die nicht nur über die Inhalte der eigenen Religion handelt, sondern Formen des bereits von den Kindern gelebten Glaubens verhandelt.[19]

Wie die menschliche Sprache zuerst im Binnenraum der Familie mit vertrauen Bezugspersonen entdeckt und erlernt wird, so wird hier eine neue Form des Gesprächs über den Glauben grundgelegt. Die Sprache der Familie begrenzt kein Kind in seinen sprachlichen Kontakten. Vielmehr findet in der Familie der natürliche Spracherwerb statt. Er ist die Bedingung dafür, um über die in der Familie erlernten Sprachstrukturen hinaus mit anderen Menschen den sprachlichen Kontakt aufzunehmen. Kinder sprechen im Alter bis zu zwei Jahren — von Formeln abgesehen — nur mit vertrauten Personen. Eben dieser sehr persönliche Austausch befähigt sie, später mit fremden Personen zu reden.[20] Vergleichbar ist es angemessen, dass eine Lerngruppe im Fach Religion— vor allem in den ersten Unterrichtsjahren — unter sich bleibt, also auch der Religionslehrer sich zu diesem Glauben bekennt. Damit ist eine hohe Erwartung verbunden, im Unterricht ein persönliches Glaubensgespräch zu führen, das ein Fach ‚Religionskunde' nicht anbieten kann. Gleichzeitig soll der getrennte Religionsunterricht keineswegs darauf zielen, die Schüler in getrennte Lebenswelten einzuführen. Das getrennte Gespräch im Religionsunterricht darf keine Eigenwelten aufbauen oder Trennungslinien durch die gemeinsamen Schulklassen ziehen. Ganz im Gegenteil dient der vertraute Binnenraum der konfessionellen Lerngruppe dazu, Schülern ein religiöses Selbstbewusstsein zu vermitteln, das sie befähigt, in gegenseitiger Achtung auf andere Bekenntnisse ihrer Mitschüler zuzugehen. Wie im sprachlichen Bereich geht es auch hier darum, im Binnenraum der eigenen Religion die Grundlagen dafür zu legen, in eine religiöse Welt ohne Grenzen hinauszugehen.

Die Tatsache, dass religiöse Erziehung in deutschen Schulen ein Wahlfach ist, stellt hohe Anforderungen an diesen Unterricht. Das Fach ‚Religion' wird nur dann zu einem regulären Teil der Schullaufbahn von Schülern werden, wenn es

---

19 Der im Christentum ursprüngliche Begriff für ‚Glaube' kommt aus dem Griechischen und lautet ‚pistis' (πιστις) d.h. Vertrauen, Treue.

20 Der natürliche Spracherwerb des Kindes hat den Binnenraum von vertrauten Bezugspersonen zur Bedingung. Vgl.: Graf, Peter: Natürlicher Spracherwerb und frühes Sprachenlernen in der Schule, in: Graf, Peter; Fernández-Castillo, Antonio (Hg): Schüler auf dem Weg nach Europa. Interkulturelle Bildung und Mehrsprachigkeit in der Schule, Bad Heilbrunn: Klinkhardt 2011, S. 23–46.

sich als religiöse Bildung in den Dienst der individuellen Schülerpersönlichkeiten stellt. Nur dann wird das Fach auf Dauer von den Schülern gewählt werden. Gleichzeitig muss es im Raum der interkulturellen Institution Schule bestehen. Dieses kann nur dann gelingen, wenn der getrennte Unterricht sich nicht nur als integraler Teil des Schullebens versteht, sondern auch ohne jeden Vorbehalt die je eigenen Schüler befähigt, in gegenseitiger Achtung auf alle Mitschüler zuzugehen. Damit kann sich dieses Fach nicht nur auf die eigene Lehre beschränken. Es muss sich über die Schnittstelle der individuellen Schülerpersönlichkeit für alle Mitschüler und die Lebenswelt der gegebenen Umwelt öffnen.

> Der Mensch wird am Du zum Ich.
>
> Martin Buber [21]

3.0 Religiöse Bildung und Sozialisation

Die Klassiker der Sozialisationstheorie haben eindrucksvoll die Tatsache vor Augen geführt, dass der Mensch nur zusammen mit anderen Menschen fähig wird, inmitten einer Gesellschaft zu leben und erfolgreich zu handeln. Sie haben darüber hinaus deutlich gemacht, dass Sozialisation einen kontinuierlichen Prozess beinhaltet, der mit der Geburt beginnend ein Lernen eröffnet, das ein ganzes Leben lang weiter stattfinden wird, wenn es erfolgreich verlaufen soll. Wie alle Lebensprozesse kennt es keine Pause oder einen Abschluss. Würde ein Erwachsener, der erfolgreich mitten im Leben steht, von sich sagen, er sei nun endgültig sozialisiert, so würde er nach Erik H. Erikson nicht nur einer großen Täuschung unterliegen. Sein bis dahin erlangtes Selbstbild hätte vielmehr pathogene Züge angenommen, die seine weitere Entwicklung gefährden.[22]

Da der Grundsatz der ständigen Entwicklung des Prozesses der Sozialisation für alle Menschen Geltung hat, beinhaltet er gleichzeitig, dass die soziale Umwelt sich selbst laufend verändert. Damit beschreibt Sozialisation einen sich überlagernden, doppelten Prozess der Veränderung zwischen Individuum und Umwelt, der ohne Einhalt immer stattfindet. Kein Individuum kann sich dem

---

21 Buber, Martin: Das dialogische Prinzip, Heidelberg: L. Schneider 1984 (5. Aufl.) S. 32.
22 Die Identitätsfindung des Menschen kennt keinen Abschluss, sie führt bis ins reife Erwachsenenalter und durchmisst es schließlich in der Bearbeitung der Krise um ‚Integrität vs. Lebens-Ekel'.
   – Erikson, Erik H.: Identität und Lebenszyklus, Frankfurt a. Main: Suhrkamp 1980, S. 149f.

entziehen, ohne für sein Selbst Schaden zu nehmen. Die Frage, die dieser Prozess für den einzelnen Menschen beinhaltet, liegt allein darin, in welcher Form er an diesem Prozess des Austausches mit anderen teilnimmt, welche Schlüsse er daraus zieht und wie er ihn selbst mit gestaltet. Da Lernen darin besteht, eine vergleichbare Situation neu wahrzunehmen, geht es im Prozess der Sozialisation darum, in welcher Form sich Menschen auf diesen Lernprozess einlassen, inwieweit sie die Impulse der Veränderung verarbeiten, sie produktiv gestalten oder eben auch destruktiv zurückweisen. Kein Mensch steht in seiner eigenen Entwicklung außerhalb von Sozialisation und seiner sich ändernden Umwelt. Keiner kann diesen Prozess anhalten, niemand keinen Schluss daraus ziehen, also den eigenen Lernprozess Sozialisation verweigern, ohne sich selbst zu beschneiden. Die mentalen Ableitungen daraus können nur gelingen oder misslingen. Dabei stehen Formen, diesen Prozess zu blockieren, für seine Destruktion. Da wir in Zeiten intensiver Veränderung leben, ist die Aufforderung, darin zu lernen, so weitreichend wie sie wohl historisch nie war. Da unsere Gesellschaften einen Grad der Vernetzung erlangt haben, der früher nicht einmal vorstellbar war, sind die Veränderungen globaler Natur. So haben die Folgen, die sich aus den individuellen Lernprozessen von Tausenden von Menschen ergeben, eine unerhörte gesellschaftlich-kulturelle Bedeutung und soziale Reichweite erlangt.[23] Nach der Sozialisationstheorie hängen alle Menschen in ihrer Entwicklung voneinander ab. Da dieser Prozess nicht nur äußere Merkmale des Menschseins betrifft, sondern seine Selbstfindung leitet, gibt es ein isoliertes Sich-Selbst-Verstehen des Menschen nicht. Martin Buber leitet seine Anthropologie mit einem Satz ein, der für die nachfolgende Sozialisationstheorie zu einem Axiom geworden ist: *Im Anfang ist Beziehung.*[24] M. Bubers Anthropologie liest sich wie eine Grundlegung der modernen Sozialpsychologie. Er stellt unverrückbar fest, dass der Mensch nur in Beziehung zum Du sein eigenes Selbst finden kann. Gleichzeitig versteht er diese Entwicklung als einen Prozess fortlaufender Veränderung:

---

23 Dies ist der Grund dafür, dass große und mächtige Staaten nichts so sehr fürchten wie das Internet und die Mobilfunknetze. Sie setzen alles daran, den individuellen Austausch zwischen Menschen zu behindern, um selbst Einfluss auf die Prozesse der Sozialisation und der interaktionalen Kommunikation zwischen individuellen Menschen zu gewinnen. Sie bestätigen die Bedeutung von Sozialisation, die einzelne Individuen leisten, indem sie sich über ihre Stellung in der Welt symbolisch-kulturell austauschen.
24 Buber, Martin: Das dialogische Prinzip, Heidelberg: Lambert Schneider 1984 (5. Aufl.), S. 22.

Der Mensch wird am Du zum Ich. Gegenüber kommt und entschwindet, Beziehungsereignisse verdichten sich und zerstieben, und im Wechsel klärt sich, von Mal zu Mal wachsend, das Bewusstsein des gleichbleibenden Partners, das Ichbewusstsein.[25]

M. Buber hat damit wie George H. Mead, später Erik H. Erikson und Ervin Goffman eine neue Theorie über den Prozess der Selbstverwirklichung des Menschen formuliert, die in einer erstaunlichen Parallelität zur Entwicklung der Naturwissenschaften steht. Nach der Quantenphysik, die ebenfalls in den ersten Jahrzehnten des vergangenen Jahrhunderts neu begründet wurde, hängt alles mit allem zusammen. Es gibt kein isoliertes Ding, wie der engste Schüler von Werner K. Heisenberg, Hans Peter Dürr, feststellt.[26] Wenige Kräfte des Atomkerns zusammen mit der kosmischen Kraft der Gravitation schaffen alle Verbindungen, Erscheinungen und Energien der Natur, die wir kennen. Wie in der Kernphysik geht es in der Sozialisationstheorie nicht um Körper, Attribute oder Merkmale, die Individuen annehmen oder ablegen, sondern um die Wirkung von interaktionalen Kräften, die ihre Beziehungsverhältnisse bestimmen. Sie schaffen das sinnhafte Kontinuum, in dem Menschen täglich stehen, aus dem sie in ihrer Selbstdefinition schöpfen. Der Prozess der Sozialisation bezieht sich daher nicht auf äußere Attribute, die Menschen annehmen oder auch wieder ablegen, sondern auf deren Bedeutung für die innere Selbstdefinition von Individuen im Verhältnis zu ihrer Umwelt.

Insofern der Prozess der Sozialisation alle Formen des Kontakts mit anderen Menschen in einer gegebenen Umwelt steuert, beeinflusst Sozialisation in vergleichbarer Form auch die Entwicklung von gläubigen Menschen. Religiöse Sozialisation leitet das Erwachsenwerden im Glauben. Sie schafft die Bedingungen dafür, wie eine Religion in einer gegebenen soziokulturellen Welt in Erscheinung treten kann. Eine Religion zu leben bedeutet immer mehr als eine Lehre zu bekennen oder einem Gesetz zu folgen. Um zu erfahren, dass einmalige Texte der Offenbarung vorliegen, und zu lernen, wie diese vorzutragen und zu verstehen sind, dazu benötigt jeder Mensch andere Gläubige, eine Familie oder Gemeinschaft, die sich gemeinsam mit ihm zu einer Religion bekennt. Hinzu kommt, dass ein Bekenntnis erst dann zu einer gelebten Glaubensform wird, wenn sie zusammen mit anderen Menschen das gemeinsame Leben und Feiern leitet, so ihr Handeln begleitet. Diese Erfahrung führt immer auch über die eigene Gruppe hinaus. Erst dann, wenn ein Bekenntnis eine verbindliche innere Karte der religiösen Orientierung inmitten der gegebenen Welt entfaltet, die sich in

---

25 Buber, Martin: o.c., S. 32.
26 Dürr, Hans-Peter: Es gibt keine Materie! Amerang: Crotona 2013a (3. Aufl.), S. 51f.

der Beziehung zu anderen Menschen bewährt, wird Religion zu einem Glauben, der zusammen mit anderen konkret verwirklicht werden kann. Damit schaffen gelungene Prozesse der religiösen Sozialisation jenen sozialen Bedingungsraum, in dem das eigene Bekenntnis überzeugend gelebt werden kann.[27]

Die allgemeine Sozialisationsforschung gewichtet unter den drei Sozialisationsinstanzen Familie, Schule und Berufswelt die mittlere als besonders bedeutsam für junge Menschen auf dem Weg ins Erwachsenenalter. Im Bereich von Schule und Erziehung erscheinen die gleichaltrigen Mitschüler (peers) als die entscheidenden Partner im Prozess der Sozialisation. Sie werden den jungen Menschen in ihren Schulklassen vorgegeben, sind nicht ihre Wahl, kommen nicht nur aus ihrem Freundeskreis. Damit fordert die Welt der Schule ihre Schüler zu einem sozialisatorischen Austausch mit Gleichaltrigen auf, verlangt ein gemeinsames Lernen mit allen Schülern und Jugendlichen eines Jahrgangs, unabhängig von ihrem Geschlecht, ihrer Herkunft, Sprache oder Religion. Minderheiten haben dabei eine besondere Prüfung zu bestehen. Viele Muslime erfahren das Merkmal ihres Glaubens in der Schule als ein ‚*Stigma*' im Sinne von Erving Goffman, als eine nicht erwünschte Abweichung von der sozialen Erwartung. Diese soziale Zuschreibung, die immer von den anderen kommt, verletzt nach Erving Goffman die Identität der so gekennzeichneten Schüler. Sie können sich dagegen nicht wehren, da sie in ihrer ‚*aktualen*' Abweichung die konventionelle ‚*virtuale*' Erwartung der anderen nicht erfüllen.[28]

Nachwachsenden Generationen aus Minderheiten haben damit belastende soziale Lernprozesse durchzustehen, die sich ihren Eltern nicht stellten. Weder ihre Eltern noch die Lehrer in den Schulen konnten sie zureichend darauf vorbereiten. In den Schulen, ihrem ersten Ort der Begegnung mit der Welt ringsum, haben sie aufgrund ihres Glaubens millionenfach eine Stigmatisierung

---

27 Unzureichend verlaufende Prozesse der religiösen Sozialisation, genauer ihr Misslingen sind m. E. eine wesentliche Ursache für die Probleme, die aktuell junge Muslime in der westlichen Welt so dramatisch erfahren. Sie ziehen in einer erstaunlich hohen Zahl in den Dschihad gegen den Westen, kämpfen damit gegen die Zivilisation, in der sie selbst aufgewachsen sind.

28 Goffman, Erving: Stigma: Über Techniken der Bewältigung beschädigter Identität, Frankfurt a. M.: Suhrkamp 1975, S. 166.
Als Schüler ein Schulleben lang in die Pause geschickt zu werden, wenn die Mitschüler Religion hatten, hinterlässt personale Verletzungen, die auch die Familie oder Moschee, in der ein Imam aus dem Herkunftsland der Eltern lehrt, nicht aufzufangen vermögen. Nachdem bereits ihre Erstsprache als Störfaktor im Schulleben erschien, erfahren muslimischen Schüler in öffentlichen Schulen weithin eine Zurückweisung ihres Glaubens, die sie als persönliche Ablehnung erfahren.

erfahren, die sie in ihrem Selbstbild verletzt hat. Ihre religiöse Abweichung von der Normalität ist weder wahrgenommen noch geachtet worden. Erst jetzt beginnen einzelne Bundesländer damit, auch diesen Schülern eine vergleichbare religiös-ethische Erziehung anzubieten, sie in diesem Feld nicht länger auszugrenzen und zu stigmatisieren. Diese Aufgabe zu übernehmen gebietet nicht nur das Grundgesetz.[29] Damit erfüllt die Schule ihre Verantwortung im Blick auf die religiöse Sozialisation ihrer Schüler: Nur in der Anerkennung ihres Glaubens durch die Umwelt und durch eine gleichrangige Erziehung im Glauben werden die Schüler muslimischen Glaubens eine ausgewogene religiöse Identität entfalten können.

Das Scheitern von so vielen jungen Muslimen in ihrer Selbstfindung belegt eindringlich die Relevanz eines gelungenen Prozesses der Sozialisation für die Ausbildung einer religiösen Identität. Die damit verbundene soziale Rückmeldung überzeugt den einzelnen, seinen Glauben zu leben und weiter zu entfalten. Im Sinne von Erik H. Erikson haben diese jungen Menschen in ihrer Adoleszenz eine drohende Identitätsdiffusion durchzustehen, um ihre Identitätsfindung weiter zu entfalten. Sie flüchten sich dabei oft in eine übertriebene ‚negative Identität', um wahrgenommen zu werden. Diese können die anderen nicht mehr übersehen. Ihren Mangel an individueller Identität gleichen sie durch ein Zerrbild von Männlichkeit u.a. aus, in das sie flüchten, um nicht weiter gering geachtet zu werden.[30] Vergleichbar kann eine religiöse Identitätsfindung nicht gelingen ohne die anderen, nicht ohne deren Rückmeldung, die ihre gläubige Lebensform als Teil der Normalität im öffentlichen Leben bestätigt. Diese anderen Menschen kommen jedoch nicht nur aus der eigenen Familie oder Gemeinde. Die Zahl derer, die aus der Welt ringsum antworten, ist jedoch sehr viel größer, damit ihre Rückmeldung von entscheidender Bedeutung. Aus ihnen eine Teilgruppe herauszuschneiden, den Kontakt mit Menschen eines bestimmten Geschlechts, einer bestimmten Herkunft, Sprache oder Religion zu meiden, unterbindet eine ausgewogene Identitätsfindung. Gleichzeitig schafft sie Stigmatisierungen der anderen ebenso wie sie den Kontakt mit anderen blockiert. In diesem Fall bestätigt die Entscheidung andere als ‚unerwünscht' zu betrachten, die eigene Erfahrung, von der Umwelt als jemand klassifiziert zu werden, der von der erwarteten Normalität abweicht. In beiden Fällen sind es

---

29 Vgl.: Langenfeld, Christine: Religiöse Erziehung von Muslimen in der deutschen Schule und Verfassungsrecht – Bestandsaufnahme und Perspektiven, in: Graf, Peter (Hg.), Religionen in Migration. Grenzüberschreitung als Aufforderung zum Dialog, V&R Unipress: Göttingen 2006, S. 59–85.
30 Erikson, Erik H.: 1980, S. 163.

Vorurteile, die eine Teilgruppe ausklammern oder ein Individuum klassifizieren. Beide Vorgehensweisen verletzen und stigmatisieren. Beide Haltungen wirken sich zugleich destruktiv auf den Prozess der Selbstfindung aus. Sie sind daher in gleicher Weise zu vermeiden. Wer als Individuum seine soziale Welt ringsum sektoral wahrnimmt, sie also nach dem eigenen Urteil zuschneidet, beschneidet sich selbst in seiner Selbstfindung. Nur noch ausgeschnittene Teile der Umwelt stehen ihm zur Verfügung, sich im Kontakt mit anderen selbst zu profilieren. Daher kann keiner Minderheit, wie auch immer sie sich abzugrenzen wünscht, empfohlen werden, zunächst ‚*unter sich*' zu bleiben und ein eigenes Profil zu entwickeln, um anschließend nach draußen zu ‚*den anderen*' zu gehen. Selbstfindung kann nur spontan und interdependent, also Hand in Hand mit allen anderen, denen man eben jetzt begegnet, in seiner eigentlichen Weite gelingen. Dieses bedeutet nicht, jede Interaktion anzunehmen und sie weiter zu entwickeln. Doch es bedeutet, alle Ereignisse ringsum anzusehen, sich ein Urteil zu bilden und zu wählen, mit wem man in welcher Form gemeinsam handelt. Wer junge Menschen auf ihrem religiösen Weg begleitet, muss sie daher in die Lage versetzen, möglichen Prozessen der Identitätsdiffusion entgegen zu wirken, die aus dem Vorurteil und der Willkür im Umgang mit anderen Menschen kommen. Wie ohne fertige Urteile, die die anderen als Vorurteile erleben, auf sie zugehen, um sich selbst in einem offenen Horizont zu finden? Dieses große Vorhaben verlangt vom Erzieher, jungen Menschen Brücken des Verstehens zwischen den Gläubigen und der Welt, in der sie leben, anzubieten.[31]

Die Bedeutung der Prozesse der religiösen Sozialisation zu unterstreichen, steht der religiösen Lehre der Religionen nicht entgegen. Selbst wenn ein Glaube als ein ‚*Für-wahr-Halten*' der je eigenen Lehre bestimmt wird, muss es gelingen, die damit verbundene Karte der inneren Orientierung gegenüber dem anderen Weltbild der Menschen, denen man täglich begegnet, überzeugend zu vertreten.

---

31 Im Blick auf die negativen Zerrbilder von religiöser Identität, in die sich junge Muslime in einer so hohen Zahl flüchten, erscheint es mir dringend geboten, dass in allen religiösen Zentren in Deutschland die Predigt und Lehre zunehmend in der Sprache des Landes stattfindet, was natürlich nicht ausschließt, das Gebet in Arabisch zu vollziehen. Ebenso wird es auf Dauer notwendig sein, das religiöse Personal, vor allem die Imame, in Deutschland auszubilden. Ihre Ausbildung im Land selbst wird sie befähigen, junge Menschen in ihrer Identitätsbildung zu fördern, den Gläubigen Brücken zu bauen, um in diesem Land den Islam überzeugend zu leben. Da Imame wichtige Funktionen in der Beratung von Familien innehaben, muss diese Ausbildung eine Einführung in das deutsche Familien-, Jugend- und Schulrecht sowie Grundlagen der Psychologie und der Menschenrechte beinhalten.

Dieses Ziel ist nicht nur im Blick auf die anderen, die den eigenen Glauben achten sollen, zu vertreten, sondern auch im Interesse der eigenen Stellung in der Welt als Gläubiger. Das Vertrauen in die eigene Lehre und die Verbindlichkeit der eigenen Gebote nehmen in dem Maße zu, in dem diese Lebensform in der sozialen Umwelt Anerkennung findet. So wird jeder Gläubige erst dann in seiner Umwelt Achtung erfahren, wenn er selbst gelernt hat, die anderen zu achten. Er benötigt sie, um sich über seinen eigenen Lebensweg zu vergewissern. Damit wird ein gelingender Prozess der religiösen Sozialisation in der gegebenen Welt zum eigentlichen Prüfstein sowohl des gelebten eigenen Glaubens wie auch des ausgewogenen Austausches mit Menschen, die anders glauben. Christ oder Muslim kann man nur in der Welt sein, die sich in ihrer Vielfalt so darstellt, wie sie ist. Darin den eigenen Glauben zu ‚*realisieren*' beinhaltet einen doppelten Sinn, den dieses Verb aufruft: Einerseits geht es darum, den Glauben als ‚*realen*' Teil unserer Welt zu erkennen, der wirksam in die gegebene Wirklichkeit eingreift, als Teil dieser Wirklichkeit anerkannt wird. Andererseits geht es darum, die eigene innere Orientierung zusammen mit anderen Menschen in die Tat umzusetzen, so den eigenen Glauben im Leben zu *verwirklichen*.[32]

Gegenwärtig kann sehr wohl von einer tiefgreifenden Krise aller Religionen gesprochen werden. Sie hat nach meiner Einschätzung mit den grundlegend veränderten soziokulturellen Kontexten zu tun, in denen Religionen verwirklicht werden. Damit sind neue Formen der religiösen Sozialisation verbunden, die bislang weithin vermieden oder unterbunden werden. Nicht die Lehren oder religiösen Gebote der Religionen haben sich wesentlich verändert, wohl aber die sozialen und kulturellen Felder, in denen sie gelebt werden sollen. Eine über Jahrhunderte geschaffene und weithin gegebene Homogenität der religiösen Umwelt ist verloren gegangen. Dieses gilt nicht nur für eingewanderte Minderheiten, sondern auch für etablierte religiöse Mehrheiten in Europa. Bis vor wenigen Generationen waren bestimmte Bekenntnisse, Religionen oder Weltbilder in unterschiedlichen Ländern als generelle Norm anerkannt. In Fragen der Ethik, auch des Rechts beherrschten die Kirchen die allgemeine Orientierung durch ihre Vorgaben. Die stehenden Strukturen von früher gehen in wechselnde Formen über, die notwendig werden, um zusammen mit unterschiedlichen Gruppen konfliktfrei zu leben. In jeder großen Stadt Europas sind alle Weltreligionen vertreten. Sie bieten sehr unterschiedliche Wege an, gemeinsam zu

---

32 Näher ausgeführt in: Graf, Peter: Religiöse Sozialisation in Familie, Gemeinde und Schule – Orte des interreligiösen Dialogs, in: Graf, Peter; Ucar, Bülent (Hg.): Religiöse Bildung im Dialog zwischen Christen und Muslimen, Stuttgart: Kohlhammer 2011, S. 165–183.

handeln. Hinzu kommt die tägliche internationale Vernetzung der Medien und Kommunikation. Entsprechend ist der Islam im Westen präsent, die westliche Welt jedoch ebenso über die Medien in allen muslimischen Ländern. In keinem europäischen Land ist es weiterhin selbstverständlich, einer bestimmten Religion anzugehören. Jede Glaubensgemeinschaft muss sich kontinuierlich in neuer Form begründen, ihre besondere Stellung im Verhältnis zu anderen Weltbildern übermitteln. Diese Entwicklung scheint die früher geltende Überschaubarkeit von Lehre und Gebot aufzuweichen. Die entstandene Vielfalt muss jedoch nicht so gesehen werden. In einem Raum, in dem nichts mehr einfach nur selbstverständlich ist, muss die Entscheidung für ein bestimmtes Verhalten neu begründet werden. So wird die kulturelle und religiöse Vielfalt in Europa zu einem neuen Prüfstein für die Lehre und die Gebote der Glaubensweisen, die in Europa gelebt werden. Wird diese Prüfung bestanden, eröffnen sich neue Perspektiven für religiöse Gemeinschaften, die sich dann auf europäischer Ebene neu profilieren werden. Einige Traditionen werden dabei abfallen, doch der eigentliche Kern der religiösen Lehre und ihrer Gebote wird umso deutlicher hervortreten. Dieses gilt für Gläubige, die selbst in ihrem Inneren von der Wahrheit ihres Glaubens im Kern überzeugt sind. Jene allerdings, die an äußeren Erscheinungsweisen und den Traditionen ihrer Religion hängen, werden diese Situation als Verlust erleben. Ihr rückwärtsgewandter Blick wird sie verhärten, sie werden eine Rückkehr zum geschlossenen Binnenraum des eigenen Glaubens fordern, entsprechend nach Grenzziehungen zwischen den Gruppen rufen. Der Soziologe G. Kepel stellte bereits in den 90iger Jahren eine religiöse Verhärtung der Fronten fest. Er konstatierte in seiner Studie einen Vormarsch militanter Juden, Christen und Muslime.[33] Derzeit erleben wir eindrucksvoll eine Verhärtung in der gegenseitigen religiösen Abgrenzung. Sie ist einerseits eine Folge der zunehmenden fundamentalistischen Tendenzen im Islam. Doch sie wird andererseits in allen Religionen eben von jenen Gruppen gepflegt, die sich äußeren Formen des religiösen Lebens zuwenden, entsprechend dazu aufrufen, frühere Traditionen wieder zu etablieren.

Zu lange haben sich die Religionen im Eigenen eingerichtet, darin geschlossene Strukturen geschaffen, die sie vor Veränderung gesichert haben. Staatskirchen haben über Jahrhunderte in Europa geherrscht, in den meisten muslimischen Ländern ist die Verfassung bis heute aus dem Recht der Scharia

---

[33] Kepel, Gilles: Die Rache Gottes. Radikale Moslems, Christen und Juden auf dem Vormarsch, München- Zürich: Piper 1991.
– Kepel, Gilles: Allah im Westen. Die Demokratie und die islamische Herausforderung, München- Zürich: Piper 1996.

abgeleitet. Demgegenüber müssen sich derzeit alle Religionen der Welt der anderen öffnen und sich dem Wandel stellen. Keine Religion kann sich mehr aus dem Wirkungskreis der von der UN beschlossenen Menschenrechte herausnehmen, selbst wenn sie dem religiösen Recht widersprechen.[34] Die Antwort der großen Religionen auf die veränderten Umweltbedingungen muss international vollzogen werden, sie wird über ihre zukünftige Reichweite entscheiden, sie als Weltreligion darstellen. Wer nur aus dem Vergangenen lebt und in eine Welt zurückblickt, die untergegangen ist, wird diesen Test der religiösen Sozialisation in einer neuen Umwelt nicht bestehen. Verhärtung und neue Grenzziehungen, die Konflikte beinhalten, sind die Folge. Wer jedoch von der Wahrheit des eigenen Glaubens überzeugt ist, wird Wege für ein gläubiges Leben in einer Welt finden, die durch eine religiöse Vielfalt geprägt ist. Dieser Weg wird gleichzeitig die Achtung der anderen finden. Er wird sicher Randbereiche des religiösen Lebens abschleifen, doch die Mitte des eigenen Glaubens neu entfalten. Sie wird eben dadurch sichtbar werden, dass tradierte Muster, die aus bestimmten Zeiten, Kulturen und Zivilisationen kommen, abfallen. Damit werden die Prozesse der religiösen Sozialisation, wie sie eine zukunftsorientierte Entwicklung in Europa verlangt, zum Test für die Religionen in Europa. Sie wird gleichzeitig zum Test für jede Religion werden, als Weltreligion zu bestehen, nicht nur begrenzt zu sein auf bestimmte Länder, Sprach- und Kulturräume. Gelingt diese Entwicklung einer religiösen Sozialisation im Austausch mit anderen, die anders glauben, so wird sie zur Erneuerung des religiösen Lebens in ihrem Kern führen, die Haltung zu glauben gleichzeitig in einen offenen Horizont stellen. Eine Reihe von äußeren Hülsen wird dabei abfallen, um eben den freien Raum zu schaffen, den Menschen benötigen, damit sie individuell in gegenseitiger Achtung aufeinander zugehen und gemeinsam die ihnen anvertraute soziale Welt gestalten, auch wenn sie in ihrem Glauben verschiedene Wege beschreiten.[35]

---

34 Die maßgebliche Quelle für den Bestand der Menschenrechte ist die *International Bill of Human Rights* der Vereinten Nationen. Die Allgemeinen Erklärung der Menschenrechte aus dem Jahre 1948 wurde 1966 von der UN-Generalversammlung verabschiedet. Ihre Erklärung der Menschen- und Personenrechte ist für alle Mitgliedsstaaten, die sie ratifiziert haben, bindendes Recht.

35 Noch vor wenigen Jahren hat niemand geglaubt, dass Religionen zu einer so starken Quelle für Gewalt, Terror und Krieg werden können. Daher sind alle Formen von Abgrenzung, die Menschen bewertend einteilen, von Anfang an zu meiden. Alle, die neue Mauern errichten wollen, sind daran zu erinnern, dass wir in Zeiten ‚*fallender Mauern*' leben. Religionen müssen in besonderer Weise daran mitwirken, denn Grenzen zu

3.1 Dimensionen religiöser Sozialisation

Sozialisation beinhaltet ein kontinuierliches Lernen, das jeder Mensch allein ausführen muss. Es betrifft ihn in der Wahrnehmung seiner selbst im Verhältnis zu anderen Menschen. Damit beschreibt Sozialisation Lernprozesse auf unterschiedlichen Ebenen, die Menschen in ihrer kognitiv-sozialen Entwicklung leiten, ihre emotionale Beziehungswelt entfalten wie auch ihre kulturelle und weltanschauliche Orientierung ausrichten. Entsprechend begründet der Prozess der Sozialisation auch die religiöse Selbstfindung des Menschen, bündelt darin seine Erfahrungen auf allen anderen Ebenen. Die religiöse Selbstfindung spricht den Menschen in seiner innersten Mitte an und ruft ihn auf, eine einmalige Beziehung zu Gott als seinem Schöpfer, der sein eigenes Leben begründet, aufzunehmen. Damit wird eine Dimension des Sich-Selbst-Verstehens aufgerufen, die nicht ohne die Vergewisserung durch die Umwelt erfahren werden kann, doch weit über sie hinaus führt und die innerste Berufung des einzelnen Menschen anspricht.

3.1.1 Religiöse Identität aus Verschiedenheit

Sozialisationstheorien bieten Konzepte darüber an, wie junge Menschen im Kontakt mit anderen zu einer individuellen Person werden, ihr einmaliges Selbst ausprägen. Daher beschreibt Sozialisation einen Prozess, der jeden Menschen als Individuum gleichermaßen angeht. Er fordert jeden einzelnen auf, über vorgegebene Rollen und fertige Muster seiner Familie und seiner Gruppe hinaus ein individuelles Profil darüber zu erstellen, wer er selbst sein oder werden möchte. Dabei geht es nicht darum, vorgegebene Muster abzulehnen, sondern darum, sie anders, eben individuell einmalig auszuprägen. Es sind die anderen, die durch ihre Rückmeldung dem einzelnen mitteilen, inwieweit sie das von ihm gewählte Profil erkennen und entsprechend anerkennen. Nicht nur im Verhältnis zur vielfältigen Andersheit der anderen ist die eigene Identität laufend weiterzuentwickeln. Der gläubige Mensch wird sich auch selbst gegenüber dem eigenen, jeweils erreichten Stand, weiter entfalten wollen. Er steht im Glauben vor Gott, er kann auf dem Hintergrund dieses Horizonts ohne Grenzen nicht anders als zu fragen: Wer kann ich werden? Wie kann ich meine eigene Stellung vor Gott – in Differenz zum Status von gestern – weiter entwickeln? Ebenso wird der

---

überschreiten war für die Weltreligionen immer Bedingung, um selbst zu Religionen der Welt zu werden.
Vgl.: Graf, Peter (Hg.): RELIGIONEN IN MIGRATION. Grenzüberschreitung als Aufforderung zum Dialog, Göttingen: V&R Unipress 2006.

gläubige Mensch in besonderer Weise bereit sein, Verantwortung für sein bisheriges Verhalten zu übernehmen. Die Bedeutung des Prozesses der Sozialisation für die eigene Biographie liegt nicht zuletzt darin, dass kein Verhalten und keine Erfahrung im Verhältnis zu anderen Menschen widerrufen oder einfach wieder gelöscht werden kann. Dieses schließt eine Antwort derart nicht aus, dass man die Verfehlung erkennt, die in einem bestimmten Handeln liegt und sie zu korrigieren oder komplementär auszugleichen sucht. Gläubige Menschen werden durch ihre Religion kontinuierlich dazu aufgefordert, ihre Fehler anzusehen, ihre ‚Sünde' zu bekennen, das eigene Verhalten entsprechend zu ändern, um so kontinuierlich auf dem Weg ihrer Selbstfindung voranzuschreiten. Ihr Weg der eigenen Vervollkommnung kennt keinen Abschluss.

Religiöse Sozialisation muss daher als ein ebenso individueller wie anspruchsvoller Prozess der Selbstfindung wahrgenommen werden, der den Gläubigen ein Leben lang in seinem Inneren bewegt, so eine einzigartig-einmalige Biographie schreibt. Entsprechend werden gläubige Menschen zu einer intensiven Verarbeitung von Differenz aufgefordert, die absolut einmalig auf dem Hintergrund des ewigen Seins ausgeführt wird. Es geht nicht nur darum, anders zu sein als alle anderen, sondern darum, vor dem unendlichen Gott eine einmalig-konkrete Berufung schrittweise zu erfüllen. Die möglichen Schritte hierzu mögen gering ausfallen, doch eben sie sind es, die die Besonderheit des eigenen Wegs ausmachen. Sie allein – nicht die gängigen Muster – werden zählen, wenn der gläubige Mensch daran denkt, selbst Verantwortung für sein Leben abzulegen. Erik H. Erikson bündelt die ebenso einmalige wie kreative Aufgabe der Identitätsfindung in seinem Satz: *Identitätsbildung beginnt schließlich dort, wo die Brauchbarkeit von Identifikationen endet.*[36]

Die Bedeutung, eine im Verhältnis zur Umwelt erkannte Verschiedenheit zu bearbeiten, liegt darin, dass es in diesem Prozess darum geht, die eigene Entwicklung ohne Ende fortzuschreiben. Religiöse Sozialisation dient in intensiver Form dazu, im Austausch mit anderen je neu mehr zu werden als das, was man selbst bereits geworden ist. Die eigene Berufung im Horizont des Göttlichen kann nur mit einem Grenzwert gegen Null begriffen werden. Dennoch sind es eben diese Grenzwerte, die erlauben, alle natürlichen Formen zu berechnen, sich unendlichen Größen anzunähern.[37] Dem entspricht die Kommunikation

---

36 Erikson, Erik, H.: Identität und Lebenszyklus, Frankfurt a. Main: Suhrkamp 1980 (6. Aufl.), S. 140.
37 Die Infinitesimalrechnung, – von Gottfried W. Leibniz und Isaac Newton im 17. Jht. erfunden –, gründet darauf, mit Hilfe von unendlich kleinen Intervallen – Grenzwerten – alle natürlichen Formen zu berechnen. Die bis dahin für die Mathematik

mit anderen in einem fortlaufenden Austausch, der eine sinnhafte Kontinuität zwischen gestern und heute, mich selbst und den anderen begründet. Sinnhaftes Verstehen überbrückt die zeitlichen wie auch die sozialen Differenzen. Jedes Gespräch geht zwischen dem Ich und Du, der Frage und Antwort, hin und her. Alle Sprachen argumentieren mit unterschiedlichen Zeiten, obgleich in der Wahrnehmung des Menschen nur die Gegenwart wirklich ist. Interaktion und Kommunikation sichern nicht den einmal gefundenen Status, sondern greifen fortlaufend in den gegenwärtigen Prozess einer kontinuierlichen Verarbeitung von Verschiedenheit ein. Verschiedenheit profiliert die Identität des Menschen ebenso wie seine einmalige Stellung vor Gott, so minimal diese auch im Verhältnis zu anderen ausfallen mag. Niemand wird sich je vor Gott definieren wollen, alle werden sich als Gläubige auf dem Weg von hier nach dort verstehen, so klein die einzelnen Schritte auch ausfallen. Dieser Weg führt in die gegebene Umwelt. Über einfache Signale auf dem Weg entsteht ein Gleichgewicht der Identitätsbildung im Kontakt mit anderen. Es entfaltet das eigene Selbst ebenso wie es die vielen Identitäten ringsum achtet. Alle Menschen entwickeln sich laufend weiter, indem sie eine innere Differenz verarbeiten, die aus ihrem Glauben heraus wahrgenommen wird. Nach Erik H. Erikson schwingt jede Identitätsbildung hin und her: *zwischen dem Wunsch, an dem festzuhalten, was man geworden ist und der Hoffnung, sich zu erneuern.*[38]

Wenn die Klassiker der Sozialisationstheorie soziales Lernen in den Kontext von Selbstfindung und Identitätsbildung stellen, so gilt dieses in besonderer Weise für die religiöse Sozialisation. George H. Mead begründet die Linie der Selbstfindung mit der symbolischen Interaktion, die zwischen dem Ich (I) und den Erwartungen der Gesellschaft (me) vermitteln. Durch symbolische Interaktion wird so das individuelle Selbst (self) laufend erneuert.[39] Bei Erik H. Erikson erscheinen ‚Identität' einerseits und der ‚Lebenszyklus' andererseits als zwei Seiten einer kontinuierlichen menschlichen Erfahrung, die sich gegenseitig bedingen. Es ist die Biographie, die einem Leben seine Einmaligkeit verleiht, wobei eben der einzelne individuell entscheidet, welchen Weg er gehen wird. Damit verbinden beide Autoren Identitätsbildung mit der konkreten Erfahrung

---

vorgegebenen Muster von geometrischen Figuren und platonischen Körpern haben dieses nur annähernd ermöglicht. Über unendlich kleine Grenzwerte gewinnen alle natürlichen Formen ihre einmalige Gestalt, werden mathematisch darstellbar.

38 Erikson, Erik, H.: Dimensionen einer neuen Identität, Frankfurt a. Main: Suhrkamp 1975, S. 119.
39 Mead, George, H.: Geist, Identität und Gesellschaft, Suhrkamp: Frankfurt a. Main 1980, S. 216f.

zu leben, dabei als Mann oder Frau sich selbst zu erleben. Damit legen sie auch fest, dass in diesem Feld nichts steht, vorweg definierte Muster immer nur dazu anregen, sie zu befragen, um sie individuell weiterzuentwickeln. Jeder erreichte Status auf dem Weg wird im Moment seiner Feststellung zu einer Frage, die nach einer neuen Antwort ruft. Immer geht es um eine Erfahrung des Lebens, das nur wirklich stattfindet, insofern es sich bewegt und verändert. Für die religiöse Welt, die so sehr auf statisch gesicherte Gegebenheiten und stehende Lehren setzt, ist das eine Herausforderung, denn auch die als statisch gelehrten Wahrheiten gewinnen erst dann eine wirksame Bedeutung, wenn sie sich der Veränderung stellen, in ein bewegtes Leben eingreifen.

3.1.2 Die Verantwortung der Gemeinde für religiöse Selbstfindung

Jeder Mensch wird in eine Mutter-Kind-Beziehung, in eine Familie und in eine Gemeinde hineingeboren. Kinder, Schüler und Jugendliche können ihre Lebenswelt nicht wählen, im Prinzip keine Seitenwege vorbei an der gegebenen Welt einschlagen oder sie einfach zurückweisen. Es gibt auch keine Pause im Kontakt mit der Umwelt, wie im Leben kein Anhalten möglich ist. Der Prozess des sozialen Lernens kann nur gelingen oder misslingen. Nichts zu tun, vorzugeben, nicht anwesend zu sein, bedeutet, diesen Prozess nicht mitzugestalten, seine Bedeutung zu verwerfen. Der Prozess des sozialen Lernens mit anderen ist ohne Alternative. Die Familie, die Schulklasse, die Menschen ringsum kann sich niemand aussuchen. Gleichzeitig betrifft Sozialisation jeden Menschen in seinem Kern, insofern er auf diesem Weg zusammen mit anderen seine Identität entfaltet. Die Familie, Gemeinde und Umwelt befördern ihn, ein einmaliges Selbst zu entfalten. Sie sind jedoch gleichermaßen beteiligt, wenn diese Entwicklung scheitert, junge Menschen in eine Identitätsdiffusion geraten oder die Flucht in ein negativ übersteigertes Gegenbild von Identität antreten.[40] Das emotionale Scheitern vieler junger Menschen in ihren Beziehungen, ihr schulisches und berufliches Versagen hat wesentlich mit dem Misslingen ihrer Sozialisation zu tun. Inzwischen stellen wir das dramatische Scheitern vieler junger Menschen in ihrer religiösen Sozialisation fest.[41]

---

40 Erikson, E.H.: o.c., 1980, S. 163f.
41 Die Ereignisse, die wir aktuell in der Bereitschaft von jungen Muslimen erleben, mit einem aggressiven Selbstbild gegen die Umwelt, in der sie selbst herangewachsen sind, belegen absolut misslungene Prozesse der religiösen Sozialisation. In den offenen Kampf gegen ‚den Westen' in den Orient ziehen verlangt ein übersteigertes Selbstbild

Die religiöse Sozialisation betrifft den einzelnen Menschen in seinem Kern. Ihr Scheitern, die damit einhergehenden inneren Verletzungen durch andere, entfaltet entsprechend aggressive Haltungen. Was im einzelnen Jugendlichen schließlich an Gewaltbereitschaft ausbricht, ist auch Ergebnis seiner Erfahrungen im Kontakt mit seiner Familie, Schule und Gemeinde. Krisen auf dem Weg der Sozialisation sind immer auch Krisen der sozialen Welt, in der das Individuum sich selbst finden muss. Dabei kommen die Probleme nicht nur von einer negativen oder strafenden Rückmeldung, sondern auch von Erwartungen der Umwelt, die so eindeutig sind, dass sie dem Einzelnen keinen Spielraum mehr lassen, die vorgegebenen Verhaltensmuster selbst individuell anzureichern. In diesem sozialen Raum kann der Einzelne keine personale Biographie mehr schreiben, die er selbst mit Sinn und Bedeutung füllt. Die entscheidenden Wörter oder Verhaltensmuster wie ‚Wir sollten…' beinhalten Vieles, haben letztlich Bedeutungen ohne Rand. Nur der einzelne Mensch kann sie vernehmend verstehen, durch ihren einmaligen Gebrauch ein individuelles ‚ich meine, ich will…' zum Ausdruck bringen. Jungen Menschen, denen das nicht gestattet wird, wird nicht erlaubt, einen sinnhaften Bogen über ihr Leben inmitten einer Welt, die sie mit anderen teilen, zu spannen. So kommt es zu einer tiefgreifenden Krise in der religiösen Entwicklung junger Menschen. Der Glaube wird für sie zu einem Zwang, der sie in ihrem innersten Wesen verletzt. Er wird abgelegt oder in dieser Erscheinungsform ebenso bekämpft wie die Umwelt, die ihnen keinen überzeugenden Raum für ihre Selbstfindung gewährt hat. Damit trägt die Umwelt eine entscheidende Verantwortung für das Scheitern junger Menschen in ihrer religiösen Identitätsfindung.[42] Kein Mensch kann die ihm individuell gestellte Aufgabe, sich als einzelner Gläubiger inmitten einer Weltreligion sinnvoll darzustellen, allein beantworten. Er benötigt dazu konstruktive Rückmeldungen aus seiner Familie, Gemeinde und sozialen Umwelt. Sie müssen allerdings einen freien Raum schaffen, um Antworten zu finden, die den einzelnen Gläubigen ebenso überzeugen wie die Umwelt. Klaus Hurrelmann leitet diesen Prozess entsprechend aus der Interaktion mit der Umwelt ab:

---

verbunden mit einem Negativbild über die Umwelt, das aus gescheiterten Prozessen der religiösen Sozialisation in der Familie, der Gemeinde und sozialen Umwelt kommt.

42 Im Blick auf junge Muslime, die sich dem Salafismus zuwenden, fällt auf, dass sie einerseits eine radikale religiöse Gegnerschaft nicht nur zur Welt der ‚Ungläubigen', sondern auch zu ihren eigenen Familien und Gemeinden aufbauen. Andererseits bleiben sie als Gleichaltrige unter sich, lehnen ihre Elterngeneration und Imame ab, tauschen sich über internationale Netzwerke gegenseitig aus. Beides spricht für ein Scheitern ihrer religiösen Sozialisation, die sie ihrerseits aggressiv zurückweisen.

Sozialisation bezeichnet (...) den Prozess, in dessen Verlauf sich der mit einer biologischen Ausstattung versehende menschliche Organismus zu einer sozial handlungsfähigen Persönlichkeit bildet, die sich über den Lebenslauf hinweg in Auseinandersetzung mit den Lebensbedingungen weiterentwickelt.[43]

Die Bedeutung der Grundpositionen der Sozialisationstheorie für die religiöse Identitätsbildung kann nicht hoch genug eingeschätzt werden. Sie verdeutlichen nicht nur die Dramatik des Erwachsenwerdens im Glauben, sondern auch die Verantwortung der je eigenen Glaubensgemeinschaft wie der sozialen Umwelt. Die Sozialisationstheorie lehnt entsprechend die idealistische Position in Fragen der Selbstfindung ab. Der Philosoph Jean J. Rousseau hat sie am konsequentesten vertreten. Sie ist nicht länger zu halten: Nach ihr entfaltet sich der Mensch gemäß seiner individuellen Anlagen von innen heraus, wird so zum unteilbaren Individuum. Gleichermaßen ist die gegenteilige Position, die von der ‚Vergesellschaftung' des Menschen ausgeht, nicht länger zu halten, nach der die gegebenen sozialen Verhältnisse den Menschen bis in sein individuelles Selbstverständnis hinein formen. Die moderne Sozialpsychologie lenkt hingegen den Blick auf die Interdependenz zwischen Individuum und Umwelt sowie die Bedeutung von kreativer Interaktion und Kommunikation zwischen beiden Partnern. Meine Folgerungen für die besondere Struktur der religiösen Selbstfindung fasse ich in drei Perspektiven:

a) Religiöse Selbstfindung als Heil-Werden

Tiefgreifender als der Prozess der allgemeinen Sozialisation zielt die religiöse auf eine einmalige Selbstfindung, die darin liegt, vor Gott zu einem unteilbaren Ganzen zu werden, als Gläubiger ein *In-dividuum* darzustellen.[44] Darin liegt ein existentiell bedeutsames Geschehen, denn im Glauben übernimmt allein die einzelne Person Verantwortung für sein Handeln, nur das Individuum kann seine Schuld bekennen und sucht sein ‚Heil' im Sinne seiner individuellen Vollendung. Das deutsche Lehnwort Heil ist aus dem griechischen ‚holos' (ολος) – *ganz, vollständig* – abgeleitet. Religiöse Selbstfindung beschreibt daher die religiös erste und höchste Aufgabe, die sich jedem Gläubigen in seiner Entwicklung stellt, in seiner Existenz zu einer Einheit zu finden. Ihr Scheitern führt

---

43 Hurrelmann, Klaus: Einführung in die Sozialisationstheorie, Weinheim/Basel: Beltz 2008, S. 15.
44 Der Ursprung für diesen Begriff liegt im griechischen Begriff des ‚atomo' (das Unteilbare), mit dem der Vorsokratiker Demokrit bereits im 5. Jh. v. Chr. seine Theorie von den kleinsten, unteilbaren Teilchen, aus denen sich alles zusammensetzt, begründet hat. Im Neugriechischen steht ‚atomo' für den Begriff der ‚Person'.

entsprechend in die wohl dramatischste Krise, die einen Menschen auf seinem Glaubensweg treffen kann. Zu glauben ist eine hohe kognitive Fähigkeit, die nur dem Menschen eigen ist, seine personale Berufung spiegelt. Dabei kommt dieses Erkennen aus seinem eigenen Inneren, nur der einzelne Mensch kann den Glauben finden oder verlieren. Beides ereignet sich im Laufe einer personalen Interaktion mit andern.

b) *Die Bedeutung von Gemeinde und Umwelt*

Kein Mensch findet sein Selbst ohne und unabhängig von den anderen. Niemand kann zum Glauben kommen ohne ein gemeinsames Sprechen darüber, ohne gemeinsame Sprache; in den Buchreligionen kommt die Begegnung mit Offenbarungstexten hinzu. Alle diese Erfahrungen werden dem einzelnen von der Familie und religiösen Gemeinde vermittelt. Sie leiten seine ersten Schritte im Glauben, befähigen ihn, eigene Entscheidungen auf dem Weg des Glaubens zu treffen. Damit kommt der religiösen Gemeinde ebenso wie der sozialen Umwelt eine konstitutive Verantwortung für den Prozess der religiösen Sozialisation ihrer jungen Gläubigen zu.[45] Ihr Gelingen wie ihr Scheitern auf dem Weg ihrer Selbstfindung spiegelt das konstruktive Wirken der anderen oder das fehlende Handeln als Versagen der Umwelt.

Damit vertrete ich nicht erneut die These der religiösen Vergesellschaftung junger Menschen durch die Gemeinde und Umwelt. Ganz im Gegenteil handeln nach meiner Einschätzung religiöse Gemeinden falsch, wenn sie ihre jungen Mitglieder wie eine Art Besitz behandeln, über deren Identität sie verfügten. Niemand ‚gehört' einer Gruppe und kein junger Mensch will allein im Sinne einer Gemeinde eine bestimmte Rolle annehmen, also gemäß den Erwartungen der Gemeinde eine vorgegebene Funktion übernehmen. Vielmehr haben Familie, Schule und Gemeinde ihren Mitgliedern mit Blick auf deren Selbstfindung zu dienen. Sie erfüllen diese Aufgabe, indem sie ihre Kinder und Jugendlichen freigeben, sie mit ihrem eigenen Angebot versehen, sie jedoch gleichzeitig in den erweiterten Kontext der Umwelt entlassen. Keine Autorität, keine Schule oder Vereinigung ist zuständig, über die Identität ihrer Schüler oder Mitglieder

---

45 Die Gemeinschaft der Muslime muss sich daher ihrer Verantwortung im Hinblick auf Gewalt und Terror stellen, die von jungen Muslimen ausgeübt wird. Ebenso stehen die soziale Welt, die Institutionen von Erziehung und Bildung, aus denen junge Muslime in den bewaffneten Dschihad ziehen, in Verantwortung gegenüber dieser Entwicklung.

zu befinden.[46] Gleichzeitig haben sie die Aufgabe, zur Entfaltung von religiöse Identität beizutragen, indem sie sich als Geburtshelfer für die Selbstfindung junger Menschen verstehen. Die dienende Aufgabe von Institutionen liegt darin, junge Gläubige mit den nötigen Mitteln auszustatten, damit sie in Freiheit aufbrechen können, um das Selbst ihrer individuellen Person ‚entbinden' zu können.

c) Erneuerung durch religiöse Selbstfindung mit anderen

In Europa steht jede Religion mit anderen Religionen und Weltanschauungen in einem Austausch. Damit werden Prozesse der religiösen Sozialisation im Spiegel der anderen nötig, die für alle Beteiligten neue Erfahrungen beinhalten. Sozialisation als Selbstfindung handelt von der Wahrnehmung des eigenen Selbst, die nur im Inneren des einzelnen Menschen stattfindet. Doch ausgeführt wird diese Wahrnehmung zusammen mit anderen und in direkter Abhängigkeit von der Antwort der anderen auf das je eigene Verhalten. Neu ist, dass in der modernen Welt immer auch der fremde Andere anwesend ist, jener Mensch, der nicht nur einer anderen Konfession angehört, sondern ganz anders glaubt oder auch nicht glaubt. Dieser Veränderung müssen sich alle Religionsgemeinschaften stellen, jene der Mehrheit ebenso wie die Gemeinden der Minderheiten. Keine kann sich mehr erlauben, die religiöse Orientierung ihrer Mitglieder auf den eigenen Binnenraum und die eigene Herkunftssprache zu beschränken, die andersgläubige Welt draußen nicht wahrzunehmen, sie auch nicht anzusprechen.

Nach einem der großen Gleichnisse aus dem Alten Testament werden die Juden von Gott in die Zerstreuung der Diaspora geschickt, als sie sich daran machten, gemeinsam einen hohen Turm für alle in Babel zu errichten. Dem Bild dieser Erzählung folgend sind inzwischen alle Religionen in die Diaspora geschickt worden. Dabei wird ihnen aufgetragen, ihren Glauben nicht nur in einer Sprache rings um den selbst errichteten Turm zu pflegen, sondern in der Zerstreuung, in Kontakt mit Andersgläubigen zu leben (Genesis 11, 1–9).[47]

---

46 Die muslimische Vereinigung *Zentralrat der Muslime in Deutschland* sieht eine ihrer Aufgaben darin, Verantwortung für die *Bewahrung der muslimischen Identität* ihrer Mitglieder zu übernehmen.
 – ‚Islamische Charta' des ZMD von 2002, Position Nr. 19: „Der Zentralrat setzt sich für die Integration der muslimischen Bevölkerung in die Gesellschaft ein, unter Bewahrung ihrer islamischen Identität, und unterstützt alle Bemühungen, die in Richtung Sprachförderung und Einbürgerung gehen."
47 Im Buch Genesis wird die Geschichte des Turms von Babel in der Version eines göttlichen Strafgerichts erzählt, doch sie stellt eines der großen Heilsereignisse dar, parallel zu den im Buch Genesis dargestellten Ereignissen der Schöpfung, des Verlassens des

Ein Gleichnis, das sich wie ein Strafgericht Gottes liest, stellt eines der großen Heilsereignisse des Alten Testaments dar, indem es dazu auffordert, den eigenen Glauben in einem erweiterten Horizont zu leben. Je offener der Raum der ‚Diaspora', des Zusammenlebens mit anderen, umso wesentlicher muss der eigene Glaube erkannt werden. Aus der Begegnung mit dem Fremden ergibt sich so eine Unterscheidung, die zur Erneuerung des religiösen Lebens führt.

Die große Sorge religiöser Minderheiten, im Kontext der Mehrheit unterzugehen, sollte man den eigenen Binnenraum öffnen, in einen kontinuierlichen Austausch mit den anderen eintreten, halte ich für falsch. Die Religionen sind in jedem Fall zu verschieden, sie lassen sich weder vermischen noch addieren. Vielmehr laden sie eben im Raum der Diaspora zur Unterscheidung ein. So komplex die neuen Lernprozesse sein werden, die mit einer gegenseitigen Öffnung verbunden sind, sie fordern dazu auf, die Chancen zu sehen, die mit einer Öffnung für die Diasporawelt gegeben sind. Sie werden die Mitte des je eigenen Glaubens neu sichtbar werden lassen. Im Sinne von Erik H. Erikson kann auch die religiöse Sozialisation nur dann als gelungen bezeichnet werden, wenn vorausgehende Muster des Verhaltens neu reflektiert, so erneuert werden. Alternative Lebensformen, denen sie in der Diaspora begegnen, fordern Gläubige weit mehr als die vertrauten Lebensformen ihrer Heimat auf, diese kognitive Arbeit zu leisten. Sie werden im ‚Nicht-so' der anderen bis hin zur Ablehnung des Glaubens eben den Unterschied erkennen, der sie im Verhältnis zu ihrer Umwelt auszeichnet, auf diese Weise die Bereicherung und das Geschenk ihres Glaubens neu erfahren.[48]

Paradieses und des neues Bundes Gottes mit Noah nach der Sintflut (Genesis 1–11). Eben die darin vorgestellten Krisen führen die Juden in aufsteigenden Stufen auf ihren eigentlichen Weg, das Heil zu erlangen.

48 So ist zu hoffen, dass die Einrichtung von Instituten für Islamische Theologie an deutschen Universitäten nicht nur die Lehre der Hochschulen in den Herkunftsländern fortschreiben, sondern neu in den europäischen Kontext einbetten. Ebenso wird es notwendig sein, die religiöse Erziehung in öffentlichen Schulen neu zu konzipieren, auf den Dialog mit christlichen oder säkularen Mitschülern abzustimmen, wie das in den Herkunftsländern nicht vorgesehen ist. Inzwischen sind auf Vorschlag des ‚Deutschen Wissenschaftsrats' von 2010 vier bedeutsame Institute für Islamische Theologie an den Universitäten in Münster-Osnabrück, Frankfurt-Marburg, Tübingen und Erlangen-Nürnberg eingerichtet worden. Ihre Aufgabe wird es sein, Grundlagen für einen Islam in Europa zu konzipieren, der als gleichrangige Religion anerkannt wird. Hierzu wird es nötig sein, die religiösen Gebote für Muslime ohne jeden Vorbehalt auf die Vorgaben der europäischen Verfassungsrechte abzustimmen. Vor allem in den Bereichen Partnerschaft und Ehe wie der Gleichstellung von Mann und Frau sind hier noch große Aufgaben zu übernehmen.

3.2 Religiöse Sozialisation in einer Einwanderungsgesellschaft

Religiöse Sozialisation bezieht sich nicht auf äußere Merkmale oder ein modernes Erscheinungsbild einer Religion. Sie stellt den lebendigen Körper und die Form der Entfaltung des religiösen Lebens in der gegebenen Gesellschaft dar. Sie beinhaltet daher kein bloßes *aggiornamento* im Sinne einer Anpassung der Gläubigen an ihre Umwelt, sondern begründet im Sinne dieses Begriffs eine ‚Fortbildung' der Gläubigen in ihrer Religion. Damit berührt dieser Prozess Kernthemen des Glaubens. Ihre Bearbeitung verlangt im Verhältnis zur aktuellen Situation einen Übergang im gegenseitigen Austausch: Ausgehend vom bisherigen Sprechen auf einer *Oberflächenstruktur* ist ein Übergang in die *Tiefenstruktur* des kommunikativen Meinens notwendig. Ludwig Wittgenstein hat diese Unterscheidung für die menschliche Sprache eingeführt.[49] Sie erhellt nach meiner Einschätzung den Stand des Dialogs im Verhältnis zwischen den religiösen Gruppen. Bislang werden die anstehenden Themen vorwiegend auf der Oberfläche von Konventionen und Rechtstiteln verhandelt. Wie die Grammatik den richtigen Umgang mit Wortzeichen und deren Verwendung regelt, so verhandeln Vereine über ihre Zuständigkeiten. Doch niemand spricht nach L. Wittgenstein eine Sprache, um die Regeln ihrer Grammatik anzuwenden. So entscheidet sich niemand für einen Glauben, weil ein Verein beschlossen hat, für die Wahrung einer bestimmten religiösen Identität im öffentlichen Leben Sorge zu tragen. Selbst im obersten Gremium für den Dialog mit dem Islam, der ‚*Deutschen Islam Konferenz*', die 2006 von W. Schäuble ins Leben gerufen wurde, um die Beziehungsverhältnisse mit den Muslimen zu strukturieren, werden weithin formale Oberflächenstrukturen verhandelt. Tatsächlich reicht die Zuständigkeit von Vereinen nur dahin, eigene Beschlüsse zu vermitteln, gegenseitig die je eigenen Reviere abzustecken. In theologischen Fragen ging es in der ‚*Deutschen Islam Konferenz*' in der Regel darum, aus Stellungnahmen von auswärtigen Fachkollegen Beschlussvorlagen abzuleiten. Dabei werden Konventionen befolgt, juristische Regularien eingehalten, um die Beziehungsverhältnisse einvernehmlich zu verwalten. Doch ein

---

49 Nach L. Wittgenstein bezieht sich die ‚*Oberflächengrammatik*' auf den Gebrauch eines Worts im Satzbau. Sie ist die Wortfolge, die man hört. Die ‚*Tiefengrammatik*' hingegen bezieht sich auf das ‚*Meinen*' des Menschen, das Sprecher zum Ausdruck bringen, wenn sie ihren Partnern antworten. Die Tiefenstruktur der Sprache ist es, die das gegenseitige Verstehen aus dem sprachlichen Meinen begründet.
Vgl.: Wittgenstein, Ludwig: Philosophische Untersuchungen, in: Wittgenstein, Ludwig: Tractatus logico-philosophicus. Werkausgabe Band 1, Frankfurt a. Main: Suhrkamp 1984, S. 478.

interreligiöser Dialog, der auf dem gesprochenen Wort ‚*von Angesicht zu Angesicht*' gründet und neue Bedeutungszusammenhänge erarbeitet, findet so nicht statt. Nur ein von ‚*aufgeschlossener Person zu aufgeschlossener Person*'[50] geführtes Gespräch dringt in die Tiefenstruktur des sprachlichen Meinens ein. Dieser Dialog setzt zudem voraus, dass die Partner einander persönlich gegenüber sitzen, so gemeinsame Antworten auf anstehende Fragen erarbeiten. Das *echte Religionsgespräch* verlangt von den Partnern, selbst Verantwortung für die gemeinsam gefundenen Ergebnisse des Dialogs übernehmen: *Echte Verantwortung gibt es nur, wo es wirkliches Antworten gibt.*[51]

Die Initiativen der ‚Deutschen Islam Konferenz' sind hoch bedeutsam, ihre Einrichtung ein hoher Gewinn für das Beziehungsverhältnis zu den Muslimen, doch der zu führende interreligiöse Dialog muss in eine Tiefe des gemeinsamen Meinens eindringen, in der im Wechsel von Frage und Antwort neue Zusammenhänge gefunden werden. Über rechtlichen Regularien und das Sprechen im Auftrag von anderen hinaus wird es im interreligiösen Dialog um ein persönliches ‚Meinen' gehen, das von den beteiligten Partnern kommt, sie in einen gemeinsamen Lernprozess führt. Aus dem echten Dialog gehen alle Partner verändert hervor. Die neuen Erkenntnisse, die sie gemeinsam gewinnen, berühren die Tiefendimension des gemeinsamen Verstehens von Fragen des Glaubens.[52]

Einige Kultusministerien in Deutschland sind im Umgang mit muslimischen Schülern auf vorläufigen Ebenen geblieben. Aus formalrechtlichen Gründen weichen sie dem Gespräch mit der muslimischen Minderheit aus. Seit Jahrzehnten wiederholen sie das Argument, dass ihnen geeignete Gesprächspartner fehlen, um diesen Austausch über Fragen, die rund 5 Mio. Muslime in Deutschland stellen, zu führen.[53] Entsprechend verbleibt die Kulturpolitik jener Bundesländer in vorläufigen Programmen, die muslimischen Schülern auch dann keine

---

50 So lautet die personal begründete Bestimmung ‚*echter Religionsgespräche*', wie sie Martin Buber in seinem Text *Zwiesprache* von 1932 für die Zukunft erwartete: Buber, Martin, o.c., 1984, S. 149.
51 Buber, Martin, o.c., 1984, 161.
52 Auf muslimischer Seite arbeitet Ömer Özsoy an der Universität Frankfurt mit Nachdruck an einer sprachlichen Analyse der Tiefendimension dessen, was Gläubige heute im Umgang mit dem Koran *meinen* können, um in vertiefter Form in den interreligiösen Dialog eintreten zu können.
53 Seit Jahren lautet die Begründung des bayerischen Kultusministeriums, dass es aus rechtlichen Gründen nicht in einen Austausch über die Einführung eines Religionsunterrichts für muslimische Schüler nach GG 7.3 eintreten könne, da die muslimischen Dachorganisationen nicht die rechtliche Stellung haben, die das Kultusministerium erwartet, um mit ihnen zu verhandeln.

religiös-ethische Erziehung anbieten, wenn das entsprechende Verfassungsgebot von GG 7.3 für diese Länder Geltung hat. Eine inzwischen endlose Reihe von Provisorien beherrscht nach wie vor das Feld der religiös-ethischen Erziehung muslimischer Kinder – falls diese überhaupt stattfindet –, obgleich das Grundgesetz nur eine Lösung vorsieht, nämlich einen islamischen Religionsunterricht, der in Abstimmung mit den muslimischen Dachorganisationen auszuführen ist, denen inzwischen das Recht zugesprochen wurde, die muslimischen Eltern eines Bundeslandes zu vertreten.[54] Dieses vorläufige Verhalten angesichts eines Gebotes des Grundgesetzes kann nur als oberflächlich bezeichnet werden. Es spiegelt eine Haltung der Nicht-Zuständigkeit, die generell den bildungspolitischen Umgang mit Schülern aus Minderheiten kennzeichnet. Auch hier wird die längst überholte Vorstellung weiterhin gepflegt, deren schulische Bildung beziehe sich auf eine Frage von ‚Migration‘. Weder diese Schüler noch ihre Eltern sind in der Regel eingewandert, sondern ihr Großeltern. Migration ist kein Teil der Lebenswelt dieser Kinder. Sie werden auch nicht mehr zurückkehren, sondern sind ein ebenso bestimmender wie wertvoller Teil der nachwachsenden Generation in Deutschland. Daher besteht kein Grund mehr, weiter von ‚Kindern mit Migrationshintergrund‘ zu sprechen. Dieses Etikett dient allein dazu, eventuell auftretende Lernprobleme diesen Schülern zuzuschreiben. In der Tat weichen sie von den ‚normalen‘ deutschen Schülern ab, doch es ist eine originäre Aufgabe der Schule, Kinder mit einer anderen Erstsprache so zu fördern, dass sie vergleichbare Lernchancen haben. Dieses findet nur an wenigen Projektschulen statt.[55] Auch hier geht es dringend darum, erste Oberflächen des Unterrichts mit Kindern aus Minderheitengruppen zu überwinden. Ihre Erstsprachen stellen großenteils Amtssprachen der Europäischen Union dar. Sie aufzugreifen

---

54 Die Terminologien dieser Programme lösen einander entsprechend ab: ‚Muttersprachlicher Ergänzungsunterricht‘, ‚Islamkunde – in türkischer oder in deutscher Sprache‘, ‚Religiöse Unterweisung für muslimische Kinder‘, ‚Islamunterricht‘, ‚Islamische Unterweisung‘ (BY), ‚Islamischer Bekenntnisunterricht‘ (Berlin).

55 Vergleichbar dienten frühere Begrifflichkeiten dazu, die Nicht-Zuständigkeit der öffentlichen Schule für diese Kinder zu unterstreichen. Sie waren alle nicht zu halten, müssen alle aufgegeben werden, will man diesen Kindern gegenüber ohne jeden Vorbehalt erzieherische Verantwortung übernehmen:
– ‚Ausländische Schüler, Türken, Italiener …, Kinder fremder Muttersprache, Nichtdeutsche Kinder, Wanderarbeitnehmerkinder, Migrantenkinder, Kinder mit Migrationshintergrund‘. Vgl.: Graf, Peter: Natürlicher Spracherwerb und frühes Sprachenlernen in der Schule, in: Graf, Peter; Antonio Fernández-Castillo (Hg.): Schüler auf dem Weg nach Europa. Interkulturelle Bildung und Mehrsprachigkeit in der Schule, Bad Heilbrunn: Klinkhardt 2011, S. 23 ff.

verlangt mehrsprachige Schullaufbahnen, die auch für einsprachig deutsche Kinder eine europäische Bildungsperspektive erschließen werden. Schulen, die entsprechend mehrsprachige Schullaufbahnen für Kinder einer Minderheit zusammen mit Kindern der deutschen Mehrheit anbieten, führen in der Regel alle ihre Schüler zu hohen Schulabschlüssen.[56]

3.3 Raum für den interreligiösen Dialog

Das *,echte Religionsgespräch'* gründet nach M. Buber auf ein persönliches Meinen aus Frage und Antwort von Angesicht zu Angesicht. Um dieses Gespräch zwischen Mehrheit und Minderheiten zu ermöglichen, um durch Oberflächen hindurch in die Tiefe des Verstehens gemeinsamer Anliegen zu gehen, sind neue Strukturen notwendig. Beschlüsse von verschiedenen Vereinen, Urteile von Juristen werden ihn ebenso wenig tragen wie die Anwendung von Normen der Kultusverwaltung, die in religiösen Fragen von kirchlichen Strukturen ausgehen. Dieser Raum für den interreligiösen Dialog ist noch herzustellen. Nicht Institutionen führen ihn, sondern Personen, die wohl aus Institutionen kommen, doch selbst Verantwortung für die Gläubigen übernehmen und einander auf gleicher Augenhöhe begegnen. Im Raum des interreligiösen Dialogs, den sie herstellen, müssen alle Themen, die die Gläubigen bewegen, Platz haben, kann keine Institution oder Organisation vorweg bestimmen, worüber gesprochen und worüber nicht geredet wird. Die hier vorgetragenen Erwartungen richten sich vor allem an die neue zweitgrößte Religionsgemeinschaft der Muslime in Deutschland. Sie ist im Aufbau begriffen, während die christlichen Kirchen über die Jahrhunderte ein differenziertes System der Hierarchie und Theologien, zahllose Institute für Bildung und Wissenschaft aufbauen konnten. Wenn es mir als christlichem Theologen erlaubt ist, im Sinne eines *,echten Religionsgesprächs'* Erwartungen an die Muslime in Deutschland zu richten, nenne ich folgende drei Positionen:

---

56 Die Konzepte für eine entsprechende Schulentwicklung sind sowohl bekannt wie auch seit vielen Jahren erprobt. Allerdings verlangen sie eine in ihrer Grundstruktur veränderte Schule:
- Graf, Peter: o.c., 2011.
- Graf, Peter: Europa als Ursprung und Perspektive schulischer Bildung, in: Universität Osnabrück (Hg.): Europäische Perspektiven – Perspektiven für Europa. Ringvorlesung an der Universität Osnabrück, Osnabrück: Rasch 1995, S. 125–136.
- Graf, Peter: Frühe Zweisprachigkeit und Schule. Empirische Grundlagen zur Erziehung von Minderheitenkindern, München: Hueber 1987.

1. Wissenschaftliche Institute für das Studium des Islam
Rund 5 Millionen Muslime, die auf Dauer in Deutschland leben, haben Anspruch auf eine wissenschaftlich begründete Lehre des Islams, die sicher auch aus den Bibliotheken der islamischen Welt kommt, doch nicht nur von dort abgerufen und übersetzt werden kann, um hier zitiert zu werden. Sie ist vielmehr auch im Land selbst zu erarbeiten und weiter zu entwickeln. Nach den Empfehlungen des ‚Wissenschaftsrats' im Jahr 2010 wurden vier universitäre Zentren für das Studium des Islams und der Ausbildung von muslimischen Religionslehrern geschaffen. Diese neuen akademischen Einrichtungen sind weiter auszubauen, so dass die Lehrenden und Studierenden dieser Institutionen an den Universitäten Osnabrück-Münster, Frankfurt-Marburg, Tübingen und Erlangen-Nürnberg als gleichrangige Gesprächspartner für Wissenschaftler aller anderen Disziplinen in Deutschland auftreten können. Vor allem geht es darum, das Studium des Islams und der Glaubenswelt der Muslime in Deutschland und Europa nach anerkannten akademisch-wissenschaftlichen Kriterien anzubieten.

2. Akademische Ausbildung von muslimischen Religionslehrern und Imamen
Die Ausbildung von Religionslehrern im Rahmen der etablierten Lehrerbildung steht in ihren Anfängen; sie ist weiter zu entfalten, so dass zunehmend in den Schulen fachlich und pädagogisch ausgebildete Lehrer den Religionsunterricht übernehmen können. Darüber hinaus kann es keine Lösung sein, die Imame aus den Herkunftsländern zu berufen, damit sie – teilweise auch nur befristet – in Deutschland ihre bedeutsamen Aufgaben, nicht nur der religiösen Leitung einer Moschee, übernehmen, sondern auch die Familien in allen Fragen der Erziehung und Beratung von jungen Menschen unterstützen. Imame können ihre anspruchsvolle Aufgabe, Brücken des Verstehens zu bauen zwischen dem Glauben junger Muslime und ihrer nichtmuslimischen Umwelt, hier nur leisten, wenn sie selbst diese Welt bestens kennen, die Landessprache beherrschen, über ihre Islamstudien hinaus auch Fragen des Rechts, der Erziehung und Familie klären können. Wie zu dieser Ausbildung nach dem Hochschulrecht auch Frauen zuzulassen sind, werden in Zukunft auch Frauen diesen Beruf in Europa ausüben.

3. Einrichtung einer religiösen Autorität in Deutschland
Inzwischen leben rund fünf Millionen Muslime von der ersten bis zur dritten oder vierten Generation in Deutschland, ohne dass eine übergeordnete religiöse Autorität im Land selbst eingerichtet worden wäre, die vor allem junge Muslime und ihre Familien in ihren hier auftretenden Fragen berät. In Sarajewo residiert

Großmufti Mustafa Cerić für Bosnien-Herzegowina, in Frankreich wird *Dr. Dalil Boubakeur, Recteur de la Grande Mosquée de Paris*, als oberste religiöse Autorität der französischen Muslime anerkannt. Auch in Deutschland stellen sich religiöse Fragen, die muslimische Vereinigungen nicht mehr beantworten können. Anstatt Gutachten aus verschiedenen Herkunftsländern anzufordern, wird es in Zukunft nötig sein, in Deutschland oder den deutschsprachigen Ländern in Europa ein religiöses Amt einzurichten, das auf religiös-rechtliche Fragen der Muslime in Deutschland verbindliche Antworten zu geben vermag. Dieser Amtsträger muss über seine Islamstudien hinaus auch mit dem deutschen und europäischen Verfassungs- und Personenrecht vertraut sein. Er würde gleichzeitig in der Lage sein, gegenüber deutschen Behörden und den Kirchen verbindliche Stellungnahmen abzugeben. Dieses bedeutet nicht, kirchliche Strukturen auf den Islam zu übertragen. Er beinhaltet aber sehr wohl die Erwartung, dass diese religiöse Autorität für die Muslime in Deutschland als solche spricht und das Recht hat, seine Stellungnahmen frei von politischen Vorgaben aus dem In- und Ausland ausschließlich nach religiös begründeten Kriterien abzugeben.[57] Ein Mufti muss gleichzeitig das Recht haben, rechtliche Fragen, wie sie im Bereich von gemischten Partnerschaften anstehen, im Sinne der Muslime und der europäischen Verfassungen zu klären.

Der sozialen, kulturellen und religiösen Umwelt neuen Raum für den interreligiösen Dialog zu geben bedeutet keineswegs für den Islam, eine veränderte Lehre für Europa zu erwarten. Den Islam in einer vertieften Form in europäischen Sprachen zu studieren führt zu keiner in ihrem Kern veränderten Lehre, sondern zur Vertiefung ihrer Relevanz für Muslime in Europa. Auch im islamischen Kulturkreis sprechen unterschiedliche religiöse Mufti-Autoritäten eigenständig für verschiedene Länder. Um diesen Vorschlag zu verwirklichen ist eine neue Bereitschaft der religiösen Vereinigungen in Europa nötig, sich von Abhängigkeiten aus den verschiedenen Herkunftsländern zu lösen. Ebenso müssen die Organisationen bereit sein, die bisherigen Grenzen ihrer Reichweiten zu überschreiten, ihre eigenen Binnenwelten für Deutschland oder den deutschsprachigen Raum zu öffnen. Gewiss sind damit Lernprozesse verbunden. Doch wer wollte behaupten, als Vereinigung über die Botschaft einer Weltreligion, die immer ins Grenzenlose

---

57 Zudem muss diese Autorität das Recht haben, sich zu Fragen zu äußern, die die Gläubigen sehr bewegen, ohne dass – nach meiner Kenntnis – eine der Dachorganisationen dazu bisher einen Weg gewiesen hätte: die gemischte Partnerschaft, Ehe und Familie. Sie ist alltäglicher Teil des Lebens. Auch gemischte Paare müssen endlich religiös betreut und begleitet werden. Die christlichen Kirchen haben entsprechende Seelsorgekonzepte entwickelt. Zudem widerspricht ein Verbot, das nur für Frauen ausgesprochen wird, dem Personenrecht nach GG 3.3.

führt, zu verfügen? Religionen haben immer mehr als nur ein religiöses Zentrum gepflegt, sich auf diese Weise in neuen Umwelten verbindlich etabliert. Große Religionen sind eben dadurch zu Weltreligionen geworden, dass sie sich in unterschiedlichen Kulturen, Nationen, Klimazonen und Kontinenten dem Wandel gestellt haben, indem sie dort religiöse Zentren errichtet haben.[58]

Die soziale Welt ringsum ist mehr als bloße Umgebung für religiöse Gemeinden. Sie stellt das Resonanzfeld für gläubige Lebensformen dar. Für jene Gläubigen, die nach dem Kern und der Bedeutung ihres Glaubens in der Gegenwart fragen, werden die Impulse aus der veränderten Welt ringsum zum Anstoß, ihr gläubiges Verstehen neu zu prüfen. Der authentische Glaube kommt nicht aus tradierten Formen allein, sondern aus dem Bestehen dieser Lebensformen inmitten der gegebenen Welt. Die Zuverlässigkeit des gläubigen Handelns kommt nicht nur aus dem Binnenraum der Gemeinde, sondern auch aus der Antwort der Umwelt. Ohne dass die Umwelt dem eigenen Glauben folgen muss, ist sie es, die eine Glaubensform durch ihre Rückmeldung achtet, die Wahl dieser Lebensform anerkennt. Insofern berühren die Prozesse aus der religiösen Sozialisation die Akzente der Lehre und des Umgangs mit Geboten, ohne den Glauben in seinem Kern zu verändern. Das Christentum hat sich auf seinem Weg vom Orient in den Okzident in vielen Bereichen grundlegend geändert, ohne sein Wesen aufgegeben zu haben. Über die Umwelten neuer Länder, Sprachen und Kulturen ist es zur Weltreligion geworden.

---

58 Im Mittelalter ist aus dem Studium fremder Lehren, aus der ersten großen Begegnung mit dem Islam eine neue christliche Wissenschaftskultur entstanden: die europäischen Universitäten. Es waren es die Franziskaner und Dominikaner, die ab dem 13. Jahrhundert als Wandermönche quer durch Europa zogen, durch ihren Orden weder einem Landesbischof noch einem Landesherrn unterworfen waren. Sie kamen aus der Fremde, doch auf ihren Wegen gründeten sie in europäischen Städten die ‚hohen Schulen' der Universitäten. Während die Bischöfe von Paris und Cambridge es ihren Klerikern untersagten, die Texte der ‚*heidnischen*' Philosophen der klassischen Antike wie Aristoteles u.a. zu studieren, schufen die Bettelmönche zusammen mit Studierenden aus Europa, den ‚*scholares migrantes*', durch das Studium des antiken Wissens und in Auseinandersetzung mit der muslimischen Gelehrten wie Avicenna Averroes und Algazel (Ibn Sina +1037, Ibn Roschd +1198, Al Ghazali +1111) sowie Moses Maimonides + 1204 eine interkulturell und interreligiös begründete europäische Wissenschaftskultur, jene der europäischen Universitäten, die das Christentum in Westeuropa auf Dauer auszeichnete. Vgl.: Hirschberger, Johannes: Geschichte der Philosophie. Altertum und Mittelalter, Basel 1962, S. 426 f.

> Jede Person hat das Recht auf Gedanken-, Gewissens-
> und Religionsfreiheit. Dieses Recht umfasst die Freiheit,
> die Religion oder Weltanschauung zu wechseln,
> und die Freiheit, seine Religion einzeln oder mit anderen
> öffentlich oder privat durch Gottesdienst, Unterricht,
> Bräuche oder Riten zu bekennen.
>
> Vertrag für eine Verfassung für Europa [59]

4.0 Religiöse Sozialisation in Europa

Wie die Nationen sind auch die Religionen in Europa auf dem Weg, den ebenso umfassenden wie neuen politisch-kulturellen Raum der Europäischen Union zu gestalten. Wie im nationalen Bereich ist auch im religiösen Feld die Neigung groß, zunächst die je eigenen Interessen und Einflusssphären zu sichern, bevor man zusammen mit anderen Verantwortung für übergreifende Strukturen übernimmt. Dennoch führt dieser Weg, die Priorität des Eigenen zu setzen, nicht nach Europa, sondern wie im Nationalen zurück in die Sackgassen des Eigenen. Die Religionsgemeinschaften in Europa sind zu viele, kulturpolitisch sind sie in den Mitgliedsländern zu unterschiedlich verankert, um in einer Union mit über 500 Millionen Bürgern über eine europaweite Gestaltungskraft zu verfügen, wenn sie nicht in ihren eigentlichen Aufgabenstellungen gemeinsam auftreten. Keine Religionsgemeinschaft ist in Europa mehr allein, keine wird durch Abgrenzung von anderen Gruppen an Profil gewinnen.[60] Vielmehr wird die gemeinsame religiöse Reflexion in Europa ein Gewicht haben, das geachtet werden wird, nicht die gegenseitige Unterscheidung zwischen den Gruppen

---

59 Art. II-70 des Vertrags für eine Verfassung für Europa vom 29.10. 2004, zit. n.: Drucksache 15/4900 vom 18.2.2005 des Deutschen Bundestags; Zustimmung des Bundestags am 12. 5. 2005.

60 Muslimische Organisationen mögen für einzelne muslimische Frauen das Recht erstreiten, im Beruf selbst dann, wenn sie in einem christlichen Krankenhaus arbeiten, ein Kopftuch zu tragen. Doch mit dem juristischen Verbot für Arbeitgeber ziehen muslimische Organisationen Grenzlinien durch die Berufswelt muslimischer Frauen, die ihre beruflichen Chancen nicht erweitern. Die Sure 24,31 zur Begründung des Kopftuchs wird sehr verschieden gelesen. Tatsächlich ist das Kopftuch nicht nur ein religiöses Signal, es beinhaltet eine kulturelle und geschlechtsspezifische Botschaft, die in muslimischen wie europäischen Ländern verschieden gelesen wird. Das *Bundesverfassungsgericht* hat nach einem langen Prozess in seinem Urteil vom 13.3.2015 das Recht einer muslimischen Lehrerin bestätigt, im Unterricht ein Kopftuch zu tragen.

und Geschlechtern oder die Pflege verschiedener Herkunftswelten.[61] Alle haben vielmehr die Aufgabe, ihre Zukunft als Bürger der Europäischen Union zu verstehen, entsprechend daran zu arbeiten, diesen weltweit einmaligen politischen Raum der Europäischen Union kulturell-religiös zu durchdringen. Die Religionsgemeinschaften werden entweder gemeinsam im Dialog den europäischen Horizont mitgestalten oder aber einzeln in Randpositionen gedrängt werden, in denen sie zwar ihre Binnenwelten pflegen können, doch ohne Überzeugungskraft für die Europäische Union bleiben werden. Mit Blick auf Europa als einen interreligiös zu gestaltenden Raum empfehle ich allen Religionsgemeinschaften eine Haltung des Dialogs, die durch folgende Charakteristika gekennzeichnet ist:

4.1 Die Bereitschaft zur Verarbeitung von Differenz

Jede Sozialisation beginnt mit der Einsicht, dass man als Mensch nur zusammen mit anderen ein erfülltes Leben leben kann. Diese Einsicht beinhaltet gleichzeitig die Erkenntnis: *Der andere ist immer anders, und er ändert sich.* Diese Erfahrung begründet die hohe Erwartung an die individuelle Identität eines jeden Menschen, die darin liegt, sich zu ändern, sich von allen anderen zu unterscheiden. Damit stellt die Erfahrung von Andersheit eine grundlegende Bedingung für jede Form von erfolgreicher Sozialisation dar. Der Anspruch auf eine eigene Identität beinhaltet einen Anspruch auf Differenz, wie ihn alle anderen ebenso erwarten. Jeder hat das Recht, sich von anderen zu unterscheiden, so gering dieser Unterschied auch ausfallen mag. Damit wird die Verarbeitung von Differenz zur Kernaufgabe, ja, zum entscheidenden Mittel in der Begegnung mit anderen Menschen wie auch für die eigene Selbstfindung. Wer als Eltern auf die eigene Welt zurückblickt, frühere Traditionen des Herkunftslandes als verbindlich auch für die eigenen Kinder erklärt, behindert deren Sozialisation in ihrer Welt. Sie müssen sich in einer anderen Welt unterscheiden, um ihr Selbst zu finden. Damit hängt das Gelingen von religiöser Sozialisation von der Bereitschaft ab, mögliche Veränderungen anzusehen und auch anzunehmen. Dieses beinhaltet eine Bereitschaft, die wahrgenommene Differenz zu verarbeiten und verstehend

---

61 Dies schließt die positive Haltung des ‚Darüber-hinaus' oder eine Mission nicht aus, in der Gläubige ihren Glauben in der Weise gegenüber ihrer Umwelt vertreten, dass sie sagen: Wir bieten eine Erweiterung im Glauben an, die auch für euch bedeutsam sein kann. Als freies Angebot, in einen interreligiösen Dialog einzutreten, kann so die interreligiöse Reflexion vertieft werden. Dieses gilt nicht für äußere Zeichen des Verhaltens, die andere als Belehrung erfahren, da sie ihre Botschaft auch dann annehmen müssen, wenn sie sie ablehnen.

zu gestalten. Dazu ist nur der einzelne Mensch in seiner Kognition fähig Gesellschaften spiegeln nur die Ergebnisse, die viele Menschen in der Verarbeitung von Differenz gefunden haben.

Hinzu kommt, dass der Glaube sehr viel intensiver als soziale Erwartungen den einzelnen Menschen als individuelle Person anspricht: Der einzelne Mensch ist es, der sich für einen Glauben entscheidet, Verantwortung übernimmt und aufbricht, um sein individuelles Heil zu finden. Daher muss er als Individuum über sein persönliches Verhältnis zu seiner Umwelt entscheiden, um seine eigene Wahl im Glauben treffen zu können. Daher ist der echte Glaube nur in einem Raum der Freiheit möglich. Seine religiöse Wahl kann der einzelne nur dann individuell ausformen, wenn er vorgegebene Muster als solche erkennt und seine eigenen Schlüsse daraus ziehen kann. Der Glaube eines jeden Menschen kommt aus seinem inneren Bewusstsein, doch gelebt wird er im Verhältnis zu den Menschen ringsum, ob sie nun seinem eigenen Glauben folgen oder nicht. In der Annahme von Verschiedenheit zeigt sich die Überzeugungskraft des eigenen Glaubens. Sie spiegelt den Umgang mit dem eigenen Glauben, den jeder einzelne Gläubige auf seine Weise in seine Lebenswelt übersetzt.

Ohne gegenseitige Erwartung können Menschen nicht in eine soziale Interaktion eintreten, doch geschlossene Urteile über die Anderen werden zu Vor-Urteilen. Nach Erving Goffman kann kein Mensch die an ihn gerichteten sozialen Erwartungen als solche erfüllen, er muss und soll es auch nicht. Es ist vielmehr die Aufgabe beider Partner, die Distanz zwischen Erwartung und Erfüllung zu verarbeiten.[62] Andernfalls kommt es nach E. Goffman zu Stigmatisierungen, die den Anderen nicht nur ausgrenzen, sondern verletzen. Im religiösen Bereich erleben wir derzeit unübersehbar starke gegenseitige Stigmatisierungen bis hin zum offenen Kampf gegeneinander. Religiöse Sozialisation im interreligiösen Raum kann daher nur dann gelingen, wenn die Differenz zwischen gegenseitiger Erwartung und Erfüllung verarbeitet und ausgeglichen wird. Hinzu kommt, dass diese Aufgabe alle Partner übernehmen müssen; eine Gruppe allein kann sich gegen die Stigmatisierung durch andere nicht wehren. Die Verarbeitung von Differenz stellt so eine generelle Aufgabe aller Religionsgemeinschaften dar, sowohl im Blick auf die interreligiöse Begegnung in Europa wie in Hinsicht auf die Selbstfindung der jungen Generation.[63]

---

62 Vgl.: Goffman, Erving: Stima. Über Techniken der Bewältigung beschädigter Identität, Frankfurt a. Main: Suhrkamp 1975, S. 156f.
63 Näher ausgeführt in: Graf, Peter: Religiöse Sozialisation in Familie, Gemeinde und Schule – Orte des interreligiösen Dialogs, in: Graf, Peter; Ucar, Bülent (Hg.): Religiöse

4.2 Die Zustimmung zu Veränderung

Eine Religion, die keine Veränderung mehr erlaubt, hat sich aus dem Leben verabschiedet. Vor allem befähigt sie ihre Gläubigen nicht, in Interaktion mit der gegebenen Umwelt ihren Glauben zu verwirklichen. Es sind die Einwanderer, die grundlegende Veränderungen geschaffen haben, sowohl im Land der Einwanderung wie innerhalb ihrer eigenen Gruppe. Nun gilt es, sich diesen Veränderungen zu stellen, sie konstruktiv zu verarbeiten. Neu für eine eingewanderte Glaubensgemeinschaft ist nicht nur, dass die Mehrheit der Menschen ringsum anderen Orientierungen folgt. Auch der eigene Glaube stellt sich als Religion einer Minderheit in der Einwanderungsgesellschaft anders dar als in einem Herkunftsland, in dem der eigene Glaube seit Jahrhunderten den Alltag bestimmt. Die Bereitschaft für Veränderung bezieht sich wesentlich auf die Ausdrucksformen und sozialen Netzwerke der neuen Glaubensgemeinschaft, nicht auf einen veränderten Glauben. Gleichzeitig sind auch Kernfragen des Glaubens neu zu bearbeiten, wenn es etwa um Beziehungen mit der Umwelt geht, die gemischte Partnerschaften begründen. Diese Veränderung einfach zu übergehen, deren Tatsache auszublenden, diesen Weg jungen Menschen zu untersagen, ist keine Lösung. Wer tief verankert aus seinem Glauben lebt, wird Vertrauen haben nicht nur in junge Männer und Frauen, die mit ihrer Wahl in eine veränderte Welt hineingehen. Er muss nichts in dieser Welt, die Gottes Schöpfung ist, verbieten. Was Gläubige auch immer tun, werden sie selbst vor Gott, der barmherzig ist, verantworten. Vergleichbare Aufgaben haben die Gläubigen aus der Mehrheit zu beantworten. Auch ihre jungen Leute gehen Beziehungen ein, die neuer Art sind. Niemand hat das Recht, sie vor die Alternative stellen, entweder ihre individuell gewählte Partnerschaft oder ihren Glauben aufzugeben.[64] Im Hinblick

---

Bildung im Dialog zwischen Christen und Muslimen, Stuttgart: Kohlhammer 2011, S. 165–183.

64 Die religiös gemischte Eheschließung ist ein Faktum des Alltags in Deutschland. Türkische Ehepartner sind seit Jahren die häufigsten Ehepartner der Ehen in Deutschland, die mit einem Ausländer geschlossen werden. Dabei besitzen junge Männer und Frauen türkischer Herkunft zunehmend die deutsche Staatsangehörigkeit, so dass sie in der Statistik für ausländische Ehen nicht mehr erscheinen. Angesichts dieser interkulturellen Realität sind mir keine Beschlüsse von muslimischer Seite bekannt, die diese veränderte soziale Wirklichkeit gestalten, vor allem das generelle Verbot für muslimische Frauen aufheben, eine Partnerschaft oder Ehe mit einem Nichtmuslimen einzugehen, religiös aufarbeiten. Dieses ist dringend geboten. Wie in einigen muslimischen Ländern die vom islamischen Recht vorgesehene Möglichkeit für den Mann, bis zu vier Frauen zu ehelichen, nicht mehr erlaubt ist, wird man in Europa die

auf das interreligiöse Leben, das in solchen Familien entstehen kann, vor allem in Verantwortung für die darin heranwachsenden Kinder, ist die bisherige muslimische Tradition neu auszurichten. Viele junge Menschen auch anderer Gruppen gehen aktuell Beziehungen ein, die von ihren Eltern oder der Gemeinschaft nicht gewünscht werden. Diese Partnerschaften anzunehmen, Probleme, die sich aus ihnen ergeben, zu ertragen und zu gestalten, ist eine generelle Aufgabe in der modernen Welt. Doch Menschen, die eine Beziehung dieser Art eingehen, aus der eigenen Gruppe auszustoßen, sie für ihre Wahl zu bestrafen, ist keine Lösung, selbst wenn es sich um ein Vergehen im religiösen Sinn handelt. Religionen sind nicht zuletzt dazu da, das Vergehen und die Fehler von Menschen zu heilen. Eben an dieser Stelle werden Veränderungen religiös zu bearbeiten und zu gestalten sein, die direkt mit der erweiterten kulturellen Umwelt zu tun haben, in der Gläubige aller Religionen aktuell leben. In Europa zu leben bedeutet für alle Bürger der Union, im Personenrecht nationale, kulturelle und religiöse Grenzen zu überschreiten.

4.3 Die Befähigung zum dialogischen Gespräch

Sozialisation als lebenslanges Lernen beschränkt sich nicht auf fertige Muster des Verhaltens, die man einmal erlernt, um sie anzuwenden. Sie verlangt vielmehr Kompetenzen, die dazu befähigen, ein Leben lang in ein dialogisches Gespräch über symbolisch bedeutsame Formen der Interaktion mit anderen Menschen einzutreten. Die Fähigkeit zum interkulturellen Dialog wird daher bestimmend für die anstehenden Prozesse der religiösen Sozialisation in Europa sein. Sie sind gleichermaßen auf Seiten der Minderheiten wie auf Seiten der Mehrheit neu zu entwickeln. Bislang steht der interreligiöse Dialog als ein unvoreingenommener Austausch zwischen religiösen Gruppen noch in seinen Anfängen. Der eigentliche Begründer der Sozialisationstheorie, George H. Mead, sieht eben in einer kontinuierlichen symbolischen Interaktion die eigentliche Bedingung für Sozialisation und Selbstfindung. Sie schafft die Brücke zwischen dem Ich und den Rollenerwartungen der Gesellschaft, um eine eigene Identität als inneres ‚self' zu entfalten.[65] Relevante Beschlüsse zu zitieren, wichtige Texte aufzurufen oder andere zu belehren genügen hierfür nicht. Es geht um das Hören und Fragen,

---

Gleichbehandlung von Mann und Frau in Fragen der Partnerschaft und Ehe anstreben müssen. Vergleichbar haben auch die Kirchen Vorgaben des staatlichen Personenrechts anerkannt.

[65] Vgl.: Mead, George, H.: Geist, Identität und Gesellschaft, Frankfurt a. Main: Suhrkamp 1980.

das Antworten und Schweigen. Dieses gesprochene Wort muss von einzelnen Personen kommen und beantwortet werden, um eine identitätsbildende Kraft zu haben. Da sich die Frage der Selbstfindung nach Erik H. Erikson bis ans Lebensende stellt, ist die kommunikative Fähigkeit, in diesen Austausch einzutreten, wichtiger als die Vermittlung bestimmter Inhalte.[66] Es sind allein die Menschen, die den sozialen Raum zwischen ihnen mit Bedeutung und Inhalt füllen, nach Erik H. Erikson kreativ mit einem je *neuen Fundus sinnvoller Kontinuitäten versehen*.[67]

So erfolgreich der Prozess der europäischen Integration auf der politisch-wirtschaftlichen Ebene verlaufen ist, in den kulturellen, vor allem den religiösen Fragen steht er in seinen Anfängen. Nicht wenige Länder wünschen sich eine Rückkehr in die geschlossenen nationalen Welten. Der Politologe Werner Weidenfeld empfiehlt den Verantwortlichen in Europa dringend, *sich den Mühen europäischer Selbstverständigung zu unterziehen*.[68] Nur eine kulturelle Vernetzung, ein Gelingen des interreligiösen Dialogs, der immer auch Selbstfindung inmitten von Verschiedenheit beinhaltet, wird Europa an entscheidenden Punkten voranbringen. An die Stelle von Konkurrenz in Fragen der Selbstdefinition soll Interaktion treten. An die Stelle von Mehrheiten und muss die Bereitschaft wachsen, in einen kontinuierlichen Austausch über alle Fragen, die Menschen in ihrem Inneren bewegen, einzutreten. Ohne einen kontinuierlichen Fluss von offener Kommunikation werden die komplexen religiösen Beziehungen nicht kreativ gestaltet, sondern destruiert werden. Dann werden die fremden Anderen, die gegenüber der eigenen Gruppe immer eine überwältigende Mehrheit darstellen, zu einer Quelle der Angst.[69] Angst aber erzeugt Ausgrenzung, Aggression und Konflikte.

---

66 Als reguläres Mitglied der ‚Deutschen Islam-Konferenz' in Berlin habe ich ab 2006 Formen des Austausches zwischen den Gruppen erlebt, die sich als Dialog bezeichnen, doch keine echte symbolische Kommunikation zwischen den Partnern beinhalteten. Die Bereitschaft, in offener Interaktion gemeinsam symbolisch zu handeln, führt weit über das Zitat anderer oder vorgegebener Texte hinaus.

67 Erikson, Erik, H., o.c., S. 42.

68 Weidenfeld, Werner: EUROPA. Eine Strategie, München: Kösel 2014, S. 41.

69 Das Fehlen von Kommunikation erzeugt nicht nur einen Mangel an sinnhafter Kontinuität für das Verhältnis zwischen den Individuen und der Gesellschaft. Es schafft eine sektoral bestimmte Binnenwelt, die vom Grundgefühl der Angst vor dem anderen gekennzeichnet ist. Mit der Abgrenzung erscheinen die anderen ‚draußen' als jene, die einen selbst nicht verstehen und die man auch selbst nicht versteht. Sektorale Abgrenzung schafft eine Lebenswelt der Angst. Dieses Gefühl erzeugt dem Ursprung

4.4 Die Offenheit für Erneuerung

Der Prozess der Sozialisation dreht sich um eine Achse, die von zwei Polen bestimmt wird: der sozialen Welt einerseits und dem Individuum andererseits. Damit liegt ihr Grundmerkmal in der kontinuierlichen Veränderung, da beide Pole sich laufend verändern, sofern sie leben. Die Steuerung von sozialem Lernen erlaubt daher aus der Sicht des Individuums nur zwei Einstellungen: die Haltung, gruppenbezogen an den selbst erlernten eigenen Traditionen festzuhalten oder eine Haltung, bestehende Muster des Verhaltens anzusehen, zu bewerten und kreativ im Austausch mit dem zweiten Pol mit Leben zu füllen. Was den einen, die auf ihren Binnenraum bezogen bleiben, als Verlust erscheint, bietet anderen, die sich anderen öffnen, die Chance, bewährte Konzepte zu erneuern. Alle großen Religionen tradieren Regeln des Verhaltens, die aus vergangenen Jahrhunderten stammen. Sie zusammen mit anderen verändert in eine veränderte Umwelt zu übersetzen bedeutet keineswegs, sie zu übergehen. Vielmehr gewinnen sie durch Formen der Erneuerung an Bedeutung und Relevanz, die ihnen das bloße Wiederaufrufen von Tradition nicht verleihen kann. Noch deutlicher zeigt sich die Chance der Erneuerung im Hinblick auf die Selbstfindung des Individuums, dem jede Form der Sozialisation letztlich dient. Der Blick zurück genügt nicht, um jungen Menschen den Weg zu ihrem Selbst zu erschließen.[70] Ihre eigentliche Selbstfindung setzt mit der Pubertät ein, die einen Abschied von der eigenen Familie beinhaltet. Die Krise, in die derzeit der rückwärtsgewandte Blick fundamentalistischer Muslime führt, zeigt mit aller Schärfe, was genau nicht geht. Die Zukunft aller Religionen liegt vielmehr darin, die tradierte Lebensform zusammen mit anderen, mit denen das eigene Leben zu gestalten ist, aufzuschließen, um sie neu mit Bedeutung zu füllen. Es muss ein sinnhaftes sprachliches Kontinuum hergestellt werden zwischen dem, was war, woher der Mensch kommt, und jener Welt, in die er geht und die er mitgestalten soll. Erik H. Erikson spricht demgemäß vom ‚*aufgeklärten Bemühen*' des Erziehers und Beraters in Fragen der Sozialisation. Damit verbindet er die Aufgabe, Brücken

---

dieses Wortes gemäß soziale Engstellen. Das deutsche Lehnwort ‚Angst' kommt vom lat. ‚angustiae' (d.h. Engstelle, Engpass), das immer im Plural auftritt.

70 Der Verlust an gelebter religiöser Identität, die nur zusammen mit anderen erfahren werden kann, beinhaltet für junge Menschen auf ihrer Suche nach dem eigenen Selbst eine tiefe Krise. Alle großen Religionen haben dieses Problem, denn zu viele junge Menschen nehmen nicht mehr am Leben teil, das ihre Institutionen anbieten. Viele von ihnen wenden sich demnach rückwärts, dem konservativen Trend zu, der in die gegenseitige Abgrenzung, in den Konflikt führt.

des Verstehens zwischen der Vergangenheit und der Zukunft zu schlagen.[71] Dies kann nur geschehen, indem beide Quellen bejaht werden, jedoch der Zwischenraum der ‚*Heterogenität*', der sich zwischen ihnen auftut, mit einem Fundus an Bedeutungen angereichert wird, aus dem junge Menschen auf ihrem Weg Sinn schöpfen können. Nur so kann die eigentliche Gefahr des Misslingens von Sozialisation abgewehrt werden, die im Verlust der ‚Ich-Identität' liegt. Erik H. Erikson hat als Psychologe mit Soldaten, die aus dem Krieg zurückgekehrt sind, gearbeitet. Er weiß um das Drama, das Menschen erleben, deren Sinnstrukturen im Verhältnis zu ihrer sozialen Umwelt eingebrochen sind. Verantwortliche Eltern, Erzieher, Lehrer und Imame haben die Aufgabe, jungen Menschen sinnvolle Brücken über eine heterogene Umwelt anzubieten, um sie, wie Erik H. Erikson sagt, davor zu bewahren, nicht mehr zu wissen, wer sie sind. Für den Identitätsverlust gilt der Satz: *Das Gefühl von Gleichheit und Kontinuität und der Glauben an die eigene soziale Rolle ist verloren.*[72]

Über die Begegnung zwischen den Religionen wird im interkulturellen und interreligiösen Raum der Europäischen Union entschieden werden. Alle Weltreligionen werden darin gelebt, alle ihre Gemeinden sind aufgefordert, ihre bislang abgegrenzten Binnenräume zu öffnen, sie im Austausch mit Menschen, die einer anderen Orientierung folgen, neu auszurichten, so ihren eigenen Glauben zu erneuern. Kulturell, sprachlich und religiös ist die Europäische Union für alle zu einem Raum ohne Grenzen geworden. Kein Ort ist nur noch deutsch, christlich oder durch eine bestimmte Partei bestimmt. Wie Seefahrer offene Meere nur befahren können, wenn sie die vertrauten Markierungen ihrer eigenen Küste verlassen, müssen Gläubige sich in dieses offene Meer des kulturellen, sozialen und religiösen Lebens begeben. Die hierfür nötige Orientierung werden sie inmitten der bewegten Wellen des offenen Meeres nur zusammen mit anderen prüfen und finden können.

---

71 Erikson, Erik, H., o.c., S. 42.
72 Erikson, Erik, H., o.c., S. 42.

> Die Institution Schule ist keine nationale Erfindung.
> Schule kommt aus Europa und hat die Aufgabe,
> ihre Schüler nach Europa zu führen.
>
> P. G.

5.0 Schüler auf dem Weg nach Europa

Die Institution Schule ist nicht nur Ort und Haus gemeinsamen Lernens. Sie umfasst einen Lebensabschnitt in der Kindheit und Jugend, der für die gesamte weitere Biographie junger Menschen bestimmend sein wird. Sie begründet eine Schullaufbahn, die in jedem Fall stattfindet, als solche nur gelingen oder misslingen kann wie alle sozialen Prozesse. Über die Schule verlassen Kinder nicht nur ihre Familien, sie treten mit Gleichaltrigen in Kontakt, die nicht aus ihrem Familien- oder Freundeskreis stammen. Der Austausch mit den fremden anderen Mitschülern wird mit über den Erfolg ihrer Schullaufbahn entscheiden. Nach der Sozialisationstheorie schaffen die Mitschüler als ‚peers' eine eigenständige Instanz, die über Jahre den Verlauf von Sozialisation und Selbstfindung in der Kindheit und Jugend bestimmt.[73]

Die Schule wird so zur entscheidenden Sozialisationsinstanz für junge Menschen über einen Lebensabschnitt hinweg, nach der Familie und vor der Berufswelt. Die konstitutive Rolle der Institution Schule für den Prozess der Sozialisation wird darüber hinaus noch durch die Tatsache unterstrichen, dass allein diese Phase der sozialen Entwicklung maßgeblich in die Hände von ausgebildeten Lehrern und Erziehern gelegt wird. Was in dieser Form weder in der Familie noch in der Berufswelt als den beiden anderen Sozialisationsinstanzen der Fall ist, gilt hier: Das gemeinsame Lernen in der Schule findet unter der Verantwortung und Leitung von pädagogisch ausgebildeten Fachkräften statt. Ein Misslingen von schulischer Sozialisation spiegelt immer auch ein Versagen der Institution Schule oder ein Fehlverhalten ihrer Lehrer. Der Beruf des Lehrers beschränkt sich keineswegs auf die Vermittlung von Fachwissen. Sein Erfolg kommt vielmehr aus seiner Fähigkeit, eine Schulklasse als Lerngruppe zu führen, deren Gruppendynamik voller Spannungen laufend auszugleichen, so

---

[73] Nach Klaus Hurrelmann kommt der Schule eine besondere Bedeutung als Sozialisationsinstanz zu, da in ihr – anders als in der Familie und der Berufswelt – keine ‚Laienerzieher', sondern Berufspädagogen handeln, die für ihre Aufgaben ausgebildet sind. Damit übernimmt die Schule nach der Familie die bedeutende Rolle einer ‚sekundären Sozialisation' für junge Menschen.
-Hurrelmann, Klaus, o.c., 2008, S. 187.

nicht nur ein Fach zu unterrichten, sondern zusammen mit den Schülern den Schultag zu gestalten. Diese Aufgabe können Lehrer nur dann erfüllen, wenn sie fachlich und pädagogisch ausgebildet wurden, im Sinne der etablierten Lehrerbildung in der Regel befähigt sind, mehr als ein Fach zu unterrichten. Nur so werden sie Schulklassen leiten, gleichrangig an Lehrerkonferenzen teilnehmen, gemeinsame Schulprojekte mitgestalten, ihre Schüler gleichrangig beraten und fördern können.[74]

Generell muss leider festgestellt werden, dass sich öffentliche Schulen nur unzureichend auf die Erziehung von Kindern aus Minderheiten eingestellt haben. Dieses gilt vor allem für den sprachlichen Bereich, aber auch für kulturell relevante Themenkreise, vor allem aber auch für den Bereich der religiösen Bildung. Dieses unterstreicht die besondere Bedeutung von muslimischen Religionslehrern, ausgleichend in ihrer Schule für ihre Schüler einzutreten und sie fachlich zu beraten. Dieses kann ein Religionslehrer, der allein dieses Fach unterrichtet, selbst aber nicht regelmäßig an seiner Schule präsent ist, nur unzureichend leisten. In vielen Schulen können zweisprachige Kinder nur mit Hilfe von Lehrern, die sich weit über ihre Verpflichtungen hinaus für diese Schüler einsetzen, erfolgreich zusammen mit ihren Mitschülern lernen. So wird die Institution Schule eben als kritische Schnittstelle zwischen der Herkunft der Schüler und ihrer anspruchsvollen Zukunft in einer europäischen Bildungs- und Berufswelt zur wohl wichtigsten Phase ihrer Sozialisation. Insofern schaffen Schulklassen über Jahre einen einmaligen und geschützten Raum der Sozialisation in der Begegnung mit Gleichaltrigen. Wird diese Chance in diesem für junge Menschen prägenden Lebensabschnitt vertan, die Gelegenheiten zu offener Begegnung durch Cliquenbildung, Ausgrenzung und Versagen gestört, so ist sie später nicht mehr nachzuholen. Die Biographie des jungen Menschen wird entsprechend seiner Schullaufbahn anders verlaufen.[75] Nach K. Hurrelmann bezeichnet das Scheitern

---

74 Aus diesen Gründen habe ich als verantwortlicher Hochschullehrer an der Universität Osnabrück darauf geachtet, dass der neu einzurichtende Master-Studiengang ‚Islamische Religionspädagogik' einen Teil der etablierten Lehrerbildung darstellte, die nur Mehrfachlehrer ausbildet.
Vgl. Graf, Peter: Entwicklung des Fachs ‚Islamische Religionspädagogik' an der Universität Osnabrück, in: Graf, Peter; Gibowski, Wolfgang G. (Hg.): „ISLAMISCHE RELIGONSPÄDAGOGIK" – Etablierung eines neuen Faches. Bildungs- und kulturpolitische Initiativen des Landes Niedersachsen, Göttingen: V&R Unipress 2007, S. 153–189.
75 Wie die Schulentwicklung im Verhältnis zu Schülern aus Minderheiten gezeigt hat, sind getrennte Klassen gescheitert, waren besondere Schulen für Minderheiten alles andere als erfolgreich. Letztlich sind alle diese Schulkonzepte gescheitert, haben in die

in der Schule ein Misslingen der *sekundären Sozialisation*. Das Verhältnis zu den Gleichaltrigen als zukünftige Partner im Berufsleben ist in diesem Fall in einer Weise belastet worden, die auch für die Interaktion im Erwachsenenalter von Bedeutung sein wird. Gleichzeitig stellt das Prinzip, junge Menschen in Gruppen auszubilden, also die Erfindung von ‚Klassen‘, die von der Vorschule bis zur Hochschule Geltung haben, eine besondere kulturgeschichtliche Leistung der europäischen Antike dar. Im asiatischen Kulturraum haben in der früheren Tradition die Schüler bestimmte Lehrer aufgesucht, Lehrer wenige Schüler ausgewählt, mit ihnen gelebt und nur an sie ihre Lehre weitergegeben. Im Chinesischen setzt sich das Schriftzeichen für *Lernen* aus zwei Zeichen zusammen, die *gemeinsam gehen* bedeuten. In Europa hingegen wurden junge Menschen immer in Gruppen ausgebildet, die im Austausch miteinander lernten. Insofern wurden Schule und Bildung von Anfang an als ein Ereignis gemeinsamer Sozialisation konzipiert. Schulerfolg ist daher die Kehrseite einer gelungenen schulischen Sozialisation. Sie führt in die moderne Weite europäischer Gesellschaften. Die Bildungs- und Berufswelt Europa wird über ihren beruflichen Erfolg entscheiden. Dieser kann jedoch nur gelingen, wenn Schule die Grundlagen für Begegnung und Sozialisation durch interkulturelles Lernen mit den Gleichaltrigen gelegt hat.

Sackgasse von ‚Ausländerklassen‘ geführt, da sie die notwendige Sozialisation zusammen mit deutschen Gleichaltrigen verhindert haben.

*Das eigentliche, einzige und tiefste Thema
der Welt- und Menschengeschichte,
dem alle übrigen untergeordnet sind,
bleibt der Konflikt des Unglaubens und Glaubens.*

Johann Wolfgang von Goethe.[76]

Teil II

1.0 Religionen in Migration und Konflikt

Weltweit leben die Gläubigen in einer Umwelt, die durch Prozesse der Migration, der täglichen Kommunikation durch globale Netzwerke der Medien und des internationalen Austausches tiefgreifende Veränderungen erfahren hat. Ihre Umwelt hat ihre kulturell-religiöse Homogenität verloren. Sie bietet den Menschen nicht mehr wie früher eine allgemein anerkannte Form der Orientierung an, sie kann nicht weiter von allgemein gepflegten Formen des Zusammenlebens ausgehen. Unterhalb der gesetzlichen Vorgaben galt vieles als selbstverständlich, was inzwischen junge Menschen oder Leute fremder Herkunft nicht mehr übernehmen. Die vertrauten religiösen Institutionen haben ihre Reichweite und ihren Einfluss für soziale und politische Felder verloren. Wie sehr diese Veränderungen gläubige Menschen nicht nur verunsichern, sondern auch in ihren Kontakten mit kulturell und religiös anders orientierten Gruppen belasten, zeigt ein Blick auf das Verhältnis der westlichen Welt zum islamischen Kulturkreis.

Terroristische Gewalt, die von Mitgliedern der Al-Kaida ausgeführt wurde, haben westliche Politiker zum Anlass genommen, über die notwendige Verfolgung der Terroristen hinaus islamischen Ländern den Krieg zu erklären. Seit der Kriegserklärung von George W. Bush gegen Afghanistan im Jahr 2001 – später gegen den Irak – führen die USA eine westliche Allianz, die mehrere muslimische Länder oder Milizen bis heute militärisch bekämpft. Damit steht der *Westen* seit über 14 Jahren in einem offenen Krieg oder in einem militärischen Konflikt mit einem oder mehreren Ländern der muslimischen Welt. Papst Franziskus sprach in seiner Ansprache am 6. Juni 2015 in Sarajewo von einem globalen Klima des Konflikts, das inzwischen vorherrsche. Die Menschheit sei in eine *Art dritten Weltkrieg* geraten.[77] Dieser in der Tat globale Konflikt wird mit militärischen und

---

76 v. GOETHE, Johann, W.: „Noten und Abhandlungen zum West-östlichen Divan", in: Goethes sämtliche Werke, Jubiläumsausgabe, Bd. 9, Stuttgart-Berlin o.J., 247.
77 Quelle: Fernsehübertragung dieser Rede des Papstes vom 6.6.2015.

politischen Mitteln ausgetragen, obgleich es sich um einen Kampf um die je eigene Religion und Weltanschauung handelt. Er wird von religiösen Extremisten aus fundamentalistischen Positionen heraus geführt und primär zwischen den verschiedenen religiösen Gruppen im Islam ausgetragen, ist daher zu einem religiösen Konflikt geworden, der mit Waffen allein nicht zu lösen ist.[78] In keiner der umkämpften Regionen werden den Menschen die Freiheitsrechte garantiert, die allein den mentalen Raum schaffen, religiös-weltanschauliche Fragen friedlich zu klären. Der Ruf nach Freiheit hat den arabischen Frühling ausgelöst. Der Mangel an Gewissens- und Gedankenfreiheit kondensiert sich in religiösen Zwängen, die Angst und Aggression erzeugen. Solange allein militärische Mittel eingesetzt werden, wird keine Seite auch nur eine Perspektive der Lösung anbieten können.

Die globale Dimension dieses Konflikts, in den der Westen einbezogen ist, zeigt sich darin, dass kontinuierlich junge Muslime aus Europa und Amerika als Kämpfer in den Dschihad ziehen, um vor allem im Orient gegen die Welt des Westens zu kämpfen, aus der sie selbst kommen. Junge Muslime haben in den Ländern des Westens über Jahre eine Ausgrenzung erfahren, die sie mit ihrer Religion und ihrem Weltbild vor die Alternative stellten: *Entweder wir oder die Anderen!* Ihre religiöse Überzeugung hat in der westlichen Welt keine Anerkennung erfahren; die religiöse Erziehung, die Imame aus den Herkunftsländern übernahmen, konnte sie nicht überzeugen. Antworten aus der Vergangenheit können das nicht leisten. Muslime leben inzwischen in der dritten oder vierten Generation in Deutschland, sie sind auf eine religiöse Beratung von Imamen angewiesen, die ebenfalls hier ausgebildet wurden und in Deutschland leben. Migration ist und wird ein *Zukunftsthema* bleiben, dessen kreative Gestaltung noch aussteht.[79] Die Geschichte der Menschheit ist nach Jochen Oltmer nicht nur durch Migration gestaltet worden, sie beeinflusst bis in die Gegenwart ihre soziale, politische und religiöse Entwicklung in vielen Ländern. Alle großen Religionen sind dadurch zu Weltreligionen geworden, dass ihre Gläubigen über die Grenzen gegangen sind, zusammen mit Fremden fremdes Land durch ihr eigenes Weltbild mit gestaltet haben.[80] Mehr denn je befindet sich vor allem

---

78 Vgl.: Walsch, Neale Donald: Die Essenz. Die 25 Botschaften aus den „Gesprächen mit Gott", München: Arkana 2014, S. 56f.
79 Oltmer, Jochen: Globale Migration. Geschichte und Gegenwart, München: Beck 2012, S. 7.
80 Näher ausgeführt in: Graf, Peter (Hg.): Religionen in Migration. Grenzüberschreitung als Aufforderung zum Dialog, in: Graf. Peter (Hg): RELIGIONEN IN MIGRATION, Göttingen: V&R 2006, S. 23–31.

der Islam in einem Prozess der Grenzüberschreitung, ausgelöst ebenso durch Arbeitsmigration wie durch Flucht und Vertreibung von Muslimen aus ihren Herkunftsländern. Um die anstehenden Prozesse der Integration zu befördern, müssen an die Stelle von Ausgrenzung und Konflikt das gemeinsames Studium und der interreligiöse Dialog treten.

In dieser Perspektive erscheint mir die Autorität eines in Deutschland etablierten Mufti-Instituts für die Muslime sunnitischen Glaubens notwendig. Nur ein geistliches Oberhaupt und eine damit verbundene verantwortliche religiöse Institution kann die Verantwortung übernehmen, die Ausbildung von Imamen in Deutschland oder für den deutschsprachigen Raum ins Auge zu fassen und zu verwirklichen. Sie aber ist dringend erforderlich, um junge Muslime auf ihrem Weg des Glaubens inmitten einer nichtmuslimischen Welt überzeugend zu begleiten. Weder ihre Eltern noch Imame aus den Herkunftsländern, die teilweise in fremden Sprachen predigen, können sie vor ideologischen Lehren oder dem islamistischen Fundamentalismus bewahren. Erst über diese Institution wird der Islam endgültig in Europa angekommen sein. Ohne sie werden sich junge Muslime weiterhin religiös übergangen fühlen, von der Welt ihrer Eltern wie ihres Herkunftslandes ebenso wie von ihrer europäischen Umwelt.[81]

Aktuell hat der *Koordinationsrat der Muslime* in Deutschland die Aufgabe übernommen, für die sunnitischen Muslime in Deutschland zu sprechen. Doch er stellt bisher nur eine Arbeitsplattform der führenden sunnitischen Dachverbände dar, deren Vorsitz kontinuierlich zwischen den darin vertretenen Organisationen wechselt.[82] Damit verfügt der KRM weder über eine eigenständige

---

81 Aktuell werden in deutschen Universitäten vier Zentren für Islamische Theologie aufgebaut, die muslimische Religionslehrer und Theologen ausbilden. An der Universität Osnabrück war ich als Professor für *Interkulturelle Pädagogik* fachlich ab 2004 für den Aufbau des neuen Lehrgebiets der *Islamischen Religionspädagogik* und der Gründung des *Zentrums für Interkulturelle Islam-Studien* verantwortlich. Diesen Instituten muss in Zukunft auch das Recht zuerkannt werden, Imame für die Moscheen in deutschsprachigen Ländern auszubilden. Nach deutschem Recht sind zu jedem Studiengang auch Frauen zuzulassen. Entsprechend muss ein neues Konzept zur Ausbildung von ImamInnen sowie zur fachlich-theologischen Anerkennung dieses hoch bedeutsamen Berufs in Deutschland entwickelt werden.

82 Der *Koordinationsrat der Muslime* in Deutschland (KRM) wurde am 11. April 2007 vom Zentralrat der Muslime in Deutschland (ZMD), der Türkisch-Islamischen Union der Anstalt für Religion (DİTİB), dem Islamrat für die Bundesrepublik Deutschland (IR) und dem Verband der Islamischen Kulturzentren (VIKZ) gegründet. Der KRM hat keine Rechtspersönlichkeit. Er ist kein eingetragener Verein, sondern beruht lediglich auf einer gemeinsamen Geschäftsordnung, die von den vier ihn tragenden

akademisch-wissenschaftliche oder religiöse Institution noch besitzt er eine Weisungsbefugnis für die Muslime in Deutschland.

Der interreligiöse Konflikt zwischen dem westlichen und dem islamischen Kulturkreis spiegelt sich zunehmend im Verhältnis der Mehrheiten in europäischen Ländern zu den muslimischen Minderheiten. Hier ist eine Verhärtung des Beziehungsverhältnisses unverkennbar. Religiöse Zeichen der Unterscheidung werden von der Mehrheit zunehmend als Ablehnung der europäischen Zivilisation im Blick auf die Gleichstellung der Person wahrgenommen. In Zeiten, in denen eine pädagogisch konzipierte religiöse Bildung in den Schulen für muslimische, aber auch christliche Schüler von großer Bedeutung ist, nimmt der christliche Religionsunterricht ab, sind in einer Reihe von Bundesländern noch keine verbindlichen Grundlagen dafür geschaffen, muslimischen Kindern eine vergleichbare religiös-ethische Erziehung in öffentlichen Schulen anzubieten. Ein Klima der Begegnung und des Dialogs in öffentlichen Schulen zu schaffen, wird so immer schwieriger. Säkular orientierte Eltern, die eine *aufgeklärte Schule* ohne religiöse Bildung wünschen, erheben zunehmend ihre Stimme.[83] Für die Christen hat die Reichweite der Kirchen, christlicher Feste und Lebensformen deutlich nachgelassen. Schulen folgen damit einem Trend vieler Eltern. Doch in dem Maße, in dem sie für die religiöse Orientierung ihrer Schüler keine pädagogische Verantwortung mehr übernehmen, überlassen sie dieses Feld den Medien, in denen die Welt der Schlagzeilen vorherrscht. Vor allem im Internet werden fundamentalistische Positionen gepflegt, die nicht den Grundrechten der Menschen in Europa entsprechen.

Verbänden am 28. März 2007 unterzeichnet wurde. Sein Vorsitz wechselt kontinuierlich zwischen den beteiligten Verbänden. Damit hebt der KRM nicht darauf ab, eine dauerhafte und verbindliche religiöse Autorität für alle sunnitischen Muslime anzubieten. Entsprechend lehnt der KRM es ab, auf grundlegende Fragen wie die Anerkennung von religionsverschiedenen Ehen, die ich 2015 wiederholt an ihn richtete, eine für Sunniten gültige Antwort zu geben.

83 Politisch bestimmen zunehmend säkulare Gruppen in Deutschland und Frankreich, die keineswegs aus der Welt der Gläubigen kommen, die öffentliche Debatte. Sie lehnen eine vergleichbare Anerkennung der eingewanderten Gruppen als Muslime ab, treten *für das christliche Abendland* und *gegen die Islamisierung* auf (*Pegida, Alternative für Deutschland, Front National* in Frankreich). Sie folgen in der Regel bekannten Politik- und Sozialwissenschaftlern, die ohne ein theologisches Verständnis für Religionen den Dialog mit Muslimen ablehnen, v.a. Samuel P. Huntington, Bassam Tibi und Thilo Sarrazin.

1.1 Interreligiöse Begegnung in einer vernetzten Welt

Tatsächlich ist in Europa keine Religionsgemeinschaft mehr allein, keine hat mehr einen bestimmenden Einfluss auf das öffentliche Leben in einem Land. Diesen Verlust an Bedeutung beklagen viele Gläubige. Doch andererseits sind sie auf diese Weise aufgerufen, nichts mehr im Religiösen als selbstverständlich zu betrachten, sich selbst vielmehr zu ihrem eigenen Weg zu bekennen. Dies betrifft nicht nur die eingewanderten Minderheiten, die in der Regel aus Ländern kommen, in denen der Islam vorherrschte, sondern auch die Mehrheit der Christen. Weder die Christen noch die Muslime wurden auf die neue Situation wirklich vorbereitet. Keine Religionsgemeinschaft kann sich mehr auf die Pflege der je eigenen Binnenwelt beschränken. Jeder Gläubige muss sich auf die Präsenz anderer religiöser Lebensformen einstellen. Er begegnet täglich Menschen, die einem anderen Glauben folgen oder sich als glaubenslos bezeichnen. Sich von den anderen als jene, die nicht oder falsch glauben, nur abzugrenzen, würde bedeuten, die eigene Stellung in einer Welt der kulturellen Vielfalt einzugrenzen, denn die Haltung der gegenseitigen Ausgrenzung werden dann auch sie erfahren. Die gegenwärtige Vernetzung des eigenen Lebens mit anderen ist ebenso Aufgabe wie eine Chance zu lernen. Ein großer religiöser Führer, der selbst Vertreibung erfahren hat und im Exil lebt, der XIV. Dalai Lama, plädiert dafür, als Gläubige zusammen mit anderen eine universelle Verantwortung zu übernehmen:

> *In der heutigen vernetzten Welt können Individuen und Nationen viele ihrer Probleme nicht mehr im Alleingang lösen. Wir brauchen einander. Wir müssen daher ein Gefühl universeller Verantwortung entwickeln.*[84]

Für junge Menschen, die gemeinsam in einer öffentlichen Schule lernen – für Christen ebenso wie für Muslime – kann es keine Perspektive sein, den eigenen Glauben in Abgrenzung zu Mitschülern und Freunden lernen zu sollen. Dieses würde notwendigerweise beinhalten, den Gleichaltrigen eine falsche religiöse Haltung zuzuschreiben. Ihr Weg ist vielmehr durch eine tägliche interreligiöse Begegnung gekennzeichnet. Die Aufgabe einer modernen Religionspädagogik liegt daher darin, Grundlagen der religiösen Wahrnehmung für alle zu legen, die nicht zur Folge haben, den Glauben der Mitschüler abwerten zu müssen. Vielmehr dienen auch getrennte Unterrichtsstunden im Fach Religion dazu, zu einem Verstehen des eigenen und der anderen Glaubensformen beizutragen, zur Begegnung mit den Mitschülern wie zur gegenseitigen Achtung zu befähigen.

---

84 Zit. n.: Rinpoche, Sogyal: Funken der Erleuchtung. Buddhistische Weisheit für jeden Tag des Jahres, Bern-München: O.W. Barth 1995, 9. Juli.

Keine leichte Aufgabe, doch eben darum geht es: Wie kann ich als Muslim in einer nichtmuslimischen Umwelt leben, ohne die eigenen Freunde in ihrer religiösen Haltung ablehnen zu müssen? Wie den christlichen Glauben in einer Welt erkunden, die weithin säkular ausgerichtet ist oder durch andere Glaubensweisen bestimmt wird, ohne diese Weltbilder deklassieren zu müssen?

1.2 Die Notwendigkeit einer Unterscheidung im Religiösen

Die kulturellen Entwicklungen im religiösen Bereich, in denen die Mehrheit-Minderheit-Konstellation, die religiösen Institutionen und Gemeinschaften in einem neuen Verhältnis zueinander stehen, fordern dazu auf, dieses Handlungsfeld neu zu strukturieren. Um das Ineinandergreifen der bestimmenden Faktoren differenzierter zu erkennen, schlage ich eine Analyse des religiösen Handelns im Sinne einer Unterscheidung vor: Es ist zu unterscheiden zwischen Religion als allgemeine religiöse Institution, die für die Lehre, das Gesetz und die öffentliche Erscheinung der Religion steht, und der religiösen Haltung der Gläubigen, ihrer individuellen Entscheidung, den Weg des Glaubens selbst zu vollziehen. In beiden Bereichen wirken unterschiedliche Kräfte. Ihr Zusammenspiel entscheidet über die Lebensform und Entwicklung einer Glaubensgemeinschaft. Dabei müssen unterschiedliche Impulse ebenso eigenständig wie komplementär ineinandergreifen. Wird zwischen der Wahl des einzelnen Gläubigen, an seinem Ort und in seinem Leben einen bestimmten Weg im Glauben zu gehen, nicht von der Lehre und dem Recht unterschieden, das die Institution dieses Glaubens vertritt, so entstehen Spannungen. Einzelne Gruppen erklären dann die eigene Deutung ihrer Religion als normative Vorgabe für Lehre und Gesetz. So beanspruchen religiöse Gruppen eine Wahrheit und institutionelle Rechte für sich, die ihnen nicht zustehen, die sie selbst aber funktional gegen andere einsetzen. In dieser Situation verlieren religiöse Institutionen ihren Einfluss, Gläubige, die einer falschen Deutung ihrer Religion folgen, Kraft ihrer Autorität zur Ordnung zu rufen. Wenn andererseits religiöse Institutionen ihre Dienstfunktion im Verhältnis zu den geänderten Lebensbedingungen der Gläubigen nicht übernehmen, religiöse Lebensformen nicht in veränderte Welten einbetten, verlieren die Gläubigen die Möglichkeit, sich in Abstimmung mit ihren Autoritäten authentisch den veränderten Umweltverhältnissen zu stellen.

Die vorgeschlagene Unterscheidung ist bekannt, sie hat für alle Weltreligionen Gültigkeit. Sie entspricht ferner der Geschichte der Entstehung von Religionen. Zunächst traten immer inspirierte Religionsgründer oder Gesandte Gottes auf, für uns Christen Jesus von Nazareth, den wir als Sohn Gottes verehren. Sie versammelten eine Gemeinde von Gläubigen um sich, die ihm auf seinem Weg nachfolgten. Aus ihrer religiösen Praxis ergab sich über Generationen ein Gemeindeleben, das den Bau von Gebetshäusern und Kirchen, die Einrichtung von Instituten für die Lehre und das Studium des eigenen Glaubens erforderte. Erst nach Jahrhunderten bildete sich der Ruf nach einer für alle verbindlichen Dogmatik heraus.[85] Vergleichbar benötigt eine Familie, die Mann und Frau gründen, eine Wohnung. Dabei ist es nicht die Wohnung, welche die Familie begründet, sondern die von zwei Menschen individuell gewählte Partnerschaft. Sie erfüllt die Wohnung mit familiärem Leben. Entsprechend geht die Wahl eines bestimmten Glaubens den religiösen Institutionen voraus, die von der entstehenden Glaubensgemeinschaft gegründet werden. Die Institutionen wiederum befördern das Leben der gläubigen Gemeinde und sorgen für die Weitergabe des Glaubens über Generationen. Beide Bereiche ergänzen einander auf ihre Weise, denn sie schöpfen aus je eigenen Quellen. Beide schöpfen aus verschiedenen Impulsen, handeln auf ihre Weise in ihren je eigenen Ebenen des religiösen Lebens. Indem beide Quellen des religiösen Lebens ihre unterschiedlichen Kräfte in eine gemeinsam zu gestaltende Lebensform einbringen, ergänzen sie sich gegenseitig. Religionen haben aus diesem Zusammenspiel von Gläubigen und den von ihnen eingerichteten Institutionen in der Geschichte ihre Prägung erfahren.

Beide Ebenen können nicht vermischt werden. Der einfache Gläubige muss weder lehren noch Gesetze für andere verkünden. Fundamentalisten tun eben dieses. Andererseits ist eine religiöse Institution nicht am Grad ihrer Frömmigkeit zu messen, sondern daran, inwieweit sie ihre Aufgaben der Verwaltung im Dienst für die Gläubigen leistet. Institutionen sind weder sündig noch heilig, sondern erfüllen ihre Aufgaben für die Gemeinde oder verfehlen sie. Für das Verhältnis beider Ebenen gilt in jedem Fall: Es sind die einzelnen Gläubigen, die durch ihre Wahl des Glaubens eine religiöse Gemeinschaft begründen, die ihrerseits nach einer institutionellen Verfasstheit ruft, um das eigene Bekenntnis authentisch an andere Menschen und nachfolgende Generationen weitergeben zu können. Wie in anderen Religionen auch ist im Christentum erst nach Jahrhunderten der religiösen Glaubenspraxis eine verbindliche Lehre im Sinne

---

85 Das erste Konzil der christlichen Kirchen fand 325 in Nicäa bei Konstantinopel – heute Istanbul – statt. Es leitete eine lange Konziliengeschichte ein, in deren Verlauf das heute verbindliche Glaubensbekenntnis der Christen einschließlich der Dogmen und des kirchlichen Rechts formuliert wurde. Bis 325 breitete sich das Christentum erfolgreich im Orient und rings um das gesamte Mittelmeer aus.

von Dogmen und Gesetzen beschlossen worden, die einen für alle verbindlichen Weg im Glauben vorschreiben.[86]

Mit dem Erstarken der Institutionen, ihrer Bindung an politische Herrschaft haben alle Religionen in der Geschichte alle Mittel eingesetzt, um den Unterschied zwischen dem Leben der Gläubigen und der Verwaltung ihrer Lebensform durch Recht und Institutionen zu verdecken. Das Prinzip *cujus regio ejus religio*[87] spiegelt für die christlichen Bekenntnisse, was weltweit von den Herrschenden in verschiedensten Formen unternommen wurde. Es wurden getrennte religiöse Welten geschaffen, nach denen sich das religiöse Leben in bestimmten Regionen, Städten, Ländern, ja, Kontinenten abspielte. Inzwischen sind die Religionen in Europa wieder dort angelangt, wo sie bis ins Mittelalter standen. Minderheiten leben in einer Art Diaspora, die Mehrheit in einer täglichen Nachbarschaft mit Menschen, die einem anderen Glauben folgen. Damit ist für alle die frühere, institutionell gesicherte religiöse Homogenität verloren gegangen. Doch was politische und religiöse Gruppierungen europaweit als Verlust an Ordnung beklagen, muss nicht so gesehen werden. Diese ‚Ordnung' ist erst nachträglich hergestellt worden, nicht ohne Gewalt. Die aktuell so unterschiedlichen Perspektiven der Orientierung stellen daher eine Aufforderung zur vertieften Reflexion über die eigenen Perspektiven dar. Die Präsenz des Fremden fordert dazu auf, in neuer Form die Fundamente der eigenen Orientierung anzusehen. Martin Buber hat vor fast einem Jahrhundert dazu eingeladen, jedes tradierte Verhaltensschema daraufhin zu überprüfen, ob es die personale Beziehung zwischen den Menschen befördert oder behindert, denn er als Jude musste in seinem Leben schmerzvoll erkennen: „*Geordnete Welt ist nicht die Weltordnung.*"[88]

---

86 Im Islam verlief die Entwicklung anders. Er war von Anfang auch ‚Staatsreligion', daher früher damit befasst, Gebote erlassen. Doch auch im Islam wurde die Scharia erst nach Jahrhunderten der Offenbarung sowie dem Erscheinen der Hadithe in verbindliche Weise festgelegt. Diese lange Entwicklung hat zu unterschiedlichen Rechtsschulen geführt, die vom 8.-12. Jahrhundert formuliert wurden. Begründet wurden die Hanafiten von Abu Hanifa (699-767), die Malikiten von Malik Ibn Anas (um 715-795), die Schafi'iten von Muhammad ibn Idris al-Schafii (767-820) und die Hanbaliten von Ibn Hanbal (780-855).
87 Frei übertragen bedeutet dieses Rechtsprinzip: *In wessen Land du lebst, dessen Bekenntnis gilt*. Dieses Prinzip, nach dem der Herrscher eines Landes auch über das im Land vorherrschende Bekenntnis entscheiden konnte, wurde im Westfälischen Frieden 1638 eingeführt. Es erlaubte den Herrschern, bekenntnismäßig homogene Länder zu schaffen, Einfluss auf die Kirchen zu nehmen und die Bewohner mit einem abweichenden Bekenntnis aufzufordern, den eigenen Herrschaftsbereich zu verlassen.
88 Buber, Martin, 1984, o.c., S. 34.

Tatsächlich steht die kulturelle und religiöse Vielfalt der gegenwärtigen Welt den tradierten Formen des religiösen Lebens entgegen, wenn diese sich als eine integrale Einheit aus Glauben, Lehre, Gesetz und öffentliche Ordnung verstehen. Dieses homogene Ordnungsgefüge hat nur für religiöse Binnenwelten Bedeutung, in denen der innere Glaube und das äußere Leben in eins gefasst werden. Dabei wird die äußere Welt der inneren Haltung übergestülpt. Entsprechend werden homogen erscheinende religiöse Binnenwelten dieser Art in der Moderne nicht bestehen können. Sie grenzen notwendigerweise einander gegenseitig aus und führen so in den Konflikt. Sie unterscheiden bereits innerhalb der Religionen. Sie konfrontieren die Gläubigen mit Mustern des religiösen Verhaltens, die als fertige Verhaltensmuster in einer offenen Umwelt nicht mehr gewählt werden. Daher stellt sich für eine interreligiöse Religionspädagogik die grundlegende Aufgabe einer Analyse des religiösen Lebens. Es geht darum, wesentliche Bestandteile des religiösen Lebens zu zerlegen, um sie in kreativer Form im Sinne einer neuen Komposition wieder zusammenfügen zu können. Diese Aufgabe müssen die Theologien selbst übernehmen, können sie nicht länger der öffentlichen Debatte oder anderen Wissenschaftszweigen überlassen.[89]

---

[89] Die Aufgabe einer kritischen Analyse von Religion und der Stellung des Menschen in ihr, die früher säkular orientierte Wissenschaftszweige, vor allem der Philosophie und Psychologie übernahmen, fällt nun dem Diskurs zwischen den Religionen zu. Historisch hoch bedeutsame Entwicklungen wie die Debatte um die *Würde der Person*, die *Demokratie als Staatsform* und die *Personenrechte*, denen die Kirchen gegenwärtig absolut zustimmen, sind durch unabhängige Wissenschaftler gegen die Lehre der Kirchen eingeleitet worden. So wurde die erste akademische Konferenz über die Menschenwürde – *de hominis dignitate* –, zu der der Philosoph Pico della Mirandola 1494 nach Florenz mit seiner Rede über dieses Thema einladen wollte, umgehend vom Papst verboten. Pico della Mirandola musste aus Florenz fliehen, schließlich Italien verlassen.
– Mirandola, Pico della: De hominis dignitate. Über die Würde des Menschen, Stuttgart: Reclam 1997 (Erstdruck Bologna 1496).

> Der wirkliche Glaube – wenn ich denn das Sich-stellen
> und Vernehmen so nennen darf –
> fängt da an, wo das Nachschlagen aufhört,
> wo es einem vergeht.
>
> Martin Buber [90]

2.0 Die Unterscheidung zwischen *Glaube* und *Religion*

Die notwendige Arbeit der Unterscheidung hat zum Ziel, auf zwei Ebenen spezifische Wirkkräfte zu bestimmen, die das religiöse Leben in einer modernen Gesellschaft leiten. Ihre unterschiedlichen Impulse anzusehen befähigt dazu, deren Zusammenspiel in einer veränderten Umwelt neu zu konzipieren. So werden neue Räume für das religiöse Leben erschlossen, ohne die Bauelemente zu verändern, sie jedoch anders zusammenzufügen. Zwischen ‚Glaube' und ‚Religion' zu unterscheiden beinhaltet in erster Linie, zwischen dem einzelnen Gläubigen und der religiösen Institution, der er angehört und deren Leben er mitbestimmt, zu unterscheiden.

Beide Seiten bedingen sich gegenseitig, doch die Wahl des einzelnen Menschen, einen Glauben zu leben, bestimmt nicht nur dessen Lebensform. Sie geht der Gemeinde voraus, welche die Gläubigen als einzelne Individuen konstituieren. Die vorgeschlagene Unterscheidung schärft den Blick für die neue Situation, die Migrationen und der Prozess der europäischen Integration geschaffen haben. Neu ist nicht die Tatsache, dass es andere Religionen gibt. Das wusste man immer schon. Doch neu ist die Erfahrung, täglich Menschen im Beruf, in der Schule und im öffentlichen Leben zu begegnen, die mit der gleichen Überzeugung einem anderen Glauben folgen. Sie bauen eine andere Gemeinde auf, die eine getrennte religiöse Welt begründet, während sie täglich im Austausch mit Andersgläubigen leben, deren Kontakt sie suchen, um in Schule und Beruf erfolgreich zu sein. Sie sprechen ebenso von dem einen Gott, doch meinen sie damit eine andere Vorstellung als diejenige, die einem selbst vertraut ist. Eine Herausforderung, die allen Religionen in der Zeit ihres Entstehens bekannt war, die sie jedoch alle in ihrer späteren Geschichte mit aller Macht vermieden haben, stellt sich erneut. Auf der Ebene des individuell gelebten Glaubens haben sich grundlegende Eckpunkte verschoben, da der Weg des Glaubens zusammen mit Andersgläubigen zu gehen ist. Die bis vor kurzem gegebene ‚natürliche' Einheit zwischen dem individuellen Weg der Gläubigen und der öffentlichen Präsenz

---

[90] Buber, Martin: o.c., 1984, S. 155.

ihrer Religion fällt auseinander. Das individuelle Handeln und die äußere Lebensform greifen nicht mehr integral ineinander.

Vergleichbares gilt von den religiösen Institutionen. Ihre Vertreter bestimmen nicht mehr über das öffentliche Leben in vielen Ländern, in denen ihre Gläubigen leben. Millionen Migranten haben das eigene Haus verlassen, das Muslime als das *Haus des Islam* (dār al-islām), auch als *Haus des Friedens* (dar as-salam) bezeichnen. Als *Haus des Friedens* gelten Länder, die von der eigenen Glaubensgemeinschaft, der *Umma*, geleitet und geführt werden. Entsprechend ist die Reichweite und Kompetenz der Institutionen, die eigenen Gläubigen, die in fremde Länder gegangen sind, zu begleiten, in Frage gestellt. Muslime in Westeuropa müssen ihren Glauben unter grundlegend anderen Bedingungen leben als in Nordafrika, im Orient oder auch in der Türkei. Jenes rechtliche Prinzip, das ihre Religion – etwa die alevitische Glaubensrichtung – im Westen breiter absichert als in einigen Herkunftsländern, ist das Recht auf die *Glaubens- und Gewissensfreiheit* in europäischen Ländern. In Deutschland wird sie an prominenter Stelle als unverletzliches Personenrecht jedem Menschen, der im Land lebt, vom Grundgesetz zugesichert (GG 3, 3; GG 4, 1–3). Dieses Recht verbietet aber über GG 3, 3 auch jede Bevorzugung oder Benachteiligung eines Menschen aufgrund seines Glaubens. Damit können religiöse Institutionen ihr Wirken nur im Rahmen der Vorgabe leisten, dass sie selbst nur eine der Religionsgemeinschaften darstellen, daher alle anderen als gleichrangig ansehen und für sich selbst keinerlei Vorrechte beanspruchen. Die Rechte, die sie selbst in Anspruch nehmen, müssen sie ihrerseits den religiösen Partnern gewähren. Auch die Wahrheit ihrer eigenen Lehre, die Gültigkeit ihres Gesetzes sollten sie in einer Weise darstellen, die andere religiöse Lehren nicht deklassiert. Dieses beinhaltet auch die Achtung der Personen- und Menschenrechten, die Eingang in den Entwurf für eine Verfassung für Europa gefunden haben. Darin wird mit der Religionsfreiheit auch die Freiheit verbunden, die eigene Religion zu wechseln. Angesichts dieser verfassungsrechtlichen Entwicklung, die zunehmend auch über Europa hinaus an Bedeutung gewinnen wird, müssen sich religiöse Institutionen in einer gemeinsamen Welt der Vielfalt neu ausrichten. Dieses verlangt, weitere Zentren der religiösen Lehre und Forschung in den Ländern einzurichten, in denen Gläubige einer bestimmten Religion in großer Zahl leben. Keine Religionsgemeinschaft kann mehr ohne Rücksicht auf ihre religiöse, sprachliche und kulturelle Umwelt allein von außen geleitet und geführt werden. Diese Antwort auf die Moderne stellt die religiöse Autorität großer religiöser Institutionen nicht in Frage, doch sie beinhaltet sehr wohl, ihre Reichweite neu einzustellen, ihre Begleitung der Gläubigen neu auf deren

Umwelt abzustimmen. Ihre kulturelle, sprachliche und rechtliche Abstimmung mit den Vorgaben der Länder, in denen ihre Gläubigen leben, ist weltweit neu auszurichten.[91]

Mein Vorschlag geht dahin, zwei konstitutive Ebenen des religiösen Lebens einer Analyse zu unterwerfen, das heißt sie zu zerlegen, um sie neu den aktuellen Umwelten entsprechend zusammenzufügen. Ohne Unterscheidung führt das übergangslose Ineinandergreifen von Glaube und Institution in ein Amalgam, das der Vergangenheit angehört und in ausweglose Sackgassen führt. Es begründet Abgrenzung und Konflikt, da auf diese Weise religiöse Haltungen erscheinen, die geschlossene Binnenwelten aufbauen. Eben jene Abstimmung auf die verschiedenen Welten, in denen Gläubige ihren Glauben leben, ist dann nicht mehr möglich. Wer seinen Glauben individuell lebt, muss die Freiheit haben, seinen eigenen Weg zu gehen. Alle Religionen wissen darum, dass ihre Lehre je nach Kontinent, Sprache und Klima unterschiedlich verwirklicht wird, ohne dass sie durch die Umwelt verfälscht wird. Junge Gläubige eben zu befähigen, den eigenen Glauben individuell auf ihre Welten abzustimmen, die spezifische kulturelle, soziale und rechtliche Bedingungen aufweisen werden, wird die herausragende Aufgabe einer überzeugenden religiösen Bildung in öffentlichen Schulen sein. Junge Menschen zu bestärken, ihren einmaligen Weg des Glaubens in ihre Welt hinein selbst zu gehen, wird das Qualitätssiegel eines interreligiös konzipierten Religionsunterrichts sein.

---

91 Obgleich Muslime seit Generationen im Westeuropa leben, gilt für die europäischen Länder nach wie vor, dass die Imame als die eigentlichen Lehrer des Islam fast vollständig aus den Herkunftsländern entsandt werden. Damit übernehmen religiöse Zentren in der Türkei, im Orient und in Nordafrika die Zuständigkeit für die Muslime in Europa, führen diese Aufgabe teilweise in Sprachen aus, die junge Muslime in Europa schon nicht mehr sprechen. Wenn weiter hinzukommt, dass die öffentlichen Schulen weder den Glauben muslimischer Schüler wahrnehmen noch die Schüler darin unterrichten, dann lernen junge Muslime über ihre Religion die Erfahrung des Ausgegrenztwerdens und Nichtdazuhörens. Dieses widerspricht dem grundlegenden ‚Bedürfnis nach Zugehörigkeit' – *need of belongness* nach Abraham H. Maslow –, erzeugt Gefühle der Geringschätzung, die emotional verletzen. So kam es nach meiner Einschätzung dazu, dass viele junge Muslime, die im Westen ohne eine fundierte religiöse Bildung aufgewachsen sind, sich den Islam aus dem Internet angeeignet haben mit der Folge, dass sie in den Orient ziehen, um gegen die Welt, aus der sie selbst kommen, zu kämpfen. Vgl.: Maslow, Abraham, H.: Motivation and Personality, New York 1979 (2nd ed.), S. 43f.

Glauben heißt,
die Unbegreiflichkeit Gottes ein Leben lang aushalten.

Karl Rahner [92]

2.1 Der Glaube als Ursprung des religiösen Lebens

Während wir von vielen Religionen und Bekenntnissen sprechen, gebrauchen wir im Deutschen den Begriff ‚Glaube' im religiösen Feld nur in der Einzahl: Der Glaube bezeichnet die einmalige Entscheidung eines Menschen, die er als Individuum für sich allein trifft. Zu glauben beinhaltet, sich als Individuum einer Religion zuzuwenden, den Weg des Glaubens im Laufe der eigenen einmaligen Biographie aufmerksam zu gehen. Treffen viele Menschen die gleiche Wahl, so entstehen Glaubensgemeinschaften, die schließlich eine institutionelle Verfasstheit erfordern, damit eine Religion begründen. Glaube und Religion stehen sich also weder polar gegenüber noch konkurrieren sie gegeneinander, sondern ergänzen und bedürfen einander, denn keiner glaubt allein. Gleichwohl schöpfen sie aus verschiedenen Quellen ihre Kraft, wenn sie gemeinsam eine Religionsgemeinschaft begründen. Die Unterscheidung zwischen der personalen Wahl des Menschen zu glauben und der daraus sich ergebenden öffentlichen Lebensform im Rahmen einer religiösen Institution ruft allerdings ins Bewusstsein, dass der individuell gewählte und persönlich gelebte Glaube der religiösen Institution vorausgeht. Er ist auch aus einem anderen Stoff: Allein der einzelne Gläubige als Mann oder Frau glaubt, betet, bekennt seine Sünden und begibt sich auf die Suche nach seinem individuell-persönlichen Heil. Einfachste Kenntnisse aus Lehre und Gesetz genügen hierzu, da auch Kinder, alte und kranke Menschen gleichrangig und vollständig glauben. Die Intention und die Form, in welcher der Einzelne seinen Glauben lebt, darin sein Leben existentiell entfaltet, begründet seine individuelle Wahl, stellt ein einmaliges personales Handeln dar. Zu glauben dient dem Heil des einzelnen Gläubigen als Mann oder Frau, Kind oder Erwachsener, als gesunder oder an einer Krankheit leidender Mensch. Doch wer wollte meinen, im Glauben Gott begriffen zu haben? Dieses Haltung, so essentiell sie den Glauben begründet, beinhaltet daher immer ein vorläufiges Bemühen, das mit der einmaligen Biographie des Gläubigen verbunden ist. Darin gleichen sich alle Gläubigen aller Religionen weltweit.

Im christlichen Bereich wird dieser Blickwinkel durch den Sprachgebrauch von Anfang an ausgesagt. Im Neuen Testament ist nie von Religion die Rede,

---

92 Zit. n.: Bischöfe Deutschlands, Österreichs und dem Bischof von Bozen-Brixen (Hg.): Gotteslob, Stuttgart: Katholische Bibelanstalt 2013, S. 449.

sondern immer von πιστις – pistis im Sinne von *Vertrauen, Glaube, Überzeugung, Treue.* Dem entspricht im Lateinischen der Begriff *fides,* der ebenfalls für *Glaube, Vertrauen, Überzeugung, Treue* steht. Im Deutschen bezieht sich die entsprechende Wortfamilie *Glaube* auf *ga-laubjan* (lieb halten, gutheißen) wie auch auf *gelouben, geloben, loben, lieben.* Daraus werden auch die Substantive *Gelöbnis, Treue* gebildet. Immer geht es um die einmalige Beziehung des Vertrauens, des Sich-Trauens. Nur einzelne Menschen können in diese Beziehung eintreten. Sie treffen damit eine persönliche Wahl, die sich exklusiv auf einen anderen Menschen bezieht. Daher steht im Ursprung des christlichen Sprechens über den Glauben eine Beziehung zu Gott, in die nur der einzelne Mensch als Person eintreten kann. Das damit gewählte Verhältnis der Treue schließt, solange man in Treue folgt, andere Beziehungen vergleichbarer Art aus. Ebenso steht dieses Verhältnis nicht für ein Haben oder Verfügen über göttliche Kräfte. Auch das einmalige Bekenntnis einer Lehre ist damit nicht gemeint, sondern das getreue Handeln aus dem Glauben. Der Evangelist Johannes benützt diesen Kernbegriff der Verkündigung an keiner Stelle als Substantiv, sondern immer nur in der Verbform als πιστευειν – pisteuein (glauben). Er konzentriert damit die Nachfolge der Jünger darauf, ihrem Herrn Jesus Christus zu *vertrauen.*

Europäische Sprachen unterstreichen ebenso den Blick auf das Handeln des Gläubigen als Individuum, der in eine enge Beziehung eintritt: Im Französischen wird der Gläubige als *fidèle,* d.h. wörtlich *der Treue* bezeichnet. Im Englischen steht das Verb *believe* (glauben) ebenso wie *love* (lieben) auch für diese religiöse Beziehung, etymologisch verwandt mit dem germanischen *ga-laubjan* (für lieb halten) und deren Ableitungen *gelouben, geloven, loben, lieben.*[93] Damit steht hinter der Wortbedeutung *glauben* die einmalige Entscheidung eines Menschen für eine Beziehung zu Gott, zu der allein der individuelle Mensch fähig ist, eben in jener exklusiven Form der Treue und Wahrheit, in der er seine einmalige Beziehung zu einem anderen Menschen ‚gelobt'. Parallel zu lat. *fides* steht das (germanische) Wort *Treue,* mittelhochdeutsch *triuwe* (treu, zuverlässig, ehrlich). Im Deutschen wie im Englischen bezeichnet sie auch das *Wahre: true* (treu, wahr) *true love* (wahre Liebe), *truth* (Wahrheit). Aus derselben indoeuropäischen Wurzel *deru-,* (Eiche, Baum, Festigkeit) leitet sich im Deutschen auch die Wortfamilie um *Trost, traut, vertraut* im Sinne von *fest werden* ab.

Über die Wortfamilie ‚Glaube' wird ein Blick auf das Religiöse geworfen, der im doppelten Sinn von hoher Bedeutung für die religiöse Erziehung ist. Da dieses

---

93 Zit. nach: DUDEN. Das Herkunftswörterbuch. Die Etymologie der deutschen Sprache, Mannheim-Wien-Zürich: Bibliographisches Institut 1963.

Fach sich nicht nur auf die Vermittlung von religiösem Wissen beschränkt, sondern auf die ‚Bildung' junger Menschen im Sinne der Entfaltung ihres inneren Wesens gerichtet ist, muss sich der Religionsunterricht wesentlich als eine Einführung junger Menschen ‚zu glauben' verstehen. Den Glauben lernen bedeutet daher, junge Menschen zu befähigen, als individuelle Person den Weg des Glaubens zu wählen, um selbst in eine Beziehung des Vertrauens zu Gott einzutreten.

Im Islam unterstreicht die Rede vom *Islam* als Selbsthingabe an Gott und die Selbstbezeichnung der Gläubigen die zentrale Bedeutung der individuellen Haltung zu glauben. Von *Muslimen* zu sprechen, bedeutet, deren je eigene Hingabe an Gott (islam) aufzurufen. Dieses unterstreicht die Bedeutung der gläubigen Individuen im Islam, die weltweit täglich mehrmals zum Gebet gerufen werden. Nicht die Lehre oder Gefolgschaft des Propheten haben Muslime als Bezeichnung für ihre Religion gewählt, sondern ihre individuelle Zuwendung zu Gott als religiöse Hingabe. Mehrmals am Tag lassen sie sich einzeln täglich zum Gebet rufen, sie vollziehen ihren Glauben kontinuierlich in ihrem Leben durch ihr eigenes Gebet, Fasten und die Wallfahrt. Erst über dieses persönliche Handeln stellen sich Muslime in den Raum ihrer Religion – arab. *din* –, das zwar auch Glaube bedeuten kann, doch primär die institutionelle Ausprägung des Islam als Religion im Sinne von Lehre, Gesetz und öffentlicher Lebensform bezeichnet.

Im christlichen Bereich wird diese Wahl, die aus dem Inneren des Menschen kommt, durch den Geist bestimmt, der jedem Gläubigen als Beistand zugesprochen wird. Der Geist – lat. *spiritus,* griech. πνευμα (pneuma) – *inspiriert* nach der christlichen Lehre jeden Gläubigen in seinem eigenen Inneren. Er ‚belehrt' ihn über alles, was er im Glauben erfahren kann, und verleiht ihm die Kraft, selbst den Weg des Glaubens zu gehen. Vergleichbar ist in allen Religionen von der *Spiritualität* des Menschen die Rede. Sie bezieht sich immer auf sein eigenes Inneres, seine individuelle Wahrnehmung und gläubige Erfahrung als Person. Spiritualität bezeichnet seine Selbstfindung in dem von ihm gewählten Glauben, die über das Bekenntnis einer Lehre und die Achtung von Geboten hinausführt.

Zu glauben ruft die Haltung der Treue des Gläubigen in der Wahrheit auf. Jeder Glaube ist daher auf eine einmalige Wahl auf Dauer angelegt, bezieht sich auf eine verbindliche Beziehung des Vertrauens. Sie führt weit über das Studium dieser oder jener Lehre hinaus, zielt nicht auf eine vermischte Anreicherung der Lehre der eigenen Religion mit anderen religiösen Konzeptionen. Wer sich aufgrund seiner eigenen Wahl einem bestimmten Glauben zuwendet, wird bemüht sein, seine Haltung des Vertrauens kontinuierlich zu vertiefen. Der bekenntnisorientierte Religionsunterricht steht zunächst für diese Haltung des Vertrauens innerhalb einer bestimmten Lerngruppe. Doch in seiner Perspektive, Schüler zu befähigen, im

Glauben Gott zu vertrauen, ihn als Schöpfer der Welt zu verehren, muss er dazu beitragen, in den Schülern ein Verhältnis des Vertrauens zu allen Menschen zu entfalten. Gott zu vertrauen ist immer ohne Grenzen, denn Er ist grenzenlos.

2.2 Religion als Institution

Während der Glaube die individuell bewegte, auch die menschliche Seite des religiösen Lebens bezeichnet, bezieht sich die institutionelle Verfasstheit einer Religion auf eine allgemeine und stehende Struktur, die verbindlich Vorgaben für das Leben schafft. Sie sollen auf Dauer über die Zeiten Geltung haben. Während der Glaube vom je neuen Bemühen des Gläubigen auf dem Weg gekennzeichnet ist, fassen religiöse Institutionen die Ergebnisse dieses Bemühens in eine dauerhafte Form, übertragen sie in eine konsistente Lehre und ein Gesetz für alle. Während der Glaube aus dem Inneren eines jeden kommt, haben religiöse Institutionen die Aufgabe, eine bestimmte Glaubenspraxis öffentlich darzustellen, ihr eine äußere Form zu verleihen.

Im Christentum werden über Jahrhunderte Glaube und Institution über den Begriff der *Kirche* in eins gefasst. Er leitet sich aus dem griechischen Wort κυριακον – kyriakon – *das dem Herrn (kyrios) Gehörige* ab. Damit wird das Kirchengebäude zusammen mit der Gemeinde bezeichnet, die aus den von Christus auserwählten Gläubigen besteht. Im Lateinischen wird vorwiegend von *ecclesia* gesprochen, ebenfalls aus dem Griechischen abgeleitet: εκκλησια, d.h. *die herausgerufene Versammlung (des Volkes)*. Erst mit der Reformation ist das *Bekenntnis*, lat. *confessio*, bestimmend geworden. In der Renaissance begann man, die Gläubigen nach *Religionen* zu unterscheiden, anstatt alle, die anders glaubten, weiterhin als *Ungläubige* in eins zu fassen. In europäischen Sprachen unterscheidet man entsprechend zwischen dem gelebten Glauben als *faith, la foi, la fede*. Diese Wörter sind alle abgeleitet aus lat. *fides*, ‚Glaube, Treue, Vertrauen'. Andererseits stehen die Begriffe *religion, confession* für die Unterscheidung der Gemeinden nach ihrem öffentlichen Bekenntnis.

Die großen Religionen blicken alle auf eine lange Tradition zurück, in deren Verlauf sie ihre institutionellen Verfasstheit entwickelt haben. Im Begriff der Religion ist alles niedergelegt, was die religiösen Gemeinschaften an dauerhaften Strukturen aufgebaut haben, sie entsprechend auf Dauer auszeichnet und von anderen Gemeinden unterscheidet. Als Institution bestimmen sie ihr spezifisches Verhältnis zu anderen Religionen.[94] In ihrer institutionellen Verfasstheit spiegeln

---

94 Religion wird zweifach abgeleitet, entweder aus lat. *religio*, ‚gewissenhafte Berücksichtigung', ‚Sorgfalt', oder lat. *relegere*, ‚bedenken, achtgeben, erneut lesen', oder auch

Religionen gleichzeitig die Entwicklung des gläubigen Lebens der Gemeinden, dokumentieren ihre Praxis und bestimmen über ihre Leitung und die Bildung der Gläubigen. Die Institutionen stehen nicht nur für die Lehre, sondern auch die religiöse Ordnung und das Recht in der eigenen Religion (Hierarchie, Verwaltung, Rechtsprechung, Liturgie, Rituale und Feste). Ebenso haben Religionen als Institutionen einmalige kulturelle Leistungen geschaffen, die alle Glaubensgemeinschaften über die Jahrhunderte je nach dem kulturellen Umfeld aufgebaut haben. Mit die größten Monumente der Kulturgeschichte der Menschheit einschließlich zahlreicher Einrichtungen der Gelehrsamkeit stammen aus den Religionen. Sie wurden von ihren Institutionen für die Gläubigen errichtet. Die institutionelle Verfasstheit der Religionen bestimmt daher ihre allgemeine öffentliche Erscheinung – für die eigenen Gläubigen ebenso wie für die Welt der anderen. Da religiöse Institutionen für die Weitergabe des Glaubens an andere Menschen und die Ausbildung ihrer jungen Gläubigen verantwortlich sind, haben sie alle klare Unterscheidungsmerkmale entwickelt, die darüber befinden, wer zur Religionsgemeinschaft gehört und wer nicht, wer die Lehre und das Gesetz im Sinne der Mehrheit der Gläubigen auslegt und wer davon abweicht, und in welcher Form die Einführung junger Menschen in ihre Religion stattfinden soll.

Diese Verschiedenheit der religiösen Institutionen wird nicht nur durch unterschiedliche Lehren und Gebote, die aus den je eigenen Texten der Offenbarung abgeleitet werden, geschaffen. Sie kommt gleichzeitig aus den verschiedenen Lebensformen, die ihre Gläubigen in verschiedenen Kulturkreisen und Klimazonen entfaltet haben. Religiöse Institutionen spiegeln daher die kulturellen Lebensformen der Menschen, die sie ihrerseits religiös angereichert haben. An dieser Stelle wird deutlich, wie sehr religiöse Institutionen im Dienst der Gemeinden stehen. Sie sind dann erfolgreich, wenn sie die Pflege des Glaubens in ihren Gemeinden bestärken, für eine überzeugende Bildung der Menschen und Weitergabe des Glaubens erfolgreich sorgen. Die nach außen gewandte Lebensform der Anhänger einer Religion ist immer auch kulturell, zivilisatorisch, ja klimatisch auf eben die Umwelt abgestimmt, in der man lebt. Über seine institutionelle Verfasstheit geht jede Religion immer auch eine Verbindung mit kulturellen Traditionen und Lebensformen ihrer Zeiten und Länder ein. Genau in dieser Erscheinungsweise, in der Art, wie Gläubige in einer bestimmten Umwelt einander begegnen, eine Familie gründen, Kinder erziehen, verbindet sich das religiöse Leben mit dem öffentlichen Leben.

,zurückbinden, verbinden'. Religion bezieht sich in der Regel auf eine Beziehung des Menschen zur Transzendenz.

In dieser geäußerten Form stehen uns heute in den Städten andere Religionen gegenüber. Ohne um die innere Glaubenshaltung etwa von muslimischen Frauen zu wissen, ohne ihre Glaubenslehre zu kennen, unterscheiden sie sich in ihrem Auftreten oft von anderen Frauen, steht ihre Erscheinung für ‚den Islam' im öffentlichen Leben. Die anstehenden Lernprozesse, Differenz in religiösen Fragen zu verarbeiten, beziehen sich daher wesentlich auf die institutionelle Verfasstheit einer anderen Religion und das damit verbundene öffentliche Auftreten ihrer Gläubigen. Dieser Zusammenhang macht deutlich, dass religiöse Institutionen in unterschiedlichen Regionen der Welt nicht nur unterschiedliche Ausprägungen des gläubigen Lebens empfehlen, sondern auch selbst aufgrund ihres Dienstes an den eigenen Gemeindemitgliedern einem Wandel unterworfen sind.[95] Wie sie selbst erst nach Generationen herausgebildet wurden, folgen religiöse Institutionen der Entwicklung des gläubigen Lebens in den Gemeinden. Damit liegt ihre entscheidende Aufgabe darin, den Menschen zu dienen und für sie jenen Rahmen zu schaffen, der sie befähigt, ihren Glauben zu verwirklichen, indem sie ihn in ihr kulturelles Umfeld überzeugend einbetten und ihn authentisch an die nächste Generation weitergeben. Menschen können sich keine größere Aufgabe vornehmen als auf diese Weise Gott zu verehren. Sie werden dabei immer auf ihre eigenen Grenzen stoßen, wie K. Rahner schrieb. Sie sind daher auf die Begleitung durch die Institutionen ihrer Religion angewiesen, deren Dienst an den Gläubigen.

---

95 Die Formen und Strukturen religiöser Institutionen sind nicht festgelegt, wie sie nach außen erscheinen. Sie stellen sich auf die Veränderungen, die sich über die Zeiten in verschiedenen kulturellen Räumen ergeben, ein, um ihren Gläubigen auf ihre kulturspezifischen Fragen Antwort geben. Im christlichen Bereich spricht man seit dem Mittelalter von der ständig zu reformierenden Institution der Kirche *(ecclesia semper reformans)*.

> Die Seele empfängt aus der Seele das Wissen,
> und nicht aus Büchern noch vom Reden.
> Erwächst das Wissen der Geheimnisse
> aus der Leerheit des Geistes,
> so ist das Herz erleuchtet.
>
> Mevlânâ Celâleddin Rumi[96]

3.0 Die Bedeutung einer Unterscheidung im Religiösen

In kleineren Ländern der Europäischen Union wie Luxemburg und den Niederlanden wird ein neuer Forschungszweig, die *cross-border research* gepflegt. Die Mobilität der Menschen über Grenzen hinweg bestimmt zunehmend das soziale und berufliche Leben im Land, unabhängig von der Staatsangehörigkeit, der sprachlichen oder kulturellen Herkunft der Menschen. Der Prozess der europäischen Integration, der Migration sowie Flucht und Vertreibung haben zur Folge, dass in der Europäischen Union zunehmend Menschen nationale Grenzen überschreiten. Dies wird für die Bürger der Europäischen Union zu einer wichtigen Alltagserfahrung werden, sowohl für jene, die selbst über die Grenzen gehen, wie für jene, die sie aufnehmen. Doch wer bereitet die Grenzgänger auf ihre Fragen der Lebensform und ihrer Orientierung vor? Wer befähigt die Gruppen der etablierten Mehrheiten, mit Minderheiten als geachtete Partner zu arbeiten und zu leben?

3.1 Folgen der Nicht-Unterscheidung

Zu lange haben Religionen homogene Binnenwelten geschaffen und alles getan, um ihre Lehre, ihre Gebote und ihren Kalender in das öffentliche Leben einzuführen. In den meisten muslimischen Ländern begründen Gebote der Scharia Teile der staatlichen Verfassung. Dieses unterschiedslose Ineinandergreifen von individuell zu verwirklichenden Glaubenswegen und der institutionellen Kraft einer Religion hatte eine Vereinheitlichung der religiösen Praxis zur Folge. Zu viele Menschen übernahmen den Glauben als Norm, folgten einem als ‚normal' vorgegebenen Muster zu leben. Die Öffentlichkeit erwartete nicht nur, diese Lebensweise zu übernehmen, sie bestimmte auch deren Form und Reichweite. So haben sich festgefügte Strukturen der Außenwelt über das Innere des persönlichen Glaubens gelegt, ist ein je neu bewegendes Bemühen durch tradierte Muster überdeckt worden. Allgemeine Glaubensnormen, für welche die

---

[96] Zit. n.: Feild, Reshad: Ich ging den Weg des Derwisch, Frankfurt a.M.: Fischer 1981, S. 58.

religiösen Institutionen stehen, haben sich als bewährte Tradition über die je neu zu verwirklichenden Glaubenswege gelegt. Damit wurden stehende Muster der Vergangenheit, die gleichzeitig kulturelle Traditionen überliefern und für das Regelwerk bestimmter Zivilisationen stehen, zum Maßstab für die individuelle Suche des gläubigen Menschen von heute in vollkommen veränderten Umwelten.

Die so entstandenen religiös stehenden Welten je nach Land und Kontinent werden durch moderne Entwicklungen in Frage gestellt. Was früher ‚normal' erschien, hat in der kulturellen Vielfalt der Gegenwart seine normbildende Kraft verloren, da keine Religion mehr selbstverständlich ist, jeder Glaube vielmehr individuell gewählt und verwirklicht werden muss. Eine allgemeine Gültigkeit von religiösen Vorgaben, die sich aus dem unterschiedslosen Ineinandergreifen von Religion, öffentlichem Leben und Glauben ergeben, gibt es nicht mehr. Die religiösen Gemeinden wiederum müssen ihr Verhältnis zu anderen Gemeinschaften nach den Vorgaben der Verfassung und Menschenrechte ausrichten. Im Entwurf der Verfassung für Europa ist nicht nur die Gleichheit von Mann und Frau festgelegt, sondern auch das Recht eines jeden Menschen, eine Ehe einzugehen, von zahlreichen Ländern der EU beschlossen worden (Art II-69).[97]

Der Blickwinkel auf Religionsgemeinschaften, denen man selbst nicht angehört, folgt in der Regel einer Sicht von außen auf die Religion der anderen. Dieser Blickwinkel hebt die Unterschiede der Lehre und institutionellen Verfasstheit einer Religion zusammen mit den Traditionen hervor. Die innere Verbindung zwischen den Menschen in ihrem Bemühen, sich im Glauben Gott anzunähern, geht dabei verloren. Hinzu kommt, dass Traditionalisten auf allen Seiten gleichermaßen nach den homogenen Binnenwelten von früher rufen, in denen ein kulturell, national oder religiös gesichertes Weltbild eine stehende Ordnung schuf, der möglichst alle Menschen zu folgen haben. Ihre Argumentation kommt aus der Nicht-Unterscheidung. Da es die integrale religiöse Welt nicht mehr gibt, die aktuellen Entwicklungen in eine ganz andere Richtung weisen, rufen sie zum Kampf für die je eigene Binnenwelt auf. Dabei ist ihr Blickwinkel immer rückwärts auf die eigene Tradition gewandt. Ihr Slogan lautet: *Wir oder die anderen!* Zu viele haben sich inzwischen weltweit der Folgerung angeschlossen: Wenn wir nicht kämpfen, wird unsere eigene Tradition, unsere kulturellreligiös homogene Binnenwelt untergehen.[98] Sie teilen die Welt nach religiösen

---

97 Deutscher Bundestag, Drucksache 15/4900 v. 18.2.2005, S. 24.
98 Der rückwärtsgewandte Blick einschließlich der Einteilung der Welt nach einfachen äußeren Kriterien der Religionen kennzeichnet das Werk von Samuel P. Huntington. Er hat entsprechend zum Kampf des Westens gegen den islamischen Kulturkreis eingela-

Kulturkreisen ein, in denen zwischen dem Glauben der Menschen, den Regeln des öffentlichen Lebens und der institutionellen Verfasstheit der Religion nicht unterschieden wurde. Daraus ergibt sich eine kulturell-religiöse Perspektive, die nur die Außenseiten des religiösen Lebens kennt, entsprechend äußerlich trennt. Die ‚Äußerungen' der fremden Religion werden zur Herausforderung des Eigenen, sie begründen in doppelter Form Konflikte. Mit diesem Blick auf die Außenseite treten die Merkmale der Verschiedenheit hervor, ohne dass sie verarbeitet werden. Die innere Verarbeitung der äußeren Ausprägungen einer Religion durch Menschen, die einander gleichen, wird dabei übergangen. Diese kognitive Arbeit können nur gläubige Menschen leisten, die selbst über ihre eigene Innenwelt erfahren und erkannt haben, wie bedeutsam die individuelle Verarbeitung tradierter Verhaltensformen für ihr Leben aus dem Glauben ist.

3.2 Der Gewinn einer Unterscheidung

Jede Analyse dient dazu, durch das Zerlegen von Elementen nicht nur zu erkennen, aus welchen Teilen sich komplexe Formen zusammensetzen, sondern um herauszufinden, wie diese Elemente durch ein neues Zusammenfügen neue Strukturen ergeben. Im Religiösen zwischen den genannten Ebenen zu unterscheiden, dient zunächst dazu, wesentliche Ressourcen für das religiöse Leben zu erkennen. Gleichzeitig macht diese Unterscheidung sichtbar, mit welch verschiedenen Kräften beide Ebenen ineinandergreifen. Entsprechend dient mein Vorschlag dazu, über ein verändertes Zusammenspiel der Wirkkräfte neue Perspektiven für die Entwicklung des religiösen Lebens zu konzipieren, die Antwort auf neue Aufgaben geben, welche sich den Religionen in der Gegenwart stellen.

Zunächst macht die Unterscheidung von *Glaube* und *Religion* sichtbar, dass generalisierte Urteile, die eine Religion als integrale Einheit darstellen, immer Vereinfachungen darstellen. Religionen existieren nicht nur aus tradierten Strukturen, die sich in der Vergangenheit über Jahrhunderte bewährt haben. Sie folgen nicht nur einer stehenden Lehre und einem Gesetz, das vor Jahrhunderten festgelegt wurde. Diese Perspektive geht von einer unauflöslichen Einheit von Lehre, Gebot und Lebensform, welche die Dinge in einer Weise vereinfacht, die selbst die eigenen Gläubigen nur schwer nachvollziehen können. Religionen sind keine kondensierten Destillate aus der Vergangenheit. Wer in dieser

---

den: „Hassen ist menschlich. Die Menschen brauchen Feinde zu ihrer Selbstdefinition und Motivation: Konkurrenten in der Wirtschaft, Gegner in der Politik." Huntington, Samuel, P.: Kampf der Kulturen. Die Neugestaltung der Weltpolitik im 21. Jahrhundert, München/Wien: Goldmann 1996, S. 202.

Perspektive von einem unauflöslichen Ineinander von Lehre und Gesetz für die Lebensform der Menschen ausgeht, stellt jene, die so nicht dieser Religion folgen, ins Abseits. Lehre und Gebot verdichten sich dabei mit dem Glauben in einer Weise, die weltweit nur eine übergeordnete Wahrheit, nur ein allgemein verbindliches Gebot anerkennt. Gegebene Umwelten mit ihren davon abweichenden Erwartungen, die veränderten Strukturen des Zusammenlebens mit anderen Menschen, welche moderne Verfassungen vorgeben, können in diese homogenen Bilder von Religionen nicht eingearbeitet werden. An die Stelle einer Entwicklung im Austausch mit der Umwelt, anstelle von vermittelnden Prozessen tritt das Entweder–Oder: Wer nicht dazu gehört, muss nachrangige Plätze einnehmen, damit die stehende Ordnung gewahrt wird. So muss diese Sicht in eine Konkurrenz mit den Menschen führen, die anderen Weltbildern folgen. Gleichzeitig verhindert sie eine innere Entwicklung der Religion aus dem Fundus ihres Glaubens.

Da Religionen benutzt werden, um Konflikte zwischen den Völkern zu schüren, müssen Theologien entwickelt werden, die der Konfrontation den Boden entziehen. Über die Grenzen der Religionen hinaus muss jede Theologie in neuer Form die individuelle Erfahrung der Gläubigen nicht nur einbeziehen, sondern ihre theologische Reflexion insgesamt darauf gründen. Wenn Gläubige ihre Offenbarungstexte lesen, ist es ihre Wahrnehmung der Verarbeitung dieser Texte, die sie bewegt. Kein gläubiger Christ wird den Koran lesen, wie ein gläubiger Muslim ihn liest. Ebenso liest ein Muslim das Neue Testament anders als ein gläubiger Christ. Doch in ihrer inneren Kognition, die Worte ihrer je eigenen Offenbarung als ‚heilig' wahrzunehmen, sind sie einander gleich. Vergleichbar lesen sie auch ihre Offenbarungstexte ein Leben lang immer wieder neu. Es ist daher die innere Ebene des individuellen Glaubens, die Leute unterschiedlicher Religionen verbindet, so verschieden diese nach außen hin auftreten mögen. Die ‚Äußerungen' der Religionen unterscheiden sie; das innere Bemühen der Menschen zu glauben, verbindet sie in ihrer Aufmerksamkeit, ihrem Tun. Dabei berührt die innere Ebene des individuellen Glaubens nicht Teilbereiche, sondern den Kern einer jeden Religion, noch vor ihrer Lehre, ihren Geboten und Institutionen.

Menschen unterschiedlichen Glaubens, die einander im Bewusstsein um diese Unterscheidung begegnen, nehmen das vergleichbare innere Bemühen des Andersgläubigen wahr. Die Unterschiede auf der institutionalisierten Ebene treten zurück, nehmen genau jenen Rang ein, der ihnen zukommt. Sie sind sekundär gegenüber der verbindlichen Haltung eines Menschen, in eine innere Beziehung zur unfassbaren Größe Gott einzugehen. So stehen weiter die tradierten

Außenseiten des religiösen Lebens in Differenz einander gegenüber, doch sie stellen nicht die Kernfrage, zu glauben oder nicht zu glauben. Die gelebte Innenseite jedweder religiösen Erfahrung begründet eine gegenseitige Achtung zwischen allen Menschen, den eigenen Mitgläubigen ebenso wie den Andersgläubigen gegenüber. Das gelebte Leben des Einzelnen in einer gemeinsamen Umwelt öffnet die Türen für den Dialog mit anderen. An die Stelle der Tradition tritt die Gegenwart, an die Stelle endgültiger Urteile, die ferne Institutionen mitteilen, treten gemeinsame Lösungen, die Gläubige als Nachbarn und Kollegen finden. Sie werden zu aufgeschlossenen Partnern für den interreligiösen Dialog, übernehmen in ihrem Austausch gemeinsam Verantwortung, die gegebene Umwelt kreativ zu gestalten. Damit ist eine Theologie der Unterscheidung nötig, um Wege aus der gegenwärtigen Situation der Konkurrenz und Konfrontation zu finden. Wenn Religionen ihre Lehre als Wegweisung für konkrete Menschen, die in einer sich laufend verändernden Welt leben, verstehen, können Lehre und Gebot nicht nur als ein hoch strukturiertes Bild vom Menschen in der Welt angeboten werden. Sie müssen sich bewegen, um Menschen in ihrem bewegten Leben zu bewegen. Jede Theologie muss daher Raum dafür schaffen, den Glauben individuell zu vernehmen, zu verstehen und zu verwirklichen. Dieses tun nur Menschen als Individuen, die den Weg des Glaubens selbst gehen.

Die Aufforderung, die von der kulturellen Vielfalt an die Religionen herangetragen wird, wird zu einem Gewinn für jene, die sich auf die Unterscheidung zwischen *Religion* und *Glauben* einlassen. Sie wird ferner eine Entwicklung für jene religiösen Institutionen beinhalten, die daran arbeiten, ihre Gläubigen zu befähigen, ihren individuellen Weg des Glaubens auf ihre Weise zu gehen. Ihre Religion wird in dem Maße überzeugen, im dem sie auf die Menschen abgestimmt wird, mit denen sie täglich leben. So werden die spezifischen Kräfte beider Ebenen des religiösen Lebens in neuer Zusammensetzung erneuerte Formen zu glauben begründen. Konzepte für das Ineinanderfügen der Kräfte beider Ebenen sind noch zu finden, ja Kompositionen gleich neu herzustellen. Theologen und Gläubige müssen das in kreativer Kooperation tun. An dieser Stelle können nur thesenhaft Erwartungen für den Weg genannt werden, der theologisch noch zu freizulegen ist. Er wird in offene kulturelle Räume führen. Dort werden Menschen über die Grenzen ihres Bekenntnisses hinaus gemeinsam Verantwortung dafür übernehmen, diesen Raum im erweiterten Horizont des eigenen und fremden Glaubens zu gestalten. Das wird einen interreligiösen Dialog erfordern, der neue Antworten auf gemeinsame Fragen erschließen wird. Ihre Verarbeitung der kulturellen Vielfalt wird alle Partner befähigen, ihren individuell gewählten Glauben in erneuerter Form zu leben. Meine Erwartungen an eine Theologie der

Unterscheidung in der Begegnung zwischen den Menschen fasse ich in folgende Thesen:

1. *Theologien der Unterscheidung wenden sich in neuer Form dem Weg ihrer Gläubigen zu. Damit öffnen sich Religionen der Vielfalt des bewegten Lebens und erneuern sich.*

Insofern Religionen gelebt werden sollen, müssen sie sich der Prüfinstanz des Lebens ihrer Gläubigen stellen. Ihre Lebenswelt, ihr individueller Glaube steht in einer Interdependenz zur institutionellen Verfasstheit ihrer Religion. In ihrem gegenseitigen Zusammenwirken entwickeln sich Tradition, Lehre und Gebote gemäß den veränderten Lebensverhältnissen weiter, öffnet sich der Handlungsraum der Menschen für ihren Weg im Glauben. Damit ist eine Bereitschaft zu Bewegung und Vielfalt im religiösen Ausdruck verbunden. Sie belebt den eigenen Glauben und entwickelt die Religion weiter. Ihre Überzeugungskraft wird auf diesem Wege der Reflexion nicht nur für die eigenen Gläubigen zunehmen, sondern auch für die Mitmenschen ringsum, die anderen Weltbildern folgen. Damit werden neue Ausdrucksformen, den Glauben in verschiedenen Umwelten zu leben, notwendig. Wie Menschen in Migration sich selbst verändert haben, indem sie neue Beziehungen eingegangen sind, so sollen ihre Erfahrungen des dialogischen Austausches mit anderen auch in die weitere Entwicklung des religiösen Lebens eingehen.

2. *Theologien der Unterscheidung wenden sich der inneren Erfahrung des Menschen als Quelle des religiösen Verstehens zu. Damit bestärken Religionen ihre Gläubigen in ihrer individuellen Selbstfindung.*

Allein der einzelne Mensch betet, verehrt Gott, liest heilige Schriften und bekennt seine Schuld. So individuell diese Erfahrungen auch verlaufen, sie sind die eigentliche Prüfinstanz für alle Aufgaben der religiösen Institutionen. Je bewusster der individuelle Prozess der religiösen Selbstfindung verläuft, umso stärker wird der Glaube in der Lebenswelt verankert sein, die Menschen überzeugen. So stehen die innere Erfahrung und die öffentliche Form einer Religion in einer gegenseitigen Interdependenz. Wie für alles menschliche Verhalten gilt auch hier: Die innere Kognition des Menschen geht seinem Sprechen und Handeln voraus. Gleichzeitig entfaltet jeder sein inneres Bewusstsein durch das Hören und die Interaktion mit anderen. Religion in ihrer öffentlichen Erscheinung und innere Erfahrung der Gläubigen bedingen so einander. Gelingt dieser gegenseitige Austausch, so werden mentale Prozesse des Verstehens und der personalen Begegnung vorgegebener Traditionen neu inspirieren. Religionen werden dann aus einem tiefer verankerten Bewusstsein heraus gelebt.

3. *Theologien der Unterscheidung nehmen Menschen als Individuen auf dem Weg des Glaubens wahr. Ihre Bewegtheit wie die Vorläufigkeit ihres Bemühens ordnen sie dem grenzenlosen Horizont zu, sich Gott anzunähern.*

Religiöse Landkarten zu schreiben und die darin vermessene Landschaft selbst zu durchschreiten sind verschiedene Unternehmungen, wobei alle Karten der Orientierung demjenigen dienen, der aufbricht, um das gewählte Land zu erkunden. Lehre und Gebote erfüllen Aufgaben der Wegweisung. Doch deren Prüfung liegt im Fortschreiten der Gläubigen auf dem Weg. Jeder, der aufbricht und gemäß Lehre und Gesetz auf den Weg des Glaubens fortschreitet, weiß um sein vorläufiges Bemühen, Schritt für Schritt auf- und abzusteigen. Er weiß zudem um den grenzenlosen Horizont der Ferne, in dem sich sein Ziel befindet. Ihm kann er sich nur annähern. Eben in diesem Bewusstsein und Bemühen stehen alle Gläubigen einander nahe, unabhängig von ihren religiösen Karten, Normen und Wegmarken. Ihre Landkarten sind notwendig, doch das religiöse Leben erschließt sich erst dem, der darin seinen Weg beschreitet. Auf diesem Pfad ist jeder allein, jeder geht ihn einmalig neu. Diese Haltung des individuellen Bemühens aus dem Geist der Annäherung an Gott verbindet die Gläubigen auf ihrer Reise. Sie muss gleichermaßen zur bestimmenden Koordinate einer Theologie des Wegs werden. Dieses Bewusstsein der Gläubigen um ihr vergleichbares Handeln schafft eine bereichernde Beziehung zu anderen der eigenen und einer fremden Religion, denn sie durchschreiten auf je eigenen Pfaden dasselbe Land der gemeinsamen Welt. Angesichts ihres ebenso fernen wie hohen Ziels stören andere Gläubige sie nicht. Sie fordern sie auf ihrem Weg nicht heraus, sondern spornen sie an, weiter fortzuschreiten. So stehen sie in einer Interdependenz mit anderen Menschen im gleichen Land. Sie werden aus dem Bewusstsein, gemeinsam auf dem Weg zu sein, sich gegenseitig in ihrem Bemühen achten, nach Deepak Chopra als *Mitreisende* einander bestärken.[99]

---

[99] Deepak Chopra fasst seine Studie über die Zukunft des Glaubens in folgendes Fazit: „Die schwierigsten Fragen werden nie aufhören, den Geist zu bedrängen. Gott ist der Ort, wo der Geist jenseits des Denkens eine Antwort findet. Wenn Sie dies erkennen, ist niemand in der Welt ein Feind, nur ein Mitreisender. Die Tür zum Sein ist für jeden offen und lässt das Böse an der Schwelle zurück."
Chopra, Deepak: Die Zukunft Gottes. Eine praktische Annäherung an die Spiritualität für unsere Zeit, Laggenbeck: Driediger 2015, S. 318.

4. *Theologien der Unterscheidung bauen auf die personale Identität und religiöse Erfahrung ihrer Gläubigen. Ihre Lehren werden so für eine Haltung des gegenseitigen Vertrauens zwischen den Menschen geöffnet.*

Alle Religionen lehren Gebote und Verbote, die ihre Anhänger erfüllen und übertreten. In dem Maße, in dem religiöse Institutionen sich über die Gläubigen stellen, beurteilen sie sie je nach ihrem Verhalten. Dabei gilt jeder Religion der Unglaube als das schlimmste Vergehen, so dass die Verurteilung von Menschen durch religiöse Institutionen immer die Anhänger anderer Religionen am schärfsten trifft. Dieses schafft ein Klima der Über- oder Unterlegenheit, je nach der Reichweite einer Religion, und begründet die eigentliche Konkurrenz zwischen den Religionen und den Konflikt mit *den Ungläubigen*. Eine Theologie, die den Glauben des einzelnen Gläubigen als Quelle religiöser Erfahrung wahrnimmt, ersetzt das Urteil über das Verhalten der Menschen durch eine Haltung des Vertrauens in sein individuelles Bemühen. Dieses wird angesichts des hohen Ziels immer ein vorläufiges sein. Doch eben darin gleichen sich alle Gläubigen unabhängig von ihrer Religion. An die Stelle der Unterscheidung nach äußeren Merkmalen der gewählten Lebensform tritt so die Achtung vor dem Bemühen individueller Menschen.

Wie eine theologische Unterscheidung zwischen Glaube und religiöse Institution junge Menschen individuell befähigen wird, in einen interreligiösen Dialog einzutreten, werden alle Religionen dadurch gewinnen und erfrischt aus diesem Prozess hervorgehen. Der eigentliche Gewinn des interreligiösen Dialogs wird eben darin liegen, dass gläubige Menschen in seine Mitte treten. Sie stehen als Individuen einander gegenüber. Allein sie werden den wahren Dialog aus ihrem eigenen Inneren heraus führen können. Damit werden in der Welt der kulturellen Vielfalt äußere Merkmale der Unterscheidung zurücktreten. Sie werden vielmehr als das erscheinen, was sie sind: Ergebnis der individuellen Wahl eines Menschen zu glauben.[100] Im Verhältnis zwischen

---

[100] Die gegenseitige Achtung der je eigenen Wahl zu glauben erschließt Formen der Begegnung von Person zu Person, die ihre Einteilung nach äußeren Merkmalen, Rollenmustern und sozialen Stellungen überschreiten. Menschen nach äußeren Merkmalen ihres Verhaltens zu beurteilen versperrt nicht nur den Zugang zu ihrer individuellen Identität. Sie verletzt Menschen in ihrer Identität selbst dann, wenn ein äußeres Merkmal positiv besetzt ist. Kein Mensch ist nur Teil einer Gruppe, lebt nur nach einem bestimmten Muster. Er erfährt sich vielmehr als eine einmalige Größe ‚darüber hinaus'. Hinzu kommt, dass jede Inklusion als Zugehörigkeit zu einer bestimmten Gruppe gleichzeitig ein Signal der Exklusion gegen ‚die anderen'

den Religionen wird entsprechend anstelle von Urteilen der Über- oder Unterlegenheit ein inneres Beziehungsverhältnis des Vertrauens treten, sowohl den Gläubigen der eigenen Religion gegenüber wie den anderen Menschen. Jeder bedarf dabei religiöser Institutionen, deren Aufgabe darin liegt, ihn auf seinem Weg zu bestärken. Dabei können Institutionen sehr wohl Verhaltensmuster bewerten und weiter entwickeln. Doch ihre Rolle besteht nicht darin, Gläubige aufgrund äußerer Verhaltensmuster in ihrer Person zu beurteilen oder zu verurteilen. Am wenigsten haben dies die Gläubigen einer anderen Religion verdient. Überlassen die religiösen Institutionen diese Aufgabe Gott, der in die Herzen aller Menschen sieht, so schwindet ihre Sorge um die eigene Religionsgemeinschaft ebenso wie die Angst vor der Lebensform anderer Menschen.[101]

Deepak Chopra fokussiert die Frage nach dem Verhältnis der Menschen zur Welt des Glaubens – unabhängig von der gewählten Religion – auf die Frage: *Inwieweit können Sie vertrauen?* [102] Mit dieser Frage ist die Zuwendung gläubiger Menschen zum grenzenlosen Horizont des Ewigen verbunden. Dieses Vertrauen zu Gott spiegelt sich im Vertrauen zu allen anderen Menschen. Dem Glauben als Vertrauen steht damit das emotionale Grundgefühl der Angst gegenüber. Im Neuen Testament erscheint die Angst wiederholt als der eigentliche Gegenpol

---

aussendet. Der Prozess der Unterscheidung wirkt immer in beide Richtungen, sowohl auf den, der als ‚verschieden' beurteilt wird, wie auf denjenigen, der unterscheidet. Seit der Sozialpsychologie von E. Goffman wissen wir, wie sehr Menschen mit einem körperlichen Handicap stigmatisiert werden, wenn sie – oft wohlwollend – primär auf dieses äußere Merkmal ihrer Existenz hin angesprochen werden. Der Soziologe Albert Memmi bestimmt Rassismus in der Weise, dass dieses Ereignis bereits dann stattfindet, wenn Menschen allgemeine, negativ oder positiv besetzten Merkmale verwenden, um andere Menschen individuell zu kennzeichnen. Die Betroffenen erleben dieses als eine Qualifizierung, die sie auf Kosten ihrer einmaligen Individualität deklassiert. Vgl.: Memmi, Albert: Encyclopædia Universalis: „Der Rassismus ist die verallgemeinerte und verabsolutierte Wertung tatsächlicher oder fiktiver biologischer Unterschiede zum Nutzen des Anklägers und zum Schaden seines Opfers, mit der eine Aggression gerechtfertigt werden soll."

101 Im Verhältnis zwischen den Religionen ist ein Klima der Angst um das Eigene vor dem Fremden allgegenwärtig. Diese Sorge bezieht sich auf ihr äußeres Erscheinungsbild und tradierte Verhaltensmuster, die großen Veränderungen unterworfen sind. Demgegenüber wird weiterhin eine starke innere Verwandtschaft zwischen den Menschen, die glauben, bestehen.

102 Chopra, Deepak: Die Zukunft Gottes. Eine praktische Annäherung an die Spiritualität für unsere Zeit, Laggenbeck: Driediger 2015, S. 233.

zur Haltung des Glaubens. Entscheidende Ereignisse der Offenbarung werden mit der Formel eingeleitet: *Fürchtet euch nicht, habt keine Angst.* Als Jesus Christus mit seinen Jüngern in einen Seesturm gerät, rufen sie in ihrer Angst den im Boot schlafenden Jesus Christus um Hilfe. Er antwortet ihnen: *Warum habt ihr so Angst und keinen Glauben?* (Markus 4, 41)[103] Mit dem Verlust des Vertrauens in das Eigene wächst die Angst vor dem Fremden. *Angst* kommt als Lehnwort aus dem lateinischen *angustiae*. Es bedeutet ursprünglich enge *Furt* oder *Engstelle*, in die ein Weg führt, der auf der Fahrt als ausweglos erfahren wird, da Hindernisse oder andere Menschen sie bedrohen. Kein großer Weg wird ohne ein Gefühl der Angst unternommen. Bergsteiger sprechen bis heute von einer ,Bergfahrt', wenn es um den Aufstieg auf einen hohen Berg geht: Zu einer hohen Bergtour kann niemand allein aufbrechen, um beim Aufstieg als *Fahrt*, also in den *Ge-fahren* der *Berg-fahrt* zusammen mit *Ge-fährten* zu bestehen.

Der Blick auf ,die anderen' wird immer von einem Außenblickwinkel beherrscht sein. Er lenkt den Blick auf die Lehre und Gebote, die institutionelle Verfasstheit der anderen Religion. Diesen Blickwinkel als das Ganze anzusehen ist das eigentliche Problem der interreligiösen Verhältnisse. Die primär bedeutsame Innenseite des Glaubens wird dabei übergangen. Sie verbindet, während die Außenseiten unterscheiden. M. Buber würde in diesem Kontext davor warnen, die Beziehung zwischen den Menschen durch verdinglichte Es-Welten zu stören, die dem offenen Dialog im Wege stehen. Der Dialog wird immer ursprünglich in der Gegenwart geführt, zwischen anwesenden Personen von Angesicht zu Angesicht. Er darf nicht abgebrochen werden, wenn Vorgaben der Lehre und des Gesetzes von der einen oder anderen Seite in Frage gestellt werden. Die Ergebnisse eines Dialogs kommen entsprechend aus der Verarbeitung des Verschiedenen im Dazwischen. Keiner der Partner verfügt darüber, doch im Vertrauen auf ihre Beziehung können sie es gemeinsam gestalten: *Beziehung ist Gegenseitigkeit. Mein Du wirkt an mir, wie ich an ihm wirke.*[104]

---

103 Hier wie an vielen anderen Stellen ist es die Haltung des glaubenden Vertrauens, die zum Kriterium für das Heilsgeschehen wird (vgl. Mt. 9, 22 u. Mk 6, 2f).
104 Buber, Martin, o.c., 1984, S.19.

Alles wirkliche Leben ist Begegnung.
Martin Buber[105]

Teil III

1.0 Dialog als Beziehung

Die Aufgabe religiöser Bildung liegt darin, junge Menschen zu befähigen, inmitten einer Welt der Vielfalt, mit der sie in Beziehung stehen, ihre Religion aus einer inneren Haltung heraus selbst zu wählen. Ihr Weg des Glaubens wird immer in die Ferne führen, gehen muss ihn jeder unter einem grenzenlosen *Horizont*. Dieses Lehnwort aus dem Griechischen bezeichnet den *Gesichtskreis* dessen, der sich auf den Weg begibt. Obgleich jeder Gläubige selbst den Weg des Glaubens geht, kann er darin nicht ohne die anderen bestehen. Mit ihnen steht er in einer dialogischen Beziehung.

1.1 Die Anthropologie Martin Bubers

Um in den Herausforderungen der Gegenwart zu bestehen, sind Wege zu finden, die aus den interreligiösen Konflikten herausführen. Sie müssen dazu befähigen, die Grenzen des Eigenen zu überschreiten, ohne die Verbindlichkeit der gewählten Lebensform in Frage zu stellen. M. Buber hat inmitten seiner Zeit härtester Kulturkonflikte das Konzept des Dialogs vorgelegt. Anstelle des Blickwinkels auf das Äußere der Kulturen und Religionen hat er als Anthropologe und Pädagoge eine Konzeption des Menschen entwickelt, die sich dem inneren Wesen des Menschen als Person zuwendet. Seine Anthropologie ist auf die erste Kernaussage der Religionen abrahamitischen Ursprungs gegründet: Wir verehren den einen Gott, der gleichzeitig Herr und Schöpfer der gesamten Welt und aller Menschen ist.[106] Daraus leitet sich die unantastbare Würde eines jeden Menschen ebenso ab wie die Gleichheit aller Menschen, unabhängig von ihrem Glauben oder Weltbild. Dieses gelte auch mitten in seiner Zeit des interreligiösen Konflikts, die er als

---

105 Buber, Martin, o.c., 1984, S. 15.
106 Wenn Hinduisten in ihrem Glauben vom ‚dharma' ausgehen, dessen eine Gesetzmäßigkeit alle religiösen wie physikalischen Welten bestimmt, so begründet dieses Konzept ein vergleichbar inklusivistisches Weltbild, an dem alle Menschen gleichermaßen teilhaben.

Zeit der *Gottesfinsternis* bezeichnete.[107] Nach M. Buber kommen alle Menschen aus Beziehung, denn: *Im Anfang ist die Beziehung*.[108] Sie verwirklichen ihr Personsein durch Ich-Du-Beziehung, die sie eingehen. Nur über personale Beziehungen kann der Mensch zum Menschen werden, das Feld von Ich-Du-Beziehungen ist im Prinzip grenzenlos. Die Bedeutung dieser interpersonalen Anthropologie reicht über die Grenzen des Judentums hinaus, stellt Brücken zu anderen Gläubigen, aber auch zu Menschen her, die keiner bestimmten Religion folgen. M. Buber ruft entsprechend nach einem Ereignis, das in seiner Zeit des Religionskonflikts noch nicht einmal denkbar war. Er erwartet den Beginn einer *Zeit echter Religionsgespräche*.[109] In dieser Zeit stehen wir in der Gegenwart. Der interreligiöse Dialog zwischen Partnern unterschiedlichen Glaubens ist ohne jeden Vorbehalt und ohne Ausgrenzung einer bestimmten Gruppe zu führen. Er dient nicht der einen oder anderen Lehre, sondern der personalen Selbstfindung der Partner, denn Bubers Anthropologie begründet eine große Aussage: *Der Mensch wird am Du zum Ich*.[110]

1.2 Die anthropologische Dimension des dialogischen Prinzips

Mit Anfang, lateinisch ‚*principium'*, meint Buber nicht nur den Beginn, sondern den *Ursprung* der menschlichen Existenz, der sein Wesen ausmacht. Gegen die Philosophie des Idealismus und gegen die kollektivistischen Positionen, mit denen sich Buber in seinem frühen Werk intensiv beschäftigt hat, lehnt er nun eine Definition der Identität des Menschen ab. Vielmehr spricht er von einem Prozess der Selbstfindung, in den sich jeder Mensch auf der Suche nach seiner Identität begibt. Dabei muss jeder zwischen einem verdinglichten Ego und einem Ich wählen, das in Beziehung steht: *Es gibt kein Ich an sich, sondern nur das Grundwort Ich-Du und das Ich des Grundworts Ich-Es*.[111] Martin Buber spricht mit diesem Denken bereits aus, was für die späteren Philosophen des Existenzialismus zur Leitlinie geworden ist: Die Existenz des Menschen geht seiner Essenz voraus. Die dramatische Aufgabe seines Lebens besteht darin, zu werden, wozu der Mensch berufen ist. Er muss sein inneres Wesen finden, doch seine Essenz ist vorweg nicht zu fassen, sie wird erst über den Prozess der Selbstfindung

---

107 Biser, Eugen: Buber für Christen. Eine Herausforderung, Freiburg: Herder 1988, S. 105.
108 Buber, Martin: o.c., 1984, S. 149.
109 Buber, Martin: o.c., 1984, S. 22.
110 Buber, Martin, o.c., 1984, S. 32.
111 Buber, Martin, o.c., 1984, S. 8.

hervortreten. Spezifisch für Buber ist: Der Mensch kann sein Selbst nicht ohne die anderen finden. Die Selbstfindung des Menschen ist Ergebnis einer Interaktion zwischen den Menschen, die miteinander in Beziehung stehen.[112] Wesentlich für seine Position ist allerdings, dass sich die freie Ich-Du-Beziehung in einem religiösen Horizont ereignet: *Die verlängerten Linien der Beziehungen schneiden sich im ewigen Du.*[113] Das In-Beziehung-Stehen kann nach Buber nur ohne Urteil, ohne jede Absicht, ohne Es-Funktion oder Verdinglichung des Partners stattfinden. Eben dann gilt die Aussage Bubers:

> *Die Eswelt hat Zusammenhang im Raum und in der Zeit. Die Duwelt hat in beiden keinen Zusammenhang. Sie hat ihren Zusammenhang in der Mitte, in der die verlängerten Linien der Beziehungen sich schneiden: im ewigen Du.*[114]

Hier wird deutlich, dass Bubers Anthropologie an entscheidenden Stellen auf eine religiöse Grundlage aufbaut, diese aber nicht auf eine bestimmte Religion begrenzt. Er nimmt jeden Menschen aus der Sicht des Gläubigen wahr. Begegnung und Dialog ereignen sich gleichzeitig in einem Feld, das in eine religiöse Beziehung mündet:

> *Wohlgemerkt, es wird nicht nach Gott gefragt, nur nach unserer Beziehung zu ihm. Und doch muss ich, um antworten zu können, von ihm reden. (...) Selbstverständlich ist nur davon zu reden, was Gott in seiner Beziehung zu einem Menschen ist.*[115]

M. Bubers Anthropologie des Dialogs steht in ihrem Kern für einen religiösen Existentialismus, der jeder monotheistischen Religion vorausgeht. Wie auch immer andere Menschen auftreten und welche Lebensformen sie pflegen, sie stammen alle aus der Hand des Gottes, an den man selbst glaubt. Alle Menschen haben so Teil an einer Beziehung, in die sie über ihren Glauben auch mit jenen Menschen eintreten, die nicht ihrer Religion, Nation oder Kultur angehören.[116]

---

112 Damit nimmt Buber die Positionen der Klassiker der nachfolgenden Sozialpsychologie – George H. Mead, Erik H. Erikson und Erving Goffman – vorweg. Sie sprechen gleichermaßen von einem lebenslangen Prozess der Selbstfindung, der nur in Interaktion mit anderen Menschen erfolgreich verlaufen kann.
113 Buber, Martin, o.c., 1984, S. 76.
114 Buber, Martin, o.c., 1984, S. 101f.
115 Buber, Martin, o.c., 1984, S. 133.
116 Deepak Chopra hat eine vergleichbare interreligiöse Konzeption vorgelegt:
   – Glaube bringt einen Menschen näher an die Quelle der Schöpfung.
   – Glaube ermöglicht das wahre Selbst, das jenseits des Egos verortet ist.
   – Glaube verbindet die Welt „hier drinnen" mit der Welt „da draußen".
   Chopra, Deepak: o.c., 2014, S. 323.

Diese Wahrnehmung von Beziehung kommt nicht nur von den anderen, sondern wesentlich aus der inneren Beziehung des Gläubigen zu Gott und dem Erscheinen seiner Welt, wie auch immer sie von außen auf einen zukommen mag. Die eigene innere Wahrnehmung mit der Wirklichkeit draußen in Einklang zu bringen, ist die große Aufgabe des jungen Menschen auf seinem Weg in eine Welt der kulturellen Vielfalt. Bedingung hierfür ist, die Gleichrangigkeit von Ich und Du ohne jeden Vorbehalt anzuerkennen.

1.3 Selbstfindung im Dialog

Der Dialog findet nach Buber nur im wirklichen Gespräch von Angesicht zu Angesicht statt, bis hinein in das gemeinsame Schweigen. Nicht die Belehrung, sondern das gegenseitige *Innewerden* ist sein Kennzeichen. Nicht die Antwort ist sein Ziel, sondern eine Folge aus rückhaltlosen Fragen, die neue Stellungnahmen erzeugen.[117] Buber greift mit seinem Dialogverständnis die eigentliche Bedeutung des Lehnworts δια-λογος (δια–λογσ) aus dem Griechischen auf. Dieser Begriff bezieht sich auf das Wort, den Gedanken und das Denken, das durch den Menschen hindurchgeht, ihn dabei verändert. Vergleichbares gilt für die *Dia-gnose* des Arztes, die den Patienten in jedem Fall verändert, wie auch immer sie ausfällt.[118] Ein interreligiöser Dialog, wie ihn Buber für das Religionsgespräch vorsieht, muss dem hohen Anspruch einer dialogischen Beziehung gerecht werden, die in vier Dimensionen des Dialogs liegt:

1.3.1 *Dialog als personales Gespräch*

Der Dialog schafft einen Raum, der den Dialogpartnern erlaubt, alle ernsten Fragen, die sie berühren, zu stellen. Nur ein in diesem Sinne offener Austausch kann einen echten Dialog begründen. Auf diese Weise treten die Dialogpartner als individuelle Personen in eine dialogische Beziehung ein, die sich ereignet, wie sie sich ereignet. Keiner der Partner übernimmt im Dialog nur eine Funktion, vertritt nur Vorgaben, die von außen für das Gespräch vorgegeben wurden.

---

117 In der klassischen Antike ist der Dialog zur ersten Form der abendländischen Philosophie geworden, eingeführt von keinem Geringeren als Sokrates. Seine Dialoge mit seinen Schülern enden nicht mit einem Lehrsatz, sondern häufig mit einer offenen Frage.

118 Die Vorsilbe ‚dia-‘ bedeutet ‚durch, hindurch‘. Sie bezieht sich nicht auf die Zahl ‚zwei‘, griechisch ‚dyo‘. Damit bezieht sich der ‚Dia-log‘ keineswegs nur auf das Gespräch zwischen zwei Partnern. Von einem ‚Trialog der Religionen‘ zu sprechen, ist daher nicht sinnvoll.

1.3.2 Dialog als Lernprozess

Wer zusammen mit anderen in einen Dialog eintritt, wird durch das Wort des anderen, durch das Gespräch verändert. Alle Partner lernen aus dem gemeinsamen Innewerden der Impulse, die die Partner einbringen. Das dialogische Gespräch ist wie ein fließender Bach der Reflexion, durch den man zusammen geht, den jedoch niemand durchschreiten kann, ohne dabei nass zu werden. So werden alle Partner diesen fließenden Bach der Reflexion verändert verlassen und erfrischt daraus hervorgehen. Ohne die Bereitschaft aller, über das gemeinsame Gespräch zu lernen, ist kein echter Dialog möglich.

1.3.3 Dialog als rückhaltloses Gespräch

Der Dialog duldet keine Vorbehalte, keine vorweg festgelegte Funktion. Wer in eine dialogische Beziehung eintritt, darf nach Buber sich und dem anderen keine Grenzen setzen. So darf das Religionsgespräch nicht dann abgebrochen werden, wenn es ‚ernst' wird, wenn weltanschauliche Fragen anstehen.[119] Entsprechend kündigte Buber eine ‚Zeit echter Religionsgespräche' für die Zukunft, also unsere Zeit an.[120] Was in seiner Zeit noch nicht möglich war, entwirft er für die Zukunft, *den rückhaltlosen Dialog von aufgeschlossener Person zu aufgeschlossener Person*.[121] Jeder Partner muss das Recht haben, ernste Fragen, die ihn bewegen, an seine Partner richten zu können.

1.3.4 Dialog als Haltung der Verantwortung

In der *Ant-wort* des Menschen steckt die griechische Vorsilbe *anti-* ‚gegen', wie im *Ant-litz*, einem Wort für Angesicht, das Buber gerne verwendet. In gegenseitiger Präsenz, von Angesicht zu Angesicht dem anderen in der eigenen Entgegnung *Ant-wort* zu geben auf seine Frage begründet nach Buber die Haltung der *Ver-ant-wortung*. Dabei kommt diese Antwort aus einem Raum wirklicher Erfahrung, der gemeinsam zu gestalten ist:

> Echte Verantwortung gibt es nur, wo es wirkliches Antworten gibt. Antworten worauf? Auf das, was einem widerfährt, was man zu sehen, zu hören, zu spüren bekommt.[122]

Buber spricht nie von Juden oder Christen, sondern immer nur von der Welt und den Menschen. Der Dialog ist weder ein Zweiergespräch noch bipolar, es

---

119 Buber, Martin, o.c., 1984, S. 144, 146.
120 Buber, Martin, o.c., 1984, S. 149.
121 Buber, Martin, o.c., 1984, S. 149.
122 Buber, Martin, o.c., 1984, S. 161.

geht um den prinzipiell offenen Dialog mit dem anderen in eben der Form, in der er einem begegnet. Ein Religionsgespräch vorweg auf zwei Religionen zu begrenzen, erscheint mir als Fehler. Das schließt nicht aus, zunächst sich auf den Austausch mit nur einer anderen Religion zu konzentrieren. Doch bereits dieser Dialog verlangt ein interreligiöses Paradigma, das nur dann überzeugt, wenn es keine der anderen Religionen ausschließt.[123] Es geht um eine dialogische Beziehung auf der Ebene der inneren, impliziten Erfahrung des Glaubens, die den Menschen noch vor seinem expliziten Bekenntnis bewegt. Nach M. Buber geht es ferner um die vertikale Linie der Beziehung, in die Menschen nur dann eintreten, wenn sie einander als Menschen dialogisch begegnen:

Oben und unten sind aneinander gebunden. Wer mit den Menschen reden will, ohne mit Gott zu reden, dessen Wort vollendet sich nicht; aber wer mit Gott reden will, ohne mit den Menschen zu reden, dessen Wort geht in die Irre.[124]

Was die nachfolgenden Sozialpsychologen lehrten, leitet M. Buber aus seiner Anthropologie ab, die letztlich religiös begründet ist. Jede Form der Unterscheidung zwischen dem Ich und dem Du, die einer Es-Funktion dient oder den anderen beurteilt, begrenzt den Prozess der eigenen Selbstfindung, da die große vertikale Linie nach oben, die alle Menschen als gleichrangig hohes Werk des Schöpfers kennzeichnet, beschnitten wird.

> Hinter jedem „O Herr!", das du sprichst,
> steht ein tausendfaches „Hier bin ich."
>
> Mevlânâ Celâleddin Rumi[125]

2.0 Distanz und Beziehung

Die Anthropologie von Buber schafft zusammen mit der vorgeschlagenen Unterscheidung zwischen dem personalen Glauben eines Individuums und der institutionellen Verfasstheit der von ihm gewählten Religion einen ebenso offenen wie freien Raum für neue Verbindungen. Menschen, die ihren Glauben leben, müssen Beziehungen mit anderen und ihrer Umwelt eingehen, doch niemand

---

123 Vergleichbar kann der Prozess der europäischen Integration nicht bipolar etwa über ein deutsch-französisches Gespräch gestaltet werden. Es wird seinem Ziel widersprechen, wenn es nicht von Anfang an europäisch ausgerichtet wird.
124 Buber, Martin, o.c., 1984, S. 160.
125 Zit. nach: Feild, Reshad: Ich ging den Weg des Derwisch, Frankfurt a.M.: Fischer 1981, S. 58.

darf sie dazu zwingen. Die Verbindung zwischen ‚oben und unten' in den Worten von Buber überzeugt nur dann, wenn sie in Freiheit erkannt wird. Dies führt zu dem polaren Bedingungsverhältnis, dem M. Buber eine eigene Abhandlung widmet: *Urdistanz und Beziehung*.[126] Beides bedingt sich nach Buber gegenseitig. Daher kann eine Beziehung, die keine Funktion erfüllt, nur in Freiheit eingegangen werden. Allein der Mensch ist nach Buber in der Lage, in seinem Verhältnis zu anderen Menschen alle seine Bedürfnisse zurückzustellen, seine Erwartungen und Wünsche aufzugeben. In eine echte Ich-Du-Beziehung kann der Mensch nur ohne jede Absicht eingehen, so die tiefen Momente von Begegnung erfahren. Nach Buber liegt die besondere Fähigkeit des Menschen darin, in losgelöster Einsamkeit anderen Menschen zu begegnen, die Natur wahrzunehmen, aus seiner Haltung der *Urdistanz* auch in eine Beziehung zu Gott einzutreten. Damit erscheint in seinem Werk eine Konstituente der Selbstfindung immer wieder neu: alle funktionalen Es-Welten sind abzulegen, in Distanz die gegenseitigen Abhängigkeiten aufzugeben, um in Freiheit die Person zu werden, die man selbst werden will. Im Bereich der Beziehungen der Menschen und ihres Glaubens zeigt sich daher das Bedürfnis nach Freiheit am stärksten. Freiheit ist schlechthin die Bedingung für Selbstfindung und einen individuell gelebten Glauben.[127] Beide Prozesse gehen ineinander, begründen sich gegenseitig.

2.1 Religiöse Bildung als Wahrnehmung von Individualität

Alles Erkennen und Lernen findet im Inneren des Individuums statt. Seine innere Kognition ist unantastbar, da sie von der körperlichen Konstitution und den Emotionen des Menschen wie seinen bisherigen Erfahrungen abhängig ist. Seine Entwicklung findet im Kontext seiner Biographie, seines Geschlechts, seiner körperlicher Konstitution und Lebenserfahrung einzigartig und unwiederholbar statt. Sie ist durch das Merkmal der inneren Autonomie gekennzeichnet, die jede Funktionalität, den jungen Menschen im Sinn einer bestimmten Funktion zu formen, überschreitet. Religiöse Bildung muss nach den vorgestellten Strukturen junge Menschen auf ihrem Weg in eine höchst komplexe Umwelt

---

126 Buber, Martin: Urdistanz und Beziehung, Heidelberg: Lambert Schneider 1951, S. 14f.
127 Die gegenwärtig ausgeführten Konflikte werden zwar weithin mit Religion begründet, doch ausgelöst wurden sie von jungen Menschen aufgrund des Mangels an Gedanken-, Gewissens- und Religionsfreiheit in ihren Gesellschaften. Ihr Mangel verletzt die Menschen in ihrer personalen Identität zu tiefst. Er wurde im ‚arabischen Frühling' über den Ruf nach Religionsfreiheit, den niemand überhören durfte, eingeklagt.

befähigen, Beziehung mit anderen einzugehen. In Freiheit soll ihnen der Raum gewährt werden, sich zu unterscheiden, so die besondere Qualität ihres eigenen Selbst zu erkennen. Über die verlängerten Linien der dialogischen Beziehungen, in die sie mit ihren Eltern, Lehrern und Gleichaltrigen eintreten, werden sie den Gewinn erkennen, der in einer Beziehung zu Gott liegt. So anspruchsvoll dieses pädagogische Vorhaben erscheint, dem individuell zu wählenden Glauben ist nur der Raum der Freiheit und die erzieherische Distanz bereits zum jungen Menschen angemessen.

Eine Haltung der Distanz im Feld der religiösen Erziehung ist gleichermaßen im Verhältnis zu den Mitschülern aus anderen Glaubensgemeinschaften angebracht. Jedes Urteil, das *nicht* über sie gefällt wird, sei es von Lehrern oder auch von Mitschülern, wird die Beziehung vertiefen, in die sie miteinander eintreten. Alle werden auf diese Weise bestärkt werden, sich gegenseitig auf ihrem je eigenen Weg zu achten.

2.2 Das religiöse Selbst als offener Raum

Wer nach dem eigenen Selbst gefragt wird, weiß in der Regel keine kohärente Antwort zu geben. Dieses gilt ebenso für die religiöse Identität, insofern sie fertige Muster der Zugehörigkeit überschreitet. Religiöse Wahrnehmung kommt als eine der hohen Formen menschlichen Erkennens aus der inneren Kognition. Sie steht in einem kontinuierlichen Prozess und ist selbst Teil eben des Vorgangs, in dem man über das eigene Denken nachdenkt. Daher kann sie nur individuell verlaufen, ist an die körperliche Konstitution, die emotionale Lage und biographische Erfahrung dessen gebunden, der über seine eigene Stellung in der Welt reflektiert. So bedeutsam Impulse von außen für sein Lernen sind, in seinem Kern bleibt religiöse Erfahrung ein individuelles Ereignis. Sie bleibt in ihrer Mitte wie die Würde des Menschen unantastbar und ist in bewegter Veränderung solange der Mensch lebt.

Alle Religionen wissen um diese Merkmale der religiösen Erfahrung. Sie pflegen sie in besonderer Weise in ihren Schulen der Mystik und Esoterik.[128] Sie verweisen nicht nur in ihrer Lehre auf die Bedeutung von Einkehr, Stillschweigen und Meditation, sondern rufen ihre Anhänger dazu auf, dieses Handeln täglich neu zu vollziehen. Damit pflegen sie sowohl den inneren Freiraum wie dessen

---

128 Esoterische Schulen achten die äußeren Welten des religiösen Lebens einschließlich der Lehre und des Gesetzes – die Exoterik –, doch darüber hinaus verweisen sie auf den Kern religiöser Erfahrung, die jeder Gläubige selbst im ‚inneren' Bereich der Esoterik finden soll.

fortwährende Bewegtheit im inneren Selbst des Gläubigen. Große religiöse Denker haben immer auf die inneren Quellen dieser Erfahrung verwiesen, die körperliches Handeln ebenso wie Emotionen einschließen. Eben an entscheidenden Stellen, wo Worte und Lehren nicht mehr ausreichen, wird im Stillschweigen der inneren Einkehr und Ruhe die eigentliche Quelle religiöser Erfahrung erschlossen. Von Dionysios Areopagita, (+ 1. Jht. n. Ch.), einem der Begründer der christlichen Mystik, wird der Satz überliefert: *Eigenartig: Je näher eine Theologie Gott kommt, desto stiller wird sie.*[129] Der Blick der Mystiker ist immer auf den offenen Raum des inneren Selbst gerichtet. Damit berührt er nicht nur ausgewählte Bereiche des Glaubens, wie das viele Schulen tun, sondern führt mitten in dessen Kern bis hin zur Verehrung Gottes. Von Al Halladsch (857–922) ist der Ausspruch überliefert: *Wer Ihn kennt, beschreibt Ihn nicht, und wer Ihn beschreibt, kennt Ihn nicht.*[130] Vergleichbar äußern sich die chassidischen Meister, wenn sie vom ‚hohen Stand des Wissens' sprechen, in den sie dann eingehen, wenn sie die Lehre überschreiten.[131]

Eben die Meister der Mystik waren in allen Religionen jene, die als erste entschieden für den interreligiösen Dialog eingetreten sind. Al Hallâdsch hat sein Leben dafür hingegeben. Hinzu kommt die große Bedeutung, die die esoterische Literatur für unsere Zeit gewonnen hat. Sie vermittelt in intensiver Form zwischen den Religionen, auch wenn viele Texte vorläufige Positionen vertreten. Ihr Erfolg spiegelt die Erwartungen der Menschen in ihrer Suche, zu einer eigenen inneren Erfahrung im Religiösen zu gelangen. D. Chopra kommt in seiner Studie über die Spiritualität der Religionen zu dem Ergebnis: *Glaube kommt aus der inneren Stille und dem, was sie offenbart.*[132]

In allen Fragen des religiösen Lebens ist vom inneren Erkennen und Erleben des Gläubigen als Individuum auszugehen. Damit wird die innere Erfahrung des Menschen zum eigentlichen Kriterium dafür, den Glauben zu finden und ihn

---

129 Mystik leitet sich aus dem griech. myein ab – Augen und Mund schließen.
Zit. n.: Areopagita, Dionysius: Ich schaute Gott im Schweigen. Mystische Texte der Gotteserfahrung, hg. v. Volkmar Keil, Freiburg: Herder 1985, S. 63.

130 Al-Halladsch: „Oh Leute, rettet mich vor Gott". Worte verzehrender Gottessehnsucht, hg. v. Annemarie Schimmel, Freiburg: Herder 1985, S. 50.
Al-Hallâdsch aus Fars (Persien) wurde 922 in Bagdad für seine interreligiösen Aussagen über Muslime, Juden und Christen hingerichtet.

131 „Der chassidische Baalschem sprach: Wenn ich im hohen Stand des Wissens bin, weiß ich, dass nicht ein einziger Buchstabe der Lehre in mir ist (…)."
Buber, Martin: Die Erzählungen der Chassidim, Zürich: Manesse 1949, S. 133.

132 Chopra, Deepak, o.c., 2015, S. 323.

zu wählen. Innere Erfahrung kommt aus dem Leben der einzelnen Person. Sie schöpft aus dem ganzen Menschen, seiner körperlichen, emotionalen und mentalen Konstitution, und umschließt sie. Von dieser bewegten Mitte aus entwirft jeder Gläubige seinen mentalen Bogen zu Gott, der alle Wirklichkeit einschließt. Nimmt man in diesem Bogen die Welt als Schöpfung Gottes, so handelt es sich um den weitestmöglichen Bogen, den ein Mensch denken kann, um seinem Leben Bedeutung zu verleihen. Dieser Bogen des Sinns umfasst gleichermaßen die eigene bedingte Existenz wie auch das Leben aller anderen Menschen ringsum. Diese Vorstellung ist nur dann tragfähig, wenn der Bogen nicht nur von hier nach da aufgespannt wird, nur vorweg ausgewählte Themen oder Gruppen einbezieht. Ein halber Bogen, der exkludiert, ist gelogen, führt ins Leere. Er schafft keine tragfähige Bedeutung. Die ganze Welt als Gottes Werk muss unter dem Bogen Platz finden. Wird er als solcher aufgespannt, schafft seine Bedeutung nicht nur offenen Raum für die individuelle Selbstfindung des Einzelnen, sondern Freiheit auch für den anderen Weg der anderen.

2.3 Erneuerung des Glaubens durch Interkulturalität

Die interkulturelle und interreligiöse Vielfalt in der Gegenwart erschien zunächst als eine Art Gefährdung der Religionen. Minderheiten sollten sich neu in einer Umwelt einrichten, in der die Mehrheit anderen Orientierungen folgte. Die christliche Mehrheit in Europa musste lernen, den eigenen Glauben als einen unter mehreren in allen unseren Städten zu leben. Die Unterscheidung zwischen zwei Ebenen im religiösen Leben, die Konstituenten der Anthropologie nach Buber machen die Chancen dieser Veränderung der religiösen Landschaft sichtbar. Weniger Konventionen, mehr Vielfalt in der Umwelt, die Einladung zur individuellen Entscheidung, die Zunahme von Fragen an die eigene Lehre, der notwendige Wandel in den Regularien des Gesetzes stellen einen Gewinn dar. Über die Öffnung des Handlungsraums, die Vertiefung von individueller Einsicht wird die Überzeugungskraft der Gläubigen nicht abnehmen, sondern zunehmen. Die religiösen Differenzen, die sich in einer Welt der kulturellen Vielfalt zeigen, sind zu verarbeiten. Sie werden zu einer herausragenden Gelegenheit, durch Unterscheidung das eigene Selbst zu profilieren. Die bekannte Frage ‚Wie viel Fremdheit lassen wir in unserer Gesellschaft zu, wie viel Andersheit dulden wir?' ist kein Lösungsweg. Diese Haltung erklärt das Eigene als stehendes Maßstab und Norm für andere.[133] Keine Gruppe will auf Dauer toleriert

---

133 So lautet auch die entscheidende kulturelle Frage zu Zeiten der Öffnung Japans für die Welt. Diese kulturgeschichtliche Wende beschreibt Miyakawa Toru als eine

werden und keine Mehrheit kann sich schlechthin dem Wandel entziehen. Es geht vielmehr darum, dass beide Seiten die Verschiedenheit wahrnehmen und sie verarbeiten. Für beide Seiten ist damit ein interkultureller Lernprozess verbunden, der zu einem vertieften Verstehen sowohl des Eigenen wie des Fremden führt. Religionen können einen entscheidenden Beitrag für das interkulturelle Verstehen leisten und sich auf diese Weise selbst erneuern. Sie sprechen den einzelnen Menschen in ihrer Identität an, verlangen eine Freiheit des Glaubens und des Gewissens, nach der alle Menschen auch in anderen Lebensbereichen existentiell rufen. Nach den genannten Perspektiven sind alle Religionen in der Lage, einen konstruktiven Bogen der Verbindung zwischen der inneren Welt des einzelnen Menschen und den äußeren Gegebenheiten seiner Umwelt aufzuspannen, der Prozesse des Verstehens einleitet, die für den dringend benötigten Frieden stehen.[134] Dieses beinhaltet eine Erneuerung der Religionen, die Menschen befriedet, die Welt aus ihren Konflikten herausführt.

> Die Leute brauchten nicht so viel darüber nachzudenken,
> was sie tun sollten; sie sollten bedenken, was sie wären.
>
> Meister Eckhart [135]

3.0 Religiöse Bildung inmitten einer interreligiösen Welt

Im Umkreis der Schule von Meister Eckhart (1260–1328) wurde erstmals das Konzept der Bildung als Entfaltung der individuellen Person für die Schule in Europa gedacht. Religiöse Erziehung hat wesentlich mit der Bildung junger Menschen zu tun. Nach der Anthropologie des Pädagogen Martin Buber sowie der vorgelegten Unterscheidung zwischen Glauben und Religion wird der Religionsunterricht dann zu einem Projekt der interreligiösen Bildung, wenn die bestehenden Curricula in einen pädagogischen Rahmen gestellt und gelehrt werden, der durch vier Positionen gekennzeichnet ist, die ich in folgende Leitlinien fasse:

Bewegung „weg vom *Japan in der Welt*, hin zur *Welt in Japan*". Mit diesem Wandel war die Entdeckung des ‚inneren Lebens' bei japanischen Philosophen verbunden. Zit. n.: Kitaro, Nishida: Über das Gute. Eine Philosophie der Reinen Erfahrung, Frankfurt a. M.: Insel 1993, S. 10.

134 Vgl.: Chopra, D., o.c., 2015, S. 323.
135 Quint, Josef (Hg.): Meister Eckehart. Deutsche Predigten und Traktate, München: Diogenes 1979, S. 57.

3.1 Religionsunterricht und Glaube

Religionsunterricht an öffentlichen Schulen soll eine authentische Einführung in einen bestimmten Glauben beinhalten. Er kann nicht nur religiöses Wissen und Kenntnisse über die Geschichte und Institutionen einer Religion vermitteln, sondern muss den Schülern vermitteln, wie sie zur Entscheidung gelangen können, zu glauben. Damit hat religiöse Bildung zur Aufgabe, Schüler zu befähigen, selbst den Weg eines Glaubens zu wählen und in diesen Weg einzutreten. Der Glaube als erste Ebene des religiösen Lebens muss daher im Zentrum des Unterrichts stehen und gemeinsam erfahren werden. Dieses spricht für einen Religionsunterricht, in dem Lehrer und Schüler sich gemeinsam zu einem bestimmten Glauben bekennen. Diese erste Leitlinie für den Religionsunterricht schafft jenen Raum des Lernens, der die Grundlage dafür bereitet, aus der Haltung des Vertrauens zu glauben.

3.2 Religionsunterricht und Selbstfindung

In einer interkulturellen Umwelt müssen sich Religionslehrer mehr denn je dem einzelnen Schüler als Individuum zuwenden, ihn in seiner religiösen Identitätsbildung begleiten und in seiner Personwerdung bestärken. Dessen persönliche Wahl wird über seinen Lebensweg in einer Welt der Vielfalt entscheiden. Zur je eigenen Selbstfindung auf dem Weg des Glaubens kann ein Schüler jedoch nur finden, wenn ihm das Feld der religiösen Wahrnehmung als offener Raum dargestellt wird, der ihm die Freiheit gewährt, sich individuell zu entscheiden, seine eigenen inneren Anlagen im Sinne von *Bildung* auch wirklich nach außen zu bringen, sie *uz-bilden,* also *aus-zu-bilden.*[136] Damit wendet sich religiöse Bildung dem ursprünglichen Gedanken der großen Religionen zu: Gott hat dich bereits gerufen, dich dem Glauben zuzuwenden. Erinnere dich dieser inneren Berufung über dein Lernen und lebe sie in deiner Welt. Tatsächlich begegnet der Schüler über die Schule einer erweiterten sozialen und kulturellen Umwelt, die maßgeblich in seine weitere Entwicklung eingreifen wird. Die Grundlagen, die in diesem Unterricht für seine religiöse Identität gelegt werden, werden seine Selbstfindung bestimmen und seine persönliche Stellung im Austausch mit Gleichaltrigen prägen.

---

136 Näher ausgeführt in: Graf, Peter: Bildung als Entfaltung des Selbst im interkulturellen Feld, in: Lederer, Bernd (Hg.): „Bildung": was sie war, ist, sein sollte. Baltmannsweiler: Schneider 2013, S. 179ff.

3.3 Religionsunterricht in dialogischer Beziehung

Der Religionsunterricht muss auch dann, wenn er als getrennter Unterricht angeboten wird, die Begegnung mit den Mitschülern pflegen und zum interkulturellen und interreligiösen Dialog mit ihnen und der Umwelt befähigen. Die damit verbundene dialogische Beziehung gründet ebenso auf gegenseitige Achtung und *Distanz* wie auf die Bereitschaft zu lernen, indem man Unterschiede gemeinsam ansieht, Differenzen im Gespräch verarbeitet. Nach M. Buber kann die Aufmerksamkeit für alle Bereiche des ‚Dazwischen' nicht hoch genug entfaltet werden, denn dessen Wahrnehmung beinhaltet Fragen und Impulse, die für die eigene Stellung in der Welt von Bedeutung sind. Der interreligiöse Dialog bezieht sich nicht auf Kenntnisse über die Anderen, sondern maßgeblich auf Fragen, die für alle Partner neue Sichtweisen erschließen.[137] Dialogische Beziehungen werden in der Schule nicht nur durch Unterricht und Gespräche aufgebaut, sondern ebenso durch gemeinsames Handeln in Projekten, Arbeitsgruppen und Veranstaltungen im Laufe des Schullebens. Die damit verbundenen Erfahrungen, in Distanz und gegenseitiger Achtung gemeinsam zu handeln, werden entscheidend zum Gelingen des schulischen, beruflichen und religiösen Lebens der Schüler in der Begegnung mit anderen Gruppen beitragen.

3.4 Religionsunterricht und Inklusion der Welt

Ein Religionsunterricht, der Gott als Schöpfer der Welt lehrt, muss ein weltoffener Unterricht sein, der eine generelle Achtung vor der Natur und allen Menschen wahrt. Nichts in der gegebenen Wirklichkeit kann demnach generell abgelehnt werden. An die Stelle der Exklusion von Teilen tritt so die Inklusion als Umfassung der Welt. Dieses schließt ein Ansehen und Bewerten der Ereignisse ringsum nicht aus. Gleichzeitig ist jedoch die gesamte Schöpfung in der Form anzunehmen, wie sie den Menschen aufgetragen ist. Kein Teil der Wirklichkeit, keine Gruppe der Menschheit kann exkludiert werden. Alles, was ist, hat der Schöpfer zugelassen, eben auch in fehlerhaften Erscheinungen, die uns auffordern, daraus lernen und sie zu verbessern. Inmitten dieser Welt steht die menschliche Person als singuläres Wesen, das die Dinge ringsum wahrnehmend deutet. Im Brennpunkt seiner Kognition versammelt sich die gesamte Erfahrung

---

137   Der Dialog führt seit seiner Erfindung durch Sokrates immer über einen abschließenden Lehrsatz oder ein Programm hinaus. Er kann neue Fragen aufwerfen, erschließt so jenen offenen Weg des Gesprächs, der nach Eugen Biser die Philosophie von Martin Buber kennzeichnet: Vgl.: Biser, E., o.c., 1988, S. 9f.

von Welt, einmalig und unantastbar für andere. Der Gläubige entwirft in dem Maße, in dem er den einen Gott als Schöpfer der Welt verehrt, ein Bild von der Welt, das alles umschließt. Im Gegenzug erkennt sich der Einzelne inmitten dieser Welt in der singulären Einmaligkeit seiner eigenen Existenz. Er ist weder bloßer Teil einer Kultur noch nur ein Exemplar einer Gruppe von Menschen. Seine individuelle Identität kommt letztlich aus seiner Andersheit gegenüber allen Leuten um ihn. Entsprechend ist er in seinem Selbstbild aufgefordert, jede Identifikation mit einem vorgegebenen Muster zu überschreiten.[138] Als gläubige Person erkennt er seinen einsamen Auftrag, in der Welt zu handeln, sie im Sinne seines Glaubens verantwortlich zu gestalten. Religionsunterricht als Einführung in die Wahrnehmung der Welt muss daher offen sein. Sie darf keine Gruppe, keine andere Religion ausschließen.

Exkurs: Die Einheit von Sein und Glauben in der Mystik

In allen Religionen haben Mystiker ihren je eigenen Glauben in einer ebenso tiefen wie individuellen Weise verwirklicht. Gemeinsam ist ihnen, dass sie von der Einheit des menschlichen Seins ausgehen, die durch den Glauben in jeder Existenz aufleuchtet. Damit ist eine Selbstwahrnehmung verbunden, in der die eigentliche Aufgabe des Gläubigen liegt. Durch sie findet er zurück zu seiner eigenen Qualität, dem Ursprung seines Seins, dem Adel der Herkunft seiner *edelen Seele,* wie Meister Eckhart sagt.[139] Diese Aufgabe kann nicht ohne Loslösung von äußeren Welten, nicht ohne Einkehr in sein eigenes Inneres geleistet werden. Begeben sich Menschen auf diesen Weg, so verankern sie nicht nur ihr eigenes Sein in neuer Form, sie erneuern auch ihre Religion. Sie überschreiten

---

138 Seit Thomas von Aquin wird in der Anthropologie des christlichen Abendlandes dieses Konzept von der singulären Einmaligkeit der Person gelehrt. Der Mensch ist nicht nur ein Exemplar der ‚Art' Mensch, sondern eine singuläre Existenz im Sinne einer unauswechselbaren Einheit. Thomas von Aquin folgt damit der ersten Definition der Person (persona) durch Boethius (†524). Sie lautet: *Persona est naturae rationalis individua substantia.* (Die Person ist individuelle Substanz – Sein aus sich selbst – der vernunftbegabten Natur. Übers. P.G.) Zit. n. Heinzmann, Richard: Thomas von Aquin. Eine Einführung in sein Denken, Stuttgart: Kohlhammer 1994, S. 82.

139 So in der Predigt von Meister Eckhart: *Von dem edelen menschen:* „Von diesem inneren Menschen von hoher Abstammung, in den Gottes Same eingesät und Gottes Bild eingedrückt ist (…), spricht der große Meister Origines gleichnishaft: daß Gottes Bild, Gottes Sohn, im Grund der Seele ist wie ein lebendiges Quellwasser." Zit. n. Graf, Peter; Unterreitmeier, Hans: MEISTER ECKHART. Zieh aus, um zurückzukehren, Perugia: Editrice Benucci 1992, S. 43.

die Lehre und das Gesetz, ohne beides im Geringsten zurückzuweisen. Den jüdischen, christlichen oder muslimischen Mystikern ist gemeinsam, dass sie in die Armut gehen, sich von allen äußeren Aufgaben und Erwartungen lösen, um leer zu werden für den Ruf Gottes. Jeder Mensch, ob Mann oder Frau, ob Laie oder Kleriker hat nach Meister Eckhart den Auftrag, die Güte seines eigenen Wesens ‚nach außen' zu bringen, sein eigenes Selbst durch Bildung schrittweise zu entfalten.[140] Äußere Armut und Leere sind für sie kein Mangel, sie schaffen vielmehr den freien Raum, der allein dem göttlichen Ruf angemessen ist. In den asiatischen Religionen wird so die Leere als eigentliche Quelle für großes Erkennen durch Meditation gepflegt. Dieser übergreifende Zusammenhang ist auch für die abrahamitischen Religionen neu zu erkunden. Von den großen Mystikern dieser Religionen wurde das Bedingungsverhältnis von Befreiung durch Leere und Selbstverwirklichung im Glauben immer gesehen. Angelus Silesius schreibt im ‚Cherubinischen Wandersmann':

> „In Gott wird nichts erkannt: Er ist ein einig Ein.
> Was man in Ihm erkennt, das muß man selber sein.
> Die Ros' ist ohn Warum, sie blühet, weil sie blühet,
> Sie acht' nicht ihrer selbst, fragt nicht, ob man sie siehet."[141]

Meister Eckhart lud seine Gläubigen eindringlich ein, aus dem von allem befreiten Grund ihres Seins heraus zu handeln: *Aus diesem innersten Grund sollst du alle deine Werke wirken ohne Warum und Wozu.*[142]

Dschalal ad-Din Muhammad Rumi, der einzigartige Mystiker und Dichter im Islam und Begründer des Mevlevi-Derwischordens (1207–1273), hat die Gläubigen aufgerufen, sich zu entscheiden, entweder äußere Erwartungen zu erfüllen oder ihr inneres Wesen zu entfalten. Finden sie zu ihrem Selbst, vergeht das Ich gegenüber seinem Du, nur so vereinen sie sich mit Gott. In einer berühmten Passage des *Mathnawi* ruft der Gläubige seinem Gott als Geliebten zu:[143]

---

140 Der Begriff der *Bildung* entstand im Umkreis der Schule von Meister Eckhart († 1328) aus der Vorstellung, durch schulische Erziehung die personalen Anlagen, die in der Seele eines jeden Menschen – unabhängig von seinem Stand oder Geschlecht – angelegt sind, ‚nach außen' zu bringen, dafür steht der Begriff der Bildung aus dem Verb *uz-bilden*.
141 Angelus Silesius: Der Cherubinische Wandersmann, Leipzig: Insel 1941, S. 17.
142 Predigt 5b, zit. nach: Witte, Karl Heinz: Meister Eckhart: Leben aus dem Grunde des Glaubens. Eine Einführung, Freiburg/München: Karl Alber 2013 (3. Aufl.), S. 5.
143 Zit. n. Schimmel, Annemarie: Mystische Dimensionen des Islam. Die Geschichte des Sufismus, München: E. Diederichs 1992 (2. Aufl.), S. 444.

Da rief sein Freund: „Wer steht denn vor dem Tor?"
Er sprach: „Geliebter, du, du stehst davor!"
„Nun, da du ich bist, komm, o Ich, herein –
Zwei Ich schließt dieses enge Haus nicht ein!" (M I, 3056–64)

Ein weiteres Zitat von C. Rumi, das alles ethische Verhalten des Menschen seiner eigenen Selbstfindung im Glauben unterordnet, liegt mir persönlich ohne Quellenangabe vor:
MEVLANA'NIN YEDİ ÖĞÜDÜ
1. Cömertlik ve yardım etmede akarsu gibi ol.
2. Şefkat ve merhamette güneş gibi ol.
3. Başkalarının kusurunu örtmede gece gibi ol.
4. Hiddet ve asabiyette ölü gibi ol.
5. Tevazu ve alçakgönüllülükte toprak gibi ol.
6. Hoşgörülülükte deniz gibi ol.
7. Ya oldugun gibi görün, ya göründügün gibi ol.

1. Sei wie fließendes Wasser, wenn es um Großzügigkeit und Hilfe geht!
2. Sei wie die Sonne, wenn es um Mitgefühl und Barmherzigkeit geht!
3. Sei wie die Nacht, wenn es um das Verdunkeln der Fehler anderer geht!
4. Im Zorn und Ärger sei wie der Tod.
5. Sei einfach und bescheiden wie die Erde ist.
6. Großherzig und empfangend sei wie das Meer.
7. Sei entweder so, wie du bist, oder sei der, als der du erscheinen willst!

> Naturwissenschaft ohne Religion ist lahm,
> Religion ohne Naturwissenschaft blind.
>
> Albert Einstein [144]

Teil IV

1.0 Erkennen als Sich-Erfahren

Aus den Naturwissenschaften, der Kognitionspsychologie und Neurobiologie kommen Erkenntnisse, die nicht nur das Weltbild der Moderne weithin geprägt haben. Sie bestimmen über ihre Bedeutung für die Technik, vor allem den Umgang mit Informationen und Wissen, das Leben der Menschen in der Gegenwart. Theologen und religiöse Lehrer, die das Studium großer Texte pflegen, halten weiterhin an der grundsätzlichen Unterscheidung zwischen den empirisch begründeten Naturwissenschaften und den geisteswissenschaftlich orientierten Fachgebieten der Philosophie und Theologie fest. Mit dieser Unterscheidung wird in der Regel auch angenommen, dass die Erkenntnisse der Geisteswissenschaften, die aus einer langen Tradition gewonnen werden, denen der Naturwissenschaften, die aus je neuen Erfahrungen abgeleitet werden, überlegen seien. Gleichzeitig ist es unabweisbar, dass aus Fächern wie der modernen Physik und Biologie philosophische Anstöße zur Wahrnehmung der Welt und der Stellung des Menschen im Kosmos kommen, die eine moderne Philosophie, Erkenntnistheorie und Theologie nicht mehr übergehen können. Wichtige wissenschaftliche Impulse der Erkenntnistheorie stammen eindeutig nicht aus philosophisch-theologischen Studien. Empirisch gewonnene Fakten entsprechen jedoch weithin den Ergebnissen der Sozial- und Kulturwissenschaften. Auch in der sozialen Wahrnehmung und Selbstfindung spielen empirisch begründete Erkenntnisse aus der Psychologie und den Sozialwissenschaften eine bedeutsame Rolle. Damit schaffen die Naturwissenschaften, in denen der Mensch als Teil der Natur wahrgenommen wird, zusammen mit der Biologie, der Sozial- und Kognitionspsychologie empirische Grundlagen, die menschliches Erkennen als ein Erfahren der eigenen Natur darstellen.

---

144 Einstein, Albert: „Naturwissenschaft und Religion", in: Dürr, Hans-Peter (Hg.): Physik und Transzendenz. Die großen Physiker unseres Jahrhunderts über ihre Begegnung mit dem Wunderbaren, München: Scherz 1988, S. 75.

Das Verstehen religiöser Lehren kann eben wegen ihrer weitreichenden Bedeutung für die Selbstfindung des Menschen nicht vermittelt werden, ohne sich mit den Grundlagen der menschlichen Kognition auseinanderzusetzen. Der Glaube einer Religion mit ihrer besonderen Sprach- und Textkultur beinhaltet hohe Formen der menschlichen Kognition. So lernt der Mensch ein Leben lang, seinen Glauben zu verwirklichen. Naturwissenschaftliche und kognitionspsychologische Erkenntnisse vertiefen und befördern diese Prozesse der Wahrnehmung. Daher ist von allen Seiten eine Grenzüberschreitung nötig, um sich gegenseitig unterstützen und die Erkenntnisse der Nachbarfächer konstruktiv in das eigene hochkomplexe Bemühen integrieren zu können. Wie im Feld des Kulturellen ist auch hier eine Überschreitung der tradierten Grenzen geboten. Für die Anthropologie und die Theologien ist damit eine Öffnung des Horizonts verbunden, die sich einerseits der konkreten Lebenswirklichkeit der Menschen stellt, andererseits die Mitte aller ihrer religiösen Bemühungen aufzeigt: Gott als die eine Einheit, die selbst unfassbar bleibt, da sie den Kosmos umfasst.

1.1 Naturwissenschaften und Theologien

Das Verhältnis zwischen den Naturwissenschaften und den Theologien ist durch eine schmerzhafte Geschichte belastet. Nicht nur im Christentum setzen die Theologien auf eine stehende Lehre, während die Naturwissenschaften über ihre Experimente immer neue Fragen stellen, sich in einem ständigen Prozess der Entwicklung befinden. Sie lehnen nicht nur vorweg formulierte Lehrsätze ab, sondern stellen sie dezidiert in Frage. Forschung besteht eben darin, aus bestehendem Wissen weiterführende Fragen abzuleiten. Auf diesem Weg waren die Naturwissenschaften höchst erfolgreich. Sie bestimmen nicht nur die technische Entwicklung und Zivilisation der Moderne, sondern weithin auch das Weltbild der Menschen. Auch der gläubige Mensch lebt wie ein Fisch im Wasser eines naturwissenschaftlich geprägten Weltwissens der Moderne. Wie seine religiöse Sozialisation nicht ohne oder gegen ‚die anderen' funktionieren kann, können junge Menschen nur inmitten der modernen Wissensstandards eine überzeugende Form des Glaubens entfalten. Ihnen muss es gelingen, ihr gläubiges Weltbild mit den Ergebnissen moderner Erkenntnis abzustimmen. Ihre religiöse Deutung der Welt kann sie zusammen mit ihrer Umwelt nur dann überzeugen, wenn ihr Verstehen grundlegende Erkenntnisse der Naturwissenschaften einbezieht. Vielfach sind nicht religiöse Lehren ihr Problem, die Weltereignisse zu auszulegen, sondern deren Abstimmung mit empirisch belegten Erkenntnissen anderer Disziplinen, die nicht mehr übergangen werden können.

Für Schüler kommt im Lebensraum Schule hinzu, dass diese Institution eben zur Aufgabe hat, junge Menschen in das aktuell gültige Weltwissen einzuführen. Schule führt sie in die Grundlagen der Mathematik und Naturwissenschaften ein. Sie stellen die Hauptfächer dar, entscheiden über den Schulerfolg. Das Fach Religion gerät in eine Außenseiterposition, wenn es sich gegen grundlegende Konzepte der naturwissenschaftlichen Fächern stellt. Ihre Themen werden vor und nach der Religionsstunde den Schülern vermittelt, mit dem darin vermittelten Wissen kommen die Schüler mit in den Religionsunterricht.

Das Fach Religion muss es daher – ganz unabhängig vom gewählten Bekenntnis – schaffen, jungen Menschen religiöse Orientierung in einer Form anzubieten, die ihnen erlaubt, grundlegende Erkenntnisse aus den naturwissenschaftlichen Fächern zu integrieren. In der religiösen Bildung geht es um ein Weltwissen, das einerseits religiöse Orientierung anbietet, andererseits dazu befähigt, bewährte Erkenntnisse im Umgang mit der konkreten Welt ringsum konstruktiv anzuwenden. Schüler sind wie Seefahrer anzusehen, die auf einem ihnen noch unbekannten offenen Meer ihren Zielhafen ansteuern. Sie können dieses nur schaffen, wenn sie in ihrer Umwelt bestehen, die empirischen Regeln der Seefahrt, den Umgang mit Wind und Wellen anzuwenden wissen. Hinzu kommt, dass die großen Kenntnisse um die Natur – der Philosoph und Naturwissenschaftler Gottfried Wilhelm Leibniz nannte die Naturgesetze ‚coutumes de Dieu' (Gewohnheiten Gottes) – dazu beitragen, die Welt zu gestalten, das Staunen über die Regeln des Lebens in der Natur und den kreativen Umgang damit zu vertiefen. Es besteht daher kein Grund, einen Gegensatz zwischen den Lehren über die Natur der Dinge und der Lehre von Gott als ihren Schöpfer zu pflegen.

Wenn das Verhältnis zwischen den Naturwissenschaften und den Theologien belastet ist, so liegt das an immer wieder neu auftretenden Autoren, die ihre atheistische Haltung aus dem Gegensatz ableiten, den sie zwischen Physik und Metaphysik legen, zwischen der Natur der Menschen und ihren Religionen sehen.[145] Entscheidender jedoch haben Theologen über die Jahrhunderte Naturwissenschaftler, ja ganze Lehrgebäude vor allem der Astronomie und Biologie verurteilt und Erkenntnisse auch dann zurückgewiesen, wenn die entsprechenden Belege in jeder Hinsicht überprüfbar vorlagen. Die unter Theologen vorherrschende Haltung, die Dinge ausschließlich nach ihrer religiösen Doktrin deduktiv darzustellen, musste zu Kontroversen mit dem ganz anderen Konzept der Naturwissenschaften führen, das darin liegt, ihre Erkenntnisse induktiv aus

---

145 Vgl.: Dawkins, Richard: Gotteswahn, Berlin: Ullstein 2007.

der Beobachtung abzuleiten. Dabei scheute die katholische Kirche nicht davor zurück, christlichen Wissenschaftlern vom Range eines Galileo Galilei 1633 ein Redeverbot aufzuerlegen. Vorher schon verurteilte sie im Jahr 1600 den Priester Giordano Bruno für seine These, dass die Erde nicht Mittelpunkt des Kosmos sei, in Rom zum Tode auf dem Scheiterhaufen.[146] Über Jahrhunderte hielt die Kirche diese grundlegend falschen Urteile aufrecht. Noch in der Gegenwart wurde der bedeutsame Jesuit Teilhard de Chardin von seiner Kirche deklassiert, weil er eine Verbindung zwischen der christlichen Lehre und dem Konzept der Evolution herstellte. Damit stehen bis heute theologische Spannungen zwischen einer religiös begründeten Schöpfungslehre, der Evolutionstheorie, Physik und Kosmologie an.

Lehrer haben die Aufgabe, zwischen religiösen Lehren und den Themen der naturwissenschaftlichen Fächer in der Schule zu vermitteln. Das Konzept einer schrittweisen Evolution aller Lebewesen bis hinauf zum Menschen ist durchaus mit einem offenen Verständnis der Schöpfungslehre zu vereinen. Mehr noch, eben die moderne Entwicklung der Naturwissenschaften in den Feldern der Kernphysik und Erkenntnistheorie leistet einen großen Beitrag zum vertieften Verstehen der Kräfte der Natur sowie des eigenen Lebens. Dieses inmitten einer Welt, die technisch-physikalisch an ihre Grenzen geraten ist, in der Menschen nicht nur über unerhörte Kräfte verfügen, sondern auch in der Lage sind, sich selbst zu zerstören. Damit ist eine konstruktive Auseinandersetzung mit den Naturwissenschaften Bedingung dafür, den Horizont der religiösen Weltsicht in einer Weise zu öffnen, welche die gegebene Wirklichkeit verlangt. Nur auf diese Weise wird der je eigene Glaube überzeugend aus dem bekannten Weltwissen abgeleitet und in ein gültiges Verstehen der Welt eingebettet werden können. Wie sich führende Physiker mit Fragen der Philosophie und Religion auseinandersetzen, müssen Theologen die Grundlagen moderner Naturwissenschaften auswerten. Ein Wissenschaftler, der diesen Weg beschritten hat, ist Carl

---

146 Wie das falsche Urteil gegen Galileo Galilei, das über Jahrhunderte das Verhältnis der Kirche zu den Naturwissenschaften belastete, wurde auch dieses Unrecht der katholischen Kirche gegen G. Bruno erst im Jahr 2000 durch Papst Johannes Paul II. revidiert. Das heliozentrische Weltbild, in dem die Erde nicht als Mitte des Kosmos angesehen wird, war unter Astronomen seit Aristarchos von Samos († um 230 v. Chr.) bekannt, wurde vom Theologen Nikolaus Kopernikus († 24. Mai 1543) in seinem Hauptwerk *De revolutionibus orbium coelestium* neu belegt und gelehrt. An die Stelle einer stehenden Ordnung im Kosmos trat Bewegung, an die Stelle des Zentrums ‚Erde' ein fernes Gestirn. Diese neue Weltsicht widersprach der stehenden Ordnung der Theologen mit der Erde als Mittelpunkt des Kosmos.

Friedrich von Weizsäcker, der zu den führenden Kernphysikern zählte, sich nach dem 2. Weltkrieg allerdings der Friedensforschung und Fragen der Philosophie, Anthropologie und des interreligiösen Dialogs zuwandte.[147] C.F. v. Weizsäcker hat entsprechend das Werk großer Naturforscher der Philosophie von Aristoteles, Platon und Parmenides zugeordnet, es als je neue existentielle Frage an den Menschen seiner Zeit gelesen.[148]

1.2 Erkennen in den Naturwissenschaften

Aus den Naturwissenschaften kommen wichtige Impulse für wissenschaftliches Erkennen. Mit dem Entstehen der Kernphysik, vor allem der Quantentheorie, ist ein grundlegender Wandel ihrer Erkenntnistheorie verbunden. An die Stelle eines mechanistisch-kausalen Erklärungsmodells trat die Wahrscheinlichkeitstheorie, bestimmten mathematische Gleichungen auf der Basis von Infinitesimalrechnungen die Auseinandersetzung mit dem Kern der Wirklichkeit, dem inneren Aufbau der Atome und ihren Wirkkräften. Mit unendlich kleinen Größen zu rechnen, mit infiniten Teilchen alle Erscheinungen der Wirklichkeit bis hin zu unendlich großen Werten abzubilden, ist die Erfindung von Mathematikern, die gleichzeitig große Philosophen waren wie René Descartes, Gottfried W. Leibniz und Isaak Newton. Mit den Grenzwerten gegen null und unendlich hatte bis in ihre Zeit im Westen niemand zu rechnen gewagt. Alle natürlichen Formen mussten auf die gedachte Geometrie der platonischen Körper projiziert, also vereinfacht werden, um ihre Flächen oder Inhalte zu berechnen. Mit Hilfe von

---

147 In einem meiner persönlichen Gespräche mit Carl Friedrich von Weizsäcker hat mir Herr von Weizsäcker von seiner ersten Begegnung mit dem Nobelpreisträger der Physik, Werner Heisenberg, erzählt. W. Heisenberg war in den 30er Jahren in Berlin zu Besuch bei der Familie von Weizsäcker eingeladen, als Carl Friedrich eben vor dem Abitur stand. Heisenberg fragte ihn an diesem Abend, welches Fach er nach seinem Abitur studieren möchte. Carl Friedrich antwortete: Astronomie oder Philosophie. Darauf antwortete Heisenberg: Wenn Philosophie dein Interesse ist, dann solltest du zuerst Physik studieren, um dir solide naturwissenschaftlichen Grundlagen für eine moderne Philosophie anzueignen. Aktuell kommen die entscheidenden philosophischen Anstöße nicht aus der Philosophie, sondern aus der Physik. Carl Friedrich von Weizsäcker studierte Physik, wurde Heisenbergs enger Mitarbeiter und führenden Kernphysiker, anschließend Philosoph.
Vgl.: v. Weizsäcker, Carl F.: Heisenberg als Physiker und Philosoph, in: v. Weizsäcker, C. Friedrich: Große Physiker. Von Aristoteles bis Werner Heisenberg, München: Hanser 1999, S. 313–329.
148 v. Weizsäcker, C. Friedrich: Große Physiker. Von Aristoteles bis Werner Heisenberg, München: Hanser 1999.

infinit kleinen Differenzen jede natürliche Form oder Kurve als solche präzise berechnen zu können, Gleichungen auf der Grundlage der Differential- und Infinitesimalrechnung im unsichtbaren Bereich der Atomkräfte ausführen zu können, hat im 20. Jahrhundert gänzlich neue Felder für die Naturwissenschaften erschlossen. An die Stelle des Kausalitätsprinzips traten Wahrscheinlichkeiten, die erlaubten, auf das Genaueste das Zusammenspiel etwa der Kernkräfte in den Atomen vorherzusagen. So wurde die Kernphysik zu einem Fach, das im Blick auf unendlich kleine Werte im Atomkern, die sich der visuellen Beobachtung entzogen, in der Lage war, allgegenwärtige Kräfte von kosmischen Ausmaßen darzustellen. Die von den Atomphysikern gefundenen Gleichungen gelten als Naturgesetze im gesamten Kosmos, ihre Kenntnis setzte bis dahin unbekannte unendlich große Energien frei. So hat sich das Bild vom Menschen, der nicht nur über diese Kräfte verfügt, sondern auch selbst den Wechselwirkungen der Kernteilchen, der Atome, Elemente und Zellen seines Körpers unterworfen ist, verändert.

> Realität wird durch Beobachtung geschaffen.
>
> Niels Bohr [149]

2.0 Impulse der Naturwissenschaften für das Weltwissen

Die Impulse der Naturwissenschaften – vor allem der Entwicklung der Physik im 20. Jahrhundert – haben große Bedeutung für die Erkenntnistheorie, die Stellung des Menschen in der Natur und seine Möglichkeit, die menschliche Existenz religiös zu deuten. Das moderne Weltwissen kann nur durch naturwissenschaftliche Erkenntnisse verarbeitet werden. Dieses leite ich aus folgenden Dimensionen der Naturwissenschaften ab, die wesentlich von Physikern des 20. Jahrhunderts entworfen wurden.

2.1 Kernphysik als Blick in das Grenzenlose

In dem Maße, in dem sich die Physik dem Atomkern zuwandte, also die Frage stellte, was die Dinge in ihrem innersten Kern zusammenhält, stellte sie gleichzeitig die Frage nach den Kräften des Universums. Ihr Blick in die Tiefe des

---

[149] Zit. n.: Warnke, Ulrich: Quantenphilosophie und Spiritualität. Der Schlüssel zu den Geheimnissen des menschlichen Seins, Berlin-München: Scorpio 2013 (4. Aufl.), S. 136.

Atomkerns machte Strukturen sichtbar, die aus dem bis dahin Unsichtbaren kamen und ins Grenzenlose führten. Ihre Erkenntnisse kommen aus Gleichungen, die mit Grenzwerten gegen null und unendlich rechnen. Jedwede Form der Wechselwirkung zwischen Atomen, Elementen, Molekülen und Kräften in der Natur wird durch wenige Kräfte bestimmt, deren Wirkung aus der endlosen Summe von grenzenlos kleinen Werten kommt. Die von der Kernphysik gefundenen Naturgesetze gelten ohne Ausnahme immer und überall, vom unsichtbar Kleinsten bis in die unendlichen Weiten des uns Menschen bekannten Kosmos. Sie bestimmen über ihr Wirken in den Zellen und deren Genetik alle lebenden Wesen. Damit entfaltet die Kernphysik ein grenzenloses Feld des Erkennens. Seine Ausdehnung ist universal, die Kernphysik schließt nichts im Raum des Wirklichen aus, sie pflegt mit Blick auf das Kleinste den Horizont des universalen Ganzen. Mit dieser Perspektive sind grundlegende philosophisch-anthropologische Fragen verbunden, wie einer der ersten Begründer der Quantentheorie, Werner Heisenberg, in seinem Werk ‚Der Teil und das Ganze' eindrucksvoll dargestellt hat.[150]

Bislang werden insgesamt vier Kräfte als allgemeine Naturgesetze anerkannt, wobei manche Physiker meinen, die drei Gesetze über den Bau der Atome in eine Gleichung fassen zu können. Gleichzeitig haben sich führende Atomphysiker wie Stephen William Hawking nicht gescheut, die Frage nach der einen Gleichung für alles zu stellen. Auch Albert Einstein hat sich wie auch Carl Friedrich von Weizsäcker in seinen letzten Lebensjahren allein dieser Frage nach einer einheitlichen Feldtheorie gewidmet, die alle Naturgesetze in eine einzige Gleichung fasst. Die Suche nach dieser einen Gleichung für alles, die eine ‚Weltformel' für die gesamte Wirklichkeit darstellte, beschäftigt seit Jahrzehnten ganze Gruppen von Naturwissenschaftlern.[151] Naturwissenschaftler, die sich in dieser Form nicht nur dem Kosmos und seiner Entstehung zuwenden, sondern auch an einer letztmöglichen Form der Erkenntnis jener Naturgesetze, die alles Wirkliche leiten, arbeiten, entwickeln Konzepte der Kosmologie und Philosophie. Ihr Fach stellt die Frage nach Sein und Zeit in ihrer Ganzheit, ist kein Gegenspieler

---

150 Heisenberg, Werner: Der Teil und das Ganze. Gespräche im Umkreis der Atomphysik, München: Piper 1969.
151 Eine *Weltformel* oder *Theorie von Allem* (*Theory of everything*, *ToE* oder *TOE*) ist eine hypothetische Theorie der Physik, die mittels einer mathematischen Gleichung alle bekannten physikalischen Phänomene erklären, miteinander verbinden und darstellen soll. Der Begriff ist in die Elementarteilchenphysik eingeflossen, um eine Theorie zu entwickeln, die durch ein einziges integrales Modell die Theorien aller grundlegenden Wechselwirkungen der Natur erklärt.

mehr zur religiösen Deutung der Welt, die immer eine ganzheitliche ist. Naturwissenschaftler bieten Wege des Verstehens der Welt und der Stellung des Menschen in ihr an, die auf ihrer Suche nach dem einen Feld ins Kosmische gehen. Damit treten sie in die Nähe des Konzepts der einen Schöpfung.[152] Aus dem Gegeneinander einer mechanistisch-kausalen Erklärung der Natur ist daher ein Verhältnis der Komplementarität geworden, in dem sich beide Disziplinen gegenseitig befruchten, ihre tradierten Horizonte erweitern. So begründete Hans-Peter Dürr sein Buch mit dem für einen Naturwissenschaftler erstaunlichen Titel ‚Physik und Transzendenz' eine fundierte philosophisch-theologische Debatte. In der modernen Physik ‚auf neuen Bahnen' konkretisieren sich nach Dürr erkenntnistheoretische Dimensionen, die auf die Transzendenz verweisen. An die Stelle der früheren Fragmentierung der Wirklichkeit nach objekthaft ausgeschnittenen Teilen tritt der Blick auf das Ganze als ‚Zustand', denn nach David Bohm gilt: „Es ist die Ganzheit, die real ist."[153] Wenige Zeilen später bezieht eben dieser amerikanische Quantentheoretiker das Feld des Ganzen auf eine religiöse Dimension, die als Thema in der Quantenphysik mitschwingt: „Die Ganzheit oder das Heilsein".[154]

Die Quantenphysik hat das einfache Kausalprinzip wiederlegt. An die Stelle von statischen Ist-gleich-Definitionen zwischen getrennten Objekten treten mathematische Gleichungen, die Prozesse aus gegenseitigen Wechselwirkungen erfassen. An die Stelle die Vorher-Nachher, der Bewegung eines Objekts durch ein anderes tritt der Impuls eines Feldes. Immer tritt das Ganze hervor, erscheint die Wahrscheinlichkeit als Möglichkeit, dass etwas wirklich geschieht, wo früher das Prinzip der Kausalität herrschte. So haben die Physiker das Abtrennen von Teilwirklichkeiten im Sinne von getrennten Gegen-ständen aufgegeben, sie unterscheiden nicht mehr zwischen Subjekt und Objekt, wenn Kernkräfte untersucht werden, die immer und überall wirken.[155] Hierin mit präzisen Wahrscheinlichkeiten zu rechnen hat ferner nichts mit der Welt der Zufälle zu tun. Die gesuchten mathematischen Gleichungen stellen vielmehr Beziehungsverhältnisse dar, die

---

152 Vgl: Barrow, John D.: Theorien für Alles. Die philosophischen Ansätze der modernen Physik, Heidelberg: Spektrum 1992.
153 Dürr, Hans-Peter (Hg.): Physik und Transzendenz. Die großen Physiker unseres Jahrhunderts über ihre Begegnung mit dem Wunderbaren, Bern: Scherz 1988, S. 14.
154 Dürr, Hans-Peter, o.c., 1988, S.15.
155 In den Theologien sollten die Aufhebung der Subjekt-Objekt-Unterscheidung, die W. Heisenberg in die Quantentheorie eingeführt hat, spezifisch ausgewertet werden, um kreativ neue Formen des Umgangs mit dem Göttlichen zu finden, losgelöst von jeder objekthaften Darstellung.

mit einer bestimmten Regelmäßigkeit immer wirken. Diese Erkenntnistheorie hat entsprechend unser Wissen auch über Prozesse des Lebens, das aus Wechselwirkungen kommt, enorm erweitert. Gleichzeitig verstehen sich Kernphysiker selbst als Teil der Strukturen, die sie untersuchen. Ihre Nähe zu den Geisteswissenschaften ist unverkennbar. Hinzu kommt, dass die Kernphysik den Menschen Kräfte in die Hand gelegt hat, die dazu auffordern, über die Stellung des Menschen, seine Ethik als handelnder Wissenschaftler zu reflektieren. Strukturen der Quantenphysik sind daher auch bedeutsam für das Selbstverstehen des Menschen und seine Metaphysik. Damit öffnet sich die moderne Physik in neuer Form für das Leben, ihre Wechselwirkungen und die ‚Qualität der Veränderung', die das Leben kennzeichnet.[156] Ihr Blick auf den Kern der Atome schließt nichts aus, vielmehr über dessen Kräfte alles ein, bis hinaus in den endlosen Kosmos.

2.2 Physiker als Vermittler zwischen den Disziplinen

Anders als die klassische Physik wendet sich die Quantenphysik nicht nur Objekten zu, die sie selbst vorweg als Gegen-stand isoliert. Sie blickt in neuer Form auf das ‚Dazwischen', den Raum für Wechselwirkungen wie das Verhältnis zwischen dem Erkennenden und dem Erkannten. Quantenphysik hebt die Unterscheidung auf, auch zwischen dem eigenen Fach, der Metaphysik und den Theologien. Entsprechend überbrückt sie die alltägliche Unterscheidung zwischen Materie und Geist. H.-P. Dürr benützt dazu ein Bild, das jenseits der Naturwissenschaften liegt, wenn er schreibt, ‚Materie sei geronnener Geist'.[157] Damit werden Physiker zu Impulsgebern für den Blick auf die Schönheit der Schöpfung. Nichts mehr erinnert an das Schema des Periodensystems der Elemente, das alles Wirkliche nach ihren Elementen einteilte. Führende Kernphysiker wie E. Schrödinger berufen sich auf die indische Advaita-Lehre, – die Lehre von der Nicht-Zweiheit -, oder wie C.F. v. Weizsäcker das Konzept der ‚Henosis', – der Einung mit dem Einen –, nach dem neuplatonischen Philosophen Plotin (+ um 270 n.Chr.). Entsprechend stellen religiöse Themen oder die Frage nach dem Ursprung der Schöpfung für Physiker ersten Ranges keine Nicht-Themen mehr dar. Daher sollten auch Theologen naturwissenschaftliche Erkenntnisse über den inneren Zusammenhalt aller Erscheinungen, – die menschliche Natur eingeschlossen -, in ihren religiösen Reflexionen bedenken. An die Stelle der gegenseitigen Exklusion ist ein Klima der gegenseitigen Inspiration zwischen den Naturwissenschaften und den Theologien getreten, das vor allem Physiker

---

156 Dürr, Hans-Peter: Es gibt keine Materie! Amerang: Crotona 2013a (3. Aufl.), S. 35.
157 Dürr, Hans-Peter: o.c., 2013a, S. 35.

geschaffen haben. Wenn der bisher wohl größte Naturwissenschaftler der Menschheit, Albert Einstein, im Jahr 1939 schreibt, dass er sich einen ‚echten Wissenschaftler' nicht vorstellen kann ohne den Glauben an die Möglichkeit, „dass die Welt der Erscheinungen nach Gesetzen der Vernunft gelenkt wird und diese Welt mit dem Verstand zu erfassen ist"[158], dann verbindet ihn diese Haltung mit dem Blickwinkel der Menschen, die von einem Schöpfergott glauben. Einstein kommt in diesem Text zu dem Schluss: „Naturwissenschaft ohne Religion ist lahm, Religion ohne Naturwissenschaft blind."[159] In seiner Abhandlung ‚Religion und Wissenschaft' spricht Einstein im Hinblick auf die Kulturgeschichte sehr wohl von der schweren Tatsache, dass die Kirchen die Wissenschaft ‚von jeher bekämpft und ihre Anhänger verfolgt haben.[160] Doch Einsteins Schlussfolgerung führt deutlich darüber hinaus, ohne sich selbst an ein bestimmtes religiöses Bekenntnis zu binden. Er plädiert mitten in Zeiten des Krieges und der Judenverfolgung, die ihn zur Ausreise in die USA zwang, für ein Verhältnis der hohen gegenseitigen Achtung:

> *Andererseits aber behaupte ich, daß die kosmische Religiosität die stärkste und edelste Triebfeder wissenschaftlicher Forschung ist. Nur wer die ungeheuren Anstrengungen und vor allem die Hingabe ermessen kann, ohne welche bahnbrechende wissenschaftliche Gedankenschöpfungen nicht zustande kommen können, vermag die Stärke des Gefühls zu ermessen, aus dem allein solche dem unmittelbar praktischen Leben abgewandte Arbeit erwachsen kann. Welch ein tiefer Glaube an die Vernunft des Weltenbaues und welche Sehnsucht nach dem Begreifen wenn auch nur eines geringen Abglanzes der in dieser Welt geoffenbarten Vernunft mußte Kepler und Newton lebendig sein, daß sie den Mechanismus der Himmelsmechanik in der einsamen Arbeit vieler Jahre entwirren konnten!*[161]

Wenn Naturwissenschaftler die ‚Vernunft des Weltenbaues' mit anderen Formen und Mitteln darstellen, als dieses in Offenbarungsschriften der Religionen der Fall ist, so muss man daraus keinen Gegensatz ableiten. Die Ergebnisse der Naturwissenschaften einschließlich der Evolutionslehre können so gelesen werden,

---

158   Einstein, Albert: „Naturwissenschaft und Religion", in: Dürr, Hans-Peter (Hg.): Physik und Transzendenz. Die großen Physiker unseres Jahrhunderts über ihre Begegnung mit dem Wunderbaren, München: Scherz 1988, S. 71–78, Zitat S. 75.

159   Einstein, Albert: „Naturwissenschaft und Religion", in: Dürr, Hans-Peter (Hg.): Physik und Transzendenz. Die großen Physiker unseres Jahrhunderts über ihre Begegnung mit dem Wunderbaren, München: Scherz 1988, S. 75.

160   Einstein, Albert: „Religion und Wissenschaft", in: Dürr, Hans-Peter (Hg.), o.c., 1988, S. 70.

161   Einstein, Albert: „Religion und Wissenschaft", in: Dürr, Hans-Peter (Hg.), o.c., 1988, S. 70.

dass sie das ebenso mächtige wie geheimnisvolle Wirken des Schöpfers in einer neuen Form für jene Felder der Erkenntnis der Welt erschließen, deren erstaunliche Struktur oder auch Existenz den Gläubigen bisher noch verborgen waren.

2.3 Kernphysik als Annäherung an die Wirklichkeit

Die Atomphysiker näherten sich im vergangenen Jahrhundert Gegenständen an, die nicht nur nicht mehr zu messen waren, sondern sich auch prinzipiell jeder Darstellung entzogen. Sie wandten sich der Wirklichkeit in ihrem Kern zu, ohne ein Atom im tradierten Sinn sehen zu können. Je nach der Konzeption, mit der sich die Forscher dem Gegenstand der Atome annäherten, zeigten seine Teilchen unterschiedliche Merkmale. Physiker haben gelernt, Licht und Photonen als atomare Impulse entweder mit dem Wellenmodell oder dem Korpuskelmodell zu untersuchen, ohne zu fragen, welches ‚wahrer‘ ist. Vielmehr entwickelte der Nobelpreisträger für Physik von 1933, Erwin Schrödinger, eine Gleichung, die zwischen beiden Vorstellungen sozusagen übergangslos vermittelt. Beide Vorstellungen, Atome entweder als Welle oder als Teilchen zu betrachten, schließen sich in ihren Wirkungen gegenseitig aus. Doch die Quantenphysiker haben gelernt, hier keinen Gegensatz mehr zu sehen, da sie vom Subjekt-Objekt-Verhältnis Abschied genommen haben. Ihre Untersuchungen stellten keine abgetrennten Gegen-stände mehr dar, sie berechnen die Potenzen möglicher Wechselwirkungen unter unterscheidbaren Bedingungen. Mit der ‚Unschärfe- oder Unbestimmtheitsrelation‘ hat W. Heisenberg 1927 nachgewiesen, dass Atomteilchen nicht wie kleinste Dinge aufzufassen sind, deren Ort und Bewegungsimpuls gleichzeitig festzustellen sind. In der Quantenmechanik tritt an die Stelle der Objekte, die ein Subjekt messen kann, die Wahrscheinlichkeit von Wirkungen je nach der Art, wie der Forscher das Feld seines Experiments anlegt. Beide stehen damit in einer gegenseitigen Wechselwirkung. Aus dem Maß für Gegenstände wird so eine Gleichung – eine Art mathematisches Gleichnis – für mögliche Veränderungen. Auch Physiker können nach W. Heisenberg letztlich nur in Bildern und Gleichnissen von ihren Gegenständen sprechen, sie gestalten so gleichnishaft-mathematisch ihr Feld des Experiments. Sie heben in dem Maße die Unterscheidung zwischen Subjekt und Objekt auf, in dem sie so genau hinsehen, dass alle Formen des Messens versagen, nichts mehr unbewegt an einem bestimmten Ort zu finden ist, die Photonen des Lichts oder Elektronen zu grob schwingen, um den Gegenstand abzubilden, ohne ihn zu verändern. Eine positivistische Sicht der Dinge, die darin besteht, nach stehenden ‚Fakten‘ zu fragen, reicht in der Quantenphysik nicht aus. Sie pflegt die Annäherung nicht an Gegenstände, sondern prüft die Wahrscheinlichkeit möglicher Wirkungen ihrer

Kräfte, die im gewählten Feld erscheinen können. Diese Wirkungen stehen für ‚Teilchen'. Doch eben diese ‚Korpuskeln' zeigen in einem anderen Feld der Untersuchung ganz andere Wirkungen; sie überlagern einander, wie das nur Wellenbewegungen möglich ist, werden daher zu Schwingungen. Daher zeigen sich die untersuchten Gegenstände in keinem Fall mehr in ihrer wirklichen Realität. Vielmehr werden ihre Kräfte präzise nach unterschiedlichen Wechselwirkungen in verschiedenen Feldern je nach Ladung, Impuls, Masse und Energie in ihrer Potentialität berechnet.[162] Dabei geht es nicht mehr nur um Hypothesen.

Die Quantenphysik bestimmt als Kerntechnik sehr wohl die Form und Struktur der wirkenden Wirklichkeit. Auch geht es in ihr keineswegs um Zufälle, kein Physiker verliert sich in vage Beliebigkeiten. Vielmehr prüft er präzise zu berechnende Wahrscheinlichkeiten.[163] Dabei stellen Atome oder ihre Teilchen keine Objekte mehr dar, sie bestehen nicht aus kleinsten Kügelchen oder Massepunkten. Anstelle von Objekten erscheinen sie als Kräfte, anstelle von Maßen zeigen sie in ihren Wechselwirkungen die Struktur ihrer Potentialität. So wird für Physiker das Erkennen zu einem Prozess der Annäherung an die Wechselwirkungen in unserer Wirklichkeit, an denen der beobachtende Mensch selbst teilnimmt. Dabei bedient er sich integraler Gleichungen, die er entwirft, um – einem Gleichnis ähnlich – ein Versuchsfeld zu strukturieren, im dem die von ihm untersuchten Teilchen in unterschiedliche Beziehungen eintreten können. Er kann nicht anders, als an ihren Wechselwirkungen den Entwurf seiner eigenen Gleichung zu prüfen. Daher sind diese Gleichungen spezifisch und bestimmt,

---

162 Ein Beispiel für diese Methode moderner Grundlagenforschung sind die Versuche, die im CERN (Conseil Européen pour la Recherche Nucléaire), dem europäischen Kernforschungslabor bei Genf, stattfinden. Der Teilchenbeschleuniger dient dazu, atomare Teilchen mit nahezu Lichtgeschwindigkeit zur Kollision zu bringen. Dabei geht es nicht um die Teilchen, die meist umgewandelt werden, sondern darum, die Wechselwirkungen im Feld zwischen den Kräften der beteiligten Teilchen zu berechnen, je nach den Spuren, die sie aufgrund ihrer Ladung, Geschwindigkeit, ihrem Bau und ihrer Umwandlung im Moment ihres Zusammenpralls erzeugen. So wird die Wahrscheinlichkeit vorgegebener Gleichungen überprüft. Damit sind diese von den Forschern ‚subjektiv' formulierten Gleichungen für ein von ihnen ausgedachtes Feld Gegenstand der Forschung, nicht die Teilchen als ‚Objekte'.

163 So konnte die Kernphysik als Kerntechnik dazu dienen, die verheerendsten Waffen der Menschheit zu entwickeln. Abgesehen von den Kernwaffen werden wichtige Felder der modernen Technologie durch Erkenntnisse der Kernphysik einschließlich der Relativitätstheorie möglich (Photovoltaik, Rastertunnelmikroskopie, Magnetspintomographie, LED-Licht, Global Positioning System (GPS-Navigation), u.a.m.).

ohne jede Beliebigkeit.[164] So nähert er sich seinem Gegenstand an, ohne ihn dinglich-objekthaft zu bestimmen. W. Heisenberg sagt von demjenigen, der die Quantentheorie versteht:

> *Er wird die Theorie als eine einheitliche Beschreibung der atomaren Phänomene empfinden, die nur dort, wo sie zur Anwendung auf das Experiment in die natürliche Sprache übersetzt wird, recht verschieden aussehen kann. Die Quantentheorie ist so ein wunderbares Beispiel dafür, daß man einen Sachverhalt in völliger Klarheit verstanden haben kann und gleichzeitig doch weiß, daß man nur in Bildern und Gleichnissen von ihm reden kann.*[165]

Sollte diese Dimension menschlicher Erkenntnis, die in dem Maße zählt, in dem man genau hinsieht, sich unendlich kleinen oder großen Dimensionen widmet, den Gläubigen fremd sein? Naturwissenschaftliches Erkennen steht daher dem religiösen Erkennen nicht entgegen, bietet vielmehr ein Lehrstück für gläubige Menschen an. Wer glaubt, kann an entscheidenden Stellen nur noch in Gleichnissen oder Bildern sprechen. Sein religiöses Erkennen gleicht insofern dem führender Physiker, die unser aktuelles Weltwissen wesentlich vorformuliert haben. Sich im religiösen Bereich von positivistisch abgetrennten Fakten zu lösen, so eine dem Transzendenten gegenüber ganzheitliche Position anzunähern, ist von der modernen Physik zu lernen. Dieses ist von allen Menschen gefordert, die genauer hinsehen, in ihren Lebensfragen Oberflächen durchdringen wollen, indem sie sich großen Themen zuwenden, ohne sich Zufällen zu überlassen, ohne in die Beliebigkeit zu gehen. Hans-Peter Dürr und Marianne Oesterreicher schreiben zu den damit verbundenen ‚Lebensfragen': „… wir schöpfen die Unendlichkeiten verschieden aus."[166] Natur- und Geisteswissenschaften zusammen sind wohl in der Lage, vor allem junge Menschen zu befähigen, die

---

164 Vergleichbar bestimmt äußern sich religiöse Lehrer im Buddhismus. Sie stehen oft in einer Nähe zum Weltbild von Physikern. Sie vertreten eine Art ‚Gleichung' über das Verhältnis des Menschen zur Welt, ebenso verbindlich und eindeutig wie Physiker ihre Experimente anlegen. So sagt der große japanische Zenmeister Dogen (1200–1253) über das Seiende:
„Die Buddha-Natur ist notwendig alles Seiende, weil alles Seiende die Buddha-Natur ist. Alles Seiende ist nicht hundert irgendwelche Brocken, alles Seiende ist nicht (wie) eine Eisenstange, ist nicht groß oder klein…" zit. nach: Dumoulin, Heinrich: Der Erleuchtungsweg des Zen im Buddhismus, München: Fischer 1976, S. 128.

165 Heisenberg, Werner: „Erste Gespräche über das Verhältnis von Naturwissenschaft und Religion", in: Dürr, Hans-Peter (Hg.), o.c., 1988, S. 313.

166 Vgl.: Dürr, Hans-Peter; Oesterreicher, Marianne: Wir erleben mehr als wir begreifen. Quantenphysik und Lebensfragen, Freiburg: Herder 2013b (6. Aufl.), S. 5.

Möglichkeiten, die in beiden Disziplinen liegen, umfassender auszuschöpfen als dies jede Disziplin allein vermag. Auf diese Weise werden naturwissenschaftliche Erkenntnisse Menschen näher an die Wirklichkeit heranführen, in der die ganzheitlichen Dimensionen des Glaubens konkret zu verwirklichen sind.

> Es gibt keine Materie, sondern nur ein Gewebe von Energien, dem durch intelligenten Geist Form gegeben wurde...
>
> Max Planck [167]

3.0 Die wirkliche Welt aus Naturkräften

Die traditionelle Unterscheidung zwischen Natur- und Geisteswissenschaften ging seit René Descartes davon aus, dass sich erstere mit der Materie, den Dingen und Körpern der Welt als *res extensa* beschäftigt, während letztere sich mit dem Menschen, seinem Geist, seinen Emotionen und seiner Seele zuwenden, der *res cogitans*.[168] Dieser Dualismus ist zu Recht immer hinterfragt worden, er ist nach der modernen Physik endgültig aufzugeben. Auch die materielle Natur besteht in ihrem Wesen nicht aus Elementen oder Atomen, die – kleinen Kügelchen vergleichbar – die Wirklichkeit zusammensetzen. Vielmehr sind es wenige Naturkräfte, die durch ihr Wirken im Zusammenspiel alles bestimmen, was wirklich ist, und die Form festlegt, in der es erscheint. Damit treten an die Stelle dinglicher Bausteine vier Grundkräfte der Natur, die alles Wirkliche in unserer Welt vollständig ausprägen und gestalten. Aus Gegenständen werden in den Naturwissenschaften Impulse, aus Strukturen ein Wechselspiel ihrer Kräfte, aus dem Gegenüber von Dingen Wechselwirkungen. Nichts in der wirklichen Welt einschließlich unseres menschlichen Körpers und seiner Art zu handeln findet unabhängig von diesen Kräften statt, die als Naturgesetze eine kosmische Geltung haben. Alle Wissenschaften, die sich als Chemie, Biologie, Genetik oder Medizin in anderer Form mit der Natur befassen, haben die Grundgesetze der Natur aus der neueren Physik anerkannt und übernommen. Nicht die Elemente des Periodensystems bauen die endlosen Moleküle, aus denen alle Körper

---

167 Zit. n.: Warnke, Ulrich: o.c., S. 82.
168 Mit der kategorischen Unterscheidung zwischen Materie als ‚res extensa' (ausgedehnte Sache) einerseits und dem Menschen als Geistwesen, ‚res cogitans' (denkende Sache), führte der Philosoph René Descartes (1596–1650) einen Dualismus ein, der über Jahrhunderte das Verhältnis zwischen den Disziplinen bestimmte, so eine tief verwurzelte Teilung der Wirklichkeit schuf, die zu überwinden ist.

geformt sind. Nicht die Teilchen der Atome setzen die verschiedenen Elemente und Isotope zusammen, sondern allein vier Kräfte sind es, die alles Wirkliche in der Welt wie im Kosmos bestimmen. Es handelt sich um fundamentale Wechselwirkungen, die auch als Grundkräfte der Physik bezeichnet werden. Diese sind:

1. die Gravitationskraft,
2. die elektromagnetische Kraft,
3. die schwache Kernkraft oder schwache Wechselwirkung und
4. die starke Kernkraft oder starke Wechselwirkung.

Einzeln oder zusammen, vor allem in ihren grenzenlosen Wechselwirkungen, bestimmen diese vier Kräfte alle Erscheinungen, jedes Ding, jede Bewegung und Energie in der wirklichen Welt. Damit ist jedoch keineswegs eine Reduktion alles Wirklichen auf das verbunden, was wir gemeinhin als ‚Materie' bezeichnen. Vielmehr kommen Physiker zu dem Schluss, dass auch das Materielle nur eine Ausprägung bestimmter Konstellationen des Zusammenspiels von Naturkräften ist, also nicht aus sich selbst existiert. So unvorstellbar diese Konzeption für Nichtphysiker ist, Hans-Peter Dürr hat die Konsequenz dieser Sicht in den Titel eines seiner späten Bücher gefasst: „Es gibt keine Materie!"[169] Dürr war von 1958 bis 1976 engster Mitarbeiter von Werner Heisenberg, leitete bis 1997 das von Heisenberg gegründete Max-Planck-Institut für Physik in München. Seine Position beinhaltet, den Menschen nicht auf eine irgendwie geartete körperliche Existenz zu reduzieren. Körperliches ist nur eine Ausprägung wirkender Kräfte.

Es ist hier nicht der Ort, die vier Naturkräfte im Einzelnen darzustellen. Jedes Lehrbuch der Physik, wie es in unseren Schulen gebraucht wird, kann diese Aufgabe besser lösen. Doch festzustellen ist, dass nach den modernen Naturwissenschaften keine verdinglichten Gegenstände, so klein sie als Bausteine auch zugeschnitten werden können, die Wirklichkeit bestimmen, sondern nur Impulse, Ladungen, Spins und Energien, die vier Kräfte im Kosmos freisetzen:

1. Die *Gravitations- oder Schwerkraft* wurde von Isaac Newton entdeckt. Sie geht von allem Wirklichen als Masse aus, sie hat eine unendliche Reichweite und bestimmt das Geschehen im Kosmos, die Form und Bewegungen der

---

169 Dürr, Hans-Peter: Es gibt keine Materie! Amerang: Crotona 2013a (3. Aufl.).
Lange vor Hans-Peter Dürr hat kein Geringerer als Max Planck diese Erkenntnis festgestellt und mit der gestaltenden Kraft des Geistes verbunden: „Es gibt keine Materie, sondern nur ein Gewebe von Energien, dem durch intelligenten Geist Form gegeben wurde…".
Zit. nach: Warnke, Ulrich: o.c., 2013 (4.Aufl.), S. 82.

Himmelskörper, aber auch das menschliche Verhalten, seine Bewegungen, seine Haltung und sein Körperempfinden als Gewicht. Einstein hat diese Kraft über die Relativitätstheorie zur Gravitationstheorie weiter entwickelt.
2. Die *elektromagnetische Kraft* wurde von James Clerk Maxwell entdeckt, sie bezieht sich auf alle Erscheinungen und Kräfte der Elektrizität, des Magnetismus, des Lichts und der Optik. Sie folgt unterschiedlich positiven oder negativen Ladungen und kann, obgleich auch sie unendlich wirkt, abgeschirmt werden. Alle Strahlungen durch Photonen kommen von ihr, alle Elemente, Moleküle und chemischen Verbindungen oder Vorgänge werden wesentlich durch sie hergestellt.
3. Die *schwache Kernkraft oder schwache Wechselwirkung* im Atomkern wurde 1934 von Enrico Fermi entdeckt. Sie ist mit der Betaradioaktivität verbunden und hat nur eine geringe Reichweite. Sie wirkt zwischen den Elementarteilchen der Leptonen und Quarks im Atomkern und kann Teilchen umwandeln.
4. Die *starke Kernkraft oder starke Wechselwirkung* bestimmt den inneren Zusammenhalt zwischen Protonen und Neutronen im Atomkern. Sie hat ebenfalls nur eine geringe Reichweite, doch sie beinhaltet gewaltige Kernenergien, die bei Kettenreaktionen in der Kernspaltung freigesetzt werden.

Wenn einer der ersten Naturwissenschaftler Deutschlands ein Buch mit dem Titel „Es gibt keine Materie!" – mit Ausrufezeichen – versieht, dann sicher nicht, um uns darauf hinzuweisen, dass wir nicht täglich über materielle Dinge stolpern. Es geht H.-P. Dürr darum, aufzuzeigen, dass die Materie keine eigenständige Größe darstellt, die als eigene *substantia* das Stoffliche begründet, vielmehr ihr tragender Grund aus wenigen Naturkräften kommt. In ihnen liegt ihr Ursprung, ihr Zusammenspiel kondensiert und verdinglicht sich in der Weise, dass alle Formen und Erscheinungen, jede Gestalt mit ihren Bewegungen aus ihnen stammt. David Bohm hat einmal gesagt: „Materie ist gefrorener Geist."[170] H.-P. Dürr expliziert den Abschied vom Stofflichen noch weiter, wenn er schreibt:

> *Ein Atom ist sozusagen kein kleiner Apfel, kein Objekt wie ein winziges Sandkorn, auch kein kleines Planetensystem. Nein, nichts dergleichen: Wenn wir Materie immer weiter auseinandernehmen, bleibt am Ende nichts mehr übrig, was uns an Materie erinnert. Am Schluss ist kein Stoff mehr, nur noch Form, Gestalt, Symmetrie, Beziehung. Materie ist nicht aus Materie zusammengesetzt!*[171]

---

170 Zit. nach Dürr, Hans-Peter, o.c., 2013a, S. 51.
171 Dürr, Hans-Peter: Geist, Kosmos und Physik. Gedanken über die Einheit des Lebens, Amerang: Crotona 2013b (7. Aufl.), S. 33.

Die moderne Naturwissenschaft fordert daher in neuer Weise auf, unter die äußere Oberfläche der Dinge zu sehen, mit den Kräften darunter zu rechnen, die die Welt insgesamt wie auch uns selbst leiten. Die religiöse Sicht der Welt lebt von diesem Gedanken, dass in uns innere Kräfte bis hin zu jenem Geist, der uns als die alles umfassende Einheit bewegt, in der Welt präsent sind. Buddhistischen Meistern ist dieses Denken von der Einheit alles Wirklichen sehr vertraut. Sogyal Rinpoche schreibt aus buddhistischer Sicht dazu:

> *Wir dürfen keinesfalls den Fehler machen, anzunehmen, daß die Natur des Geistes sich ausschließlich auf unseren Geist beschränkt. Tatsächlich ist sie die Natur von allem. Es kann nicht oft genug betont werden, daß die Natur des eigenen Geistes zu erkennen bedeutet, die Natur von allem zu erkennen.*[172]

Der so häufig zitierte Gegensatz zwischen Religion und Naturwissenschaften löst sich auf, wenn man genauer hinsieht. Liest man die bedeutendsten Physiker des 20. Jahrhunderts, so wird daraus vielmehr eine komplementäre Haltung, die Menschen benötigen, um ein in der Gegenwart überzeugendes Weltbild entfalten zu können, das religiöse Orientierung einschließt. Der Nobelpreisträger Erwin Schrödinger, erkennt die eigentliche Wirklichkeit als *Geist*.[173] Im zitierten Band von H.-P. Dürr ‚Physik und Transzendenz' verlangt Schrödinger ein Aufgeben des Dualismus von Denken und Sein, Geist und Materie. Er schreibt in diesem Band über „Das arithmetische Paradoxon – Die Einheit des Bewußtseins" und „Naturwissenschaft und Religion".[174] Die wahrgenommene Wirklichkeit ist in ihrer Vielheit nach Schrödinger nur Schein, „sie besteht in Wirklichkeit gar nicht."[175] Schrödinger wählt das Beispiel des Kristalls aus der indischen Vedanta-Lehre: Er leuchtet und glänzt in den verschiedensten Farben und Formen, ohne dass diese Vielheit von Erscheinungen die Einheit seiner inneren Struktur zeigte. Die höhere Ebene des Ganzen ist nicht zu fassen, sein Sinn kann nach den Worten des Physikers H.-P. Dürr nur erahnt werden, wenn man zu verstehen bereit ist, „dass es etwas Höheres gibt'.[176]

---

172 Sogyal Rinpoche: Funken der Erleuchtung. Buddhistische Weisheit für jeden Tag des Jahres, Bern-München: Scherz 1995, Eintrag für den 22.8.
173 Zit. n.: Dürr, H.-P. (Hg.), o.c., 1988, S. 14.
174 Schrödinger, Erwin, in: Dürr, H.-P. (Hg) o.c., 1988, S. 159–192.
175 Schrödinger, Erwin, in: Dürr, H.-P. (Hg) o.c., 1988, S. 189.
176 Dürr, H.-P., o.c., 2013a, S. 49.

3.1 Die Einheit der Kräfte der Natur

Wenn Physiker inzwischen in ihren Grundkursen lehren, dass die unterschiedlichen Formen und Erscheinungen der Wirklichkeit eine Einheit darstellen, da sie über die Kräfte der vier Naturgesetze, die alles Wirkliche gestalten, miteinander verbunden und verwoben sind, so deuten sie an, was die Religionen explizieren. Wenn H.-P. Dürr schreibt „In Wirklichkeit ist alles verbunden"[177], so bestärkt er gläubige Menschen in ihrer Weltsicht. Die Gleichungen der Naturgesetze entfalten ihre Wirkung nicht nur im Kleinsten, im atomaren Bereich, sie wirken bis hinaus in die endlosen Weiten des Kosmos. Insofern beinhalten die modernen Naturwissenschaften Erkenntnisse ‚ohne Rand', wie das für jede Rede von Gott und seiner Schöpfung gilt. Mit den vier Naturkräften haben Physiker die Wirklichkeit nicht endgültig erklärt, sie forschen nach weiteren Strukturen, welche die große Einheit des Feldes für alles Wirkliche schafft. Der Abschied von äußeren Erscheinungen der realen Welt, wie ihn Naturwissenschaftler pflegen, um zum inneren Potential der in ihr wirkenden Kräfte vorzudringen, sollte gläubige Menschen auf ihrem Weg bestärken, hinter einer verdinglicht-objekthaften Sicht der Natur als physis (Natur) auf die dahinterliegende Metaphysik zu achten. Sie ist es, die alle Erscheinungen der Natur einschließlich der eigenen Existenz begründet. Physiker sprechen in moderner Form aus, was Religionen auf unterschiedliche Weise lehren, ohne die Verdinglichungen zu übernehmen, die zu gerne von Theologen noch gedacht werden. Sie unterstreichen die Unfassbarkeit des Grenzenlosen. H.-P. Dürr schreibt über das Verhältnis von Geist, Kosmos und Physik: „Das Fundament unserer Wirklichkeit ist nicht die Materie, sondern etwas Spirituelles, das gar nicht begreifbar ist."[178]

Diese naturwissenschaftliche Perspektive entspricht nicht nur dem modernen Weltwissen, wie es auch für Gläubige Gültigkeit hat. Sie fordert dazu auf, die Oberfläche der Erscheinungen zu durchdringen, um die inneren Wirkzusammenhänge auch der eigenen Verbundenheit mit der Natur der Schöpfung zu erkunden. Sie bestärkt gläubige Menschen in einer einmaligen Form, auf das Zusammenspiel auch seiner eigenen Impulse, so infinit klein ihre Kräfte im grenzenlosen Feld der Wirklichkeit erscheinen mögen, zu achten. Wie jeder Lichtimpuls im Kosmos nicht verloren geht, alle Energie zwar laufend gewandelt, doch vollständig erhalten bleibt, so bleibt auch das Handeln des Menschen auf Dauer wirksam. Wenn Physiker in ihren gegenwärtigen Forschungen nach der

---

177 Dürr, H.-P., o.c., 2013a, S. 41.
178 Dürr, H.-P.: Geist, Kosmos und Physik. Gedanken über die Einheit des Lebens, Amerang: Crotona 2013b (7.Aufl.), S. 45.

einen Gleichung für alle Naturkräfte, nach der Theorie für alles suchen, so steht es den Gläubigen im Rahmen dieses Weltwissens gut an, selbst an die Ganzheit und Einheit der Welt zu glauben. Sie kommt aus dem gemeinsamen Ursprung Gott, der ihr Schöpfer ist, der Welt ihre Form verliehen und ihr alle Regeln des Lebens mitgeteilt hat. Werner Heisenberg nennt diese eine Mitte, die alles formt, die *zentrale Ordnung*.[179]

3.2 Das Wirkliche aus einem wirkenden Feld

Die eigentlich revolutionär neue Weltsicht, abzuleiten aus den Erkenntnissen der modernen Physik, liegt in der Konzeption der Wirklichkeit als einheitliches Feld. Das aus den genannten Kräften der Naturgesetze hergestellte Feld ist die eigentliche Wirklichkeit und Begründung aller Erscheinungen, Bewegungen, Kräfte und Veränderungen, die wir gewöhnlich als wirkliche Welt bezeichnen. Dieses Feld umfasst als wirkendes Energiefeld alle Erscheinungen der Natur und des Lebens und gestaltet sie kontinuierlich neu. In diesem Feld einer kosmischen Kohärenz zählen nicht mehr nur die konkreten Erscheinungen, etwa die Planeten, Asteroiden, Monde und Kometen im Sonnensystem. Vielmehr umschließt das eine Gravitationsfeld des Sonnensystems nicht nur alle seine Körper, die es hergestellt und geformt hat. Es bestimmt ihre Bahnen, Bewegungen, Temperaturen und die Zusammensetzung ihre Elemente. Dieses Feld ist ihrerseits Teil der kosmischen Felder, etwa der Milchstraße, die allen unseren Gestirnen, die eigentliche Bewegung und ihren Platz zuweist, den unvorstellbaren Flug unseres gesamten Sonnensystems mit 552 (+/- 6) km pro Sekunde durch den Kosmos bestimmt.[180] Darin zeigt sich nicht nur die gewaltige Energie dieses Feldes. Es gilt als Ursprung für alles ohne Grenzen, da es alles umfasst, an keiner Stelle von etwas anderem zu unterscheiden ist. Anders als die früheren Vorstellungen über das Wirkliche beinhaltet es nicht nur ‚Objekte', sondern gleichermaßen den Raum zwischen den Körpern. Es umschließt den leeren Raum und das Unsichtbare, die dunkle Materie, die, obgleich sie bislang niemand wahrnehmen kann, zur bestimmenden Größe der Masse des Weltalls geworden ist. Nur

---

179 Zit. nach: Dürr, H.-P.: o.c., 1988, S. 14.
180 Dieser Wert ergibt einen Flug von 33.300 km in der Minute oder knapp 2 Mio. Kilometern in der Stunde, dem wir alle im Verhältnis zur kosmischen Hintergrundsstrahlung (CMB – cosmic microwave background) unterworfen sind, und ohne jede Wiederkehr im Sinne von ‚schönen' Kreisbahnen vollziehen. Ich verweise hier beispielhaft auf einzelne Fakten der Astronomie, um die Bedeutung von Naturwissenschaften für das Weltbild des Menschen, seine Teilhabe an Prozessen der Natur und seiner Stellung im Kosmos zu unterstreichen.

mit Rücksicht auf ihr Vorhandensein können die aktuell gültigen Gleichungen die Bewegungen im Kosmos korrekt darstellen. Dem entspricht auch die Frage nach der *Einheit der Natur*, die als das eine Sein – το εον (to eon) – seit Parmenides Naturwissenschaftler wie Philosophen gleichermaßen bewegt. Der Neuplatoniker Plotin (205–270) hat erstmals das Konzept von der Einheit allen Seins gedacht.[181] C.-F. v. Weizsäcker hat sich intensiv mit dieser Frage beschäftigt. Er kommt zu dem Schluss, dass in einem Feld der Einheit allen Seins nach der Quantenphysik zwar alle Wechselwirkungen stattfinden, es aber eben deswegen als integrales Feld der Einheit, das einem davon getrennten Beobachter gegenüberstehe, unbeobachtbar bleiben muss.[182]

In diesem einen Feld wirken alle von den Physikern ermittelten Naturgesetze im Sinne von Gleichungen, die ihre Kraft nach unterschiedlichen Reichweiten verteilend miteinander ausgleichen. So wirkt die Gravitationskraft bis in den unendlichen Raum und kann nicht abgeschirmt werden, die Kernkräfte wirken nur im Inneren der Atome, die elektrisch-magnetische Kraft lässt sich abschirmen und leiten. In ihrer Verschiedenheit und ihren gegensätzlichen Kräften bestimmen sie alles, was ist, so, wie es ist und sich bewegt. Da sich alles, das Weiche bis hin zu einem Felsblock, laufend in Veränderung befindet, bestimmen diese Kräfte den Wandel und die Veränderungen alles Wirklichen in gegenseitiger Abhängigkeit, bis hin zur Explosion der unvorstellbaren Kernkräfte in der atomaren Kettenreaktion.[183] Das Feld an sich jedoch – den eigentlichen Ursprung allen Seins –, kann keiner wahrnehmen, da er selbst Teil des Feldes ist.

Neben der *Grenzenlosigkeit dieses Feldes* liegt ein weiterer bestimmender Faktor darin, dass alle Wirklichkeit Teil dieses einen kosmischen Feldes ist, somit alle Wirklichkeit immer und überall gegenwärtig in ihr vorhanden ist. Jeder Licht- oder Wärmestrahl bleibt im Kosmos präsent, jeder Impuls wirkt und verändert sich im Zusammenspiel mit anderen Kräften, doch er vergeht nicht. Diese allgegenwärtige Präsenz des Feldes hat ein weiteres Merkmal zur Folge, das notwendigerweise aus den Energien der bislang vier Naturkräfte abzuleiten ist: *seine kontinuierliche Bewegtheit*. Dieses Feld ist immer in Bewegung, da die Naturkräfte,

---

181 Plotin lehrte die ‚Henosis', als ‚Einung mit dem Einen'. Zit. n. Dürr, H.-P. o.c., 2013a, S. 18.
182 von Weizsäcker, Carl-Friedrich: „Parmenides und die Quantentheorie", in: Dürr, H.-P. (Hg.), o.c., 1988 S. 245.
183 Wenn Naturwissenschaftler lehren, dass nach den Gesetzen der Naturwissenschaft der Mensch mit allen Dingen ringsum in einer kontinuierlichen Wechselwirkung steht, alle seine Impulse, die Photonen seiner Wärmestrahlung auf alles wirken, bestätigen sie eindrucksvoll ein Bild vom Menschen, das die Religionen zeichnen.

die es herstellen, bewegte Impulse, gerichtete spins, schwingende Kräfte und gerichtete Strahlungen darstellen. Wie alle Atome aus bewegten Schwingungen bestehen, jeder Licht- oder elektrische Impuls eine Bewegung beinhaltet, ist das Feld als Bezugsgröße für alles Wirkliche, immer in Veränderung.[184] Nach der Relativitätstheorie von A. Einstein ist die Schwingung der Lichtgeschwindigkeit das eigentliche und einzig gültige Maß für Raum und Zeit, die Masse und Bewegung aller Dinge in ihnen. Sie vermittelt sie zwischen der Erscheinung der Masse von Körpern und ihrer Energie.[185] Der Begründer der Quantenphysik, Niels Bohr, schreibt über die Bedeutung der Raum-Zeit-Einheit, welche die Physik über die Relativitätstheorie und das Gravitationsfeld von A. Einstein erlangt habe: „… er verlieh unserem Weltbild eine Einheit, die alle früheren Erwartungen übertraf."[186] W. Heisenberg konnte zu Recht gegenüber C.-F. von Weizsäcker die Meinung vertreten, aus der Physik des frühen 20. Jahrhunderts kämen die entscheidenden philosophischen Anstöße für das Weltbild der Moderne einschließlich der Stellung des Menschen.

Tatsächlich hat die moderne Physik unser Weltbild für immer verändert, ihm eine Einheit verliehen, die bis dahin unvorstellbar war. Gleichzeitig ging es den Physikern nicht um Philosophie, sondern um die Kräfte im Kern der Atome. Sie schufen über die Quantenmechanik die Grundlagen dafür, über die Atomkraft unvorstellbare Energien freizusetzen.[187] Wir haben es daher mit einem Weltwissen zu tun, das geeignet ist, die reale Wirklichkeit zu gestalten, ja, über die Zukunft der Menschheit zu entscheiden. Wenn man diese Erkenntnisse der

---

184 Die Komplexität dieses Themas hat zur Folge, dass man es nur gleichnishaft beschreiben kann. Als Ganzes – sozusagen von außen betrachtet, obgleich das nicht vorstellbar ist – kann dieses eine Feld auch als absolut ruhend bezeichnet werden. Die Meere der Welt können ebenso als bewegte Wasser wie als ruhende Kugel rings um die Erde betrachtet werden.
185 Tatsächlich werden auch Größen wie das Maß des ‚Urmeters', das früher als Metallstück in Paris aufbewahrt wurde, inzwischen weltweit verbindlich – ebenso wie Zeit und Masse eines Körpers gemäß seiner Ruhemasse $E = mc^2$ – mit dem bewegt schwingenden Lichtstrahl bestimmt.
186 Bohr, Niels: „Einheit des Wissens", in: Dürr, H.-P., o.c., 1988, S. 142.
187 Mit diesem Vorwurf, mit der Quantenphysik eine atomare Waffentechnik inmitten des Zweiten Weltkriegs konzipiert zu haben, mussten vor allem die Physiker W. Heisenberg und C.-F. von Weizsäcker, die als einzige führende Kernphysiker Deutschlands nicht verlassen haben, leben. Sie haben ebenso wie O. Hahn sehr darunter gelitten, da sie, wie mir C.-F. von Weizsäcker vielfach in meinen Gesprächen mit ihm versicherte, nie daran gedacht haben, die Kerntechnik als Waffentechnik für die Nationalsozialisten nutzbar zu machen.

Naturwissenschaftler wie E. Schrödinger liest, dann muss sich auch der Mensch als Teil dieses Feldes verstehen, der mit seinen Kräften aus dem Ganzen kommt und an allem teilhat. Schrödinger kommt hierbei zu philosophischen Folgerungen, deren Ergebnis er nicht dinghaft festlegt:

> [...] so unbegreiflich es der gemeinen Vernunft erscheint: Du – und ebenso jedes andere bewußte Wesen für sich genommen – bist alles in allem. Darum ist dieses dein Leben, das du lebst, auch nicht ein Stück nur des Weltgeschehens, sondern in einem bestimmten Sinn das *ganze*. Nur ist dieses Ganze nicht so beschaffen, daß es sich mit *einem* Blick überschauen läßt.[188]

3.3 Potenzialität anstelle des Stofflichen

Wenn Naturwissenschaftler wie W. Heisenberg, E. Schrödinger und C.-F. von Weizsäcker sich nicht scheuen, über die Möglichkeiten des Menschen im Feld seiner Existenz in so umfassender Form nachzudenken, dann sollte es Theologen und Religionslehrern angelegen sein, ein konstruktiv-komplementäres Verhältnis zu den Naturwissenschaften zu pflegen. Naturwissenschaftler haben über die Konzeption des Feldes, das alles Wirkliche – die Leere des Dunklen eingeschlossen –, einen konstruktiven Kontext für die Frage des Menschen nach seiner Herkunft, dem Sinn und Zusammenhang, in dem seine Existenz wahrzunehmen ist, angeboten. In ihm herrscht nicht das dinglich Stoffliche, sondern das potentiell Mögliche. Hans-Peter Dürr schreibt dazu:

> *Das Primäre ist Beziehung, der Stoff das Sekundäre. Materie ist ein Phänomen, das erst bei einer gewissen vergröberten Betrachtung erscheint. Stoff ist geronnene Form.* Vielleicht

---

188 Schrödinger, Erwin: „Die vêdantische Grundansicht", in: Dürr, H.-P., o.c., 1988, S. 191.
Der Nobelpreisträger E. Schrödinger hat sein Konzept von der Einheit des Bewusstseins mit der indischen Philosophie begründet, nach der die äußere Realität nur Schein ist. Die buddhistischen Lehrer gehen noch weiter. Nach der Avatamsaka-Sutra gibt es nur ein einziges Sein, das alles umfasst, die Lehre des Mahayana-Buddhismus bestimmt. Nach einem Kommentar des japanischen Zenmeisters Dogen (1200–1253) existiert nur ein einziges Sein – nicht sehr entfernt von der Position moderner Quantenphysiker:
„Die drei Welten sind Ein Geist.
Außer dem Geist existiert kein Ding.
Geist, Buddha und alle Lebewesen –
Zwischen diesen dreien gibt es keinen Unterschied."
Zit. n.: Dumoulin, Heinrich: Der Erleuchtungsweg des Zen im Buddhismus, Frankfurt a.M.: Fischer 1976, S. 123.

können wir auch sagen: Am Grunde bleibt nur etwas, was mehr dem Geistigen ähnelt – ganzheitlich, offen, lebendig, Potenzialität. Materie ist die Schlacke dieses Geistigen – zerlegbar, abgeschlossen, determiniert, Realität.[189]

Dieser Kontext ist dem Zusammenhang, den der Glaube an einen Schöpfer, der hinter der gesamten Wirklichkeit steht, mit seiner Geisteskraft alles Leben begründet, nicht nur nahe. Er vermittelt mit modernen Vorstellungen das Wirken und die Tiefe der Strukturen, die die Wirklichkeit leiten und vom Menschen erkannt, ja gestaltet werden können. Damit stehen die Konzepte der Naturwissenschaften nur auf den ersten Blick dem religiös begründeten Weltbild mit seiner besonderen Stellung des Menschen entgegen. Bedenkt man sie genauer, studiert man vor allem die moderne Quantenphysik, so bestärken sie den Gläubigen, alles, was ist – einschließlich der eigenen Existenz – im Sinne der Schöpfung aus einem einzigen Ursprung abzuleiten, das eigene Leben in ein grenzenloses Feld einzubetten, in dem alles, was geschieht, von Bedeutung ist und nichts verloren geht. Dieses Erkennen zur eigenen Erfahrung werden zu lassen, kann nur im Handeln, im Aufbrechen des fragenden Menschen geschehen, im forschenden Naturwissenschaftler ebenso wie im glaubenden Menschen. Modernste Erkenntnisse der Naturwissenschaften sind eben gut genug für den großen Weg in einen offenen Horizont, zu dem Gläubige aufbrechen. Gleichzeitig stellen die Thesen der Physiker immer nur Approximationen dar, werden nie als Aussagen von absoluter Gültigkeit formuliert.[190] Auch darin entsprechen Naturwissenschaftler dem Bemühen von Menschen auf dem grenzenlosen Weg ihres Glaubens. Beide handeln im Sinne von Approximationen an das eine, alles umfassende Feld des Wirklichen. Gläubige rufen es mit ihrem Schöpfergott auf, nennen es Transzendenz; Physiker sprechen von einer absolut in sich ruhenden Potentialität. Beide Redeweisen sind selbst nur gleichnishafte Annäherungen. Sie bestärken jedoch Menschen im Sinne von H.-P. Dürr in ihrem Bemühen um eine kreative *„Verwandlung von Potentialität in Realität".*[191]

Die Quantenphysik hat das Verhältnis zwischen Stoff und Form umgedreht: Nicht die Materie als Stoff ist primär, sondern die Gestalt und Beziehungsstruktur als Form. Sie schafft alles Materielle und verändert laufend alles Stoffliche. Im Gegensatz zur Materie wird das Feld durch die Potentialität seiner Wirkbeziehungen bestimmt. Entsprechend eröffnet die Haltung des Glaubens, wenn sie dieser Umkehrung folgt, kreative Möglichkeiten zu wirken, anstatt sich an

---

189 Dürr, Hans-Peter: o.c., 2013b, S. 33.
190 Fritzsch, Harald: Vom Urknall zum Zerfall. Die Welt zwischen Anfang und Ende, München-Zürich: Piper 2002 (6. Aufl.), S. 320.
191 Dürr, H.-P.: o.c., 2013a, S. 61.

verdinglichte Gegenstände zu binden. Dann geht es nicht um Leistung, die Masse und das Gewicht bestimmter Taten, sondern um die wirkende Beziehung im Verhältnis zum Feld, das alle Menschen verbindet und jede Wirklichkeit ringsum einschließt. M. Buber hat dieses Bemühen als Haltung der *Verantwortung* bezeichnet, abzuleiten aus dem Gedanken der *Umfassung*, die den Menschen mit dem Ewigen verbindend wirkt.[192]

Die neuere Physik lehrt uns, dass die impulsgebenden Merkmale des Feldes Schwingung und Rhythmus sind, harmonischer Puls und Überlagerung, Symmetrie und gegenseitige Verstärkung. Gleichzeitig sind aus der Physik jene Strukturen der Interferenz gut bekannt, die sich gegenseitig stören oder auslöschen. Das Studium dieser Wechselwirkungen, die keine Unterscheidung von Form und Stoff mehr zulassen, keine Trennung von Subjekt und Objekt mehr anerkennen, wird damit zu seinem Studium über das Sein des Menschen, genauer die potentielle Entfaltung seines Bewusstseins im Kontext der gegebenen Natur ringsum.[193] Sicher wird ein gläubiger Mensch, der sich diese Kenntnisse aneignet, nicht mehr den Schöpfungsbericht der Genesis als reales Geschehen über sechs Tage nachvollziehen können. Doch das darin ausgesprochene Prinzip von der Einheit der Schöpfung und ihrer kohärenten Entwicklung bis hinauf zum Menschen, ausgehend von dem einen Schöpfer und seiner Kraft der Gestaltung des Wirklichen bis hinein in die Gegenwart, wird ihm in vertiefter Form einleuchten. Führende Quantenphysiker wie Paul Dirac haben ihre Suche nach der *schönen Gleichung* immer auch als kosmologische Vorstellung begriffen.[194] Inzwischen gibt es eine Schule von Wissenschaftlern, die den Zusammenhang

---

192 Buber, M., o.c., 1984, S. 161, 206.

193 Von Galileo Galilei wird berichtet, er habe mit Nachdruck seinen Zeitgenossen vorgeschlagen: „…wir sollten nicht nur in dem Buch der Worte lesen, das Gott uns zur Erlösung gegeben hat, sondern auch in dem Buch der Natur, das Gott uns in der Schöpfung gegeben hat." Zit. n. v. Weizsäcker, C. Friedrich: Nikolaus Kopernikus – Johannes Kepler – Galileo Galilei, in: v. Weizsäcker C. Friedrich, o.c., 1999, S. 99.

194 Hovis, Corby, R; Kragh, Helge: „Paul Dirac und das Schöne in der Physik", in: Neuser, Wolfgang; Neuser-von Oettingen, Katharina (Hg.): Quantenphilosophie, Heidelberg: Spektrum 1996, S. 78-85.
Vgl.: Appenzeller, Immo (Hg.): Kosmologie und Teilchenphysik, Heidelberg: Spektrum 1990.
– Ledermann, Leon M.; Schramm, David, N. (Hg.): Vom Quark zum Kosmos. Teilchenphysik als Schlüssel zum Universum, Heidelberg: Spektrum 1990.

zwischen Quantenphilosophie, Kosmologie und religiöser Spiritualität nicht nur nachweisen, sondern überzeugend weiterentwickeln.[195]

Darüber hinaus ist über die Quantenphysik der Mensch als der messend Handelnde zu einem integralen Teil des Feldes wissenschaftlichen Erkennens geworden.[196] Er ist in den Mittelpunkt der Forschung gerückt. Die Trennung von Subjekt und Objekt ist dann nicht mehr zu halten, jede Untersuchung ist sein Werk und insofern bedeutsamer Teil möglicher Ergebnisse. Der wohl bedeutendste Quantenphysiker, Werner Heisenberg, spricht vom Menschen als demjenigen, der Natur und Kosmos innerhalb einer sinnhaften Ordnung, die er erkennt, deutet. Er schreibt im Kriegsjahr 1942, also in einer Zeit des Zusammenbruchs, in der ein ernsthafter Dialog zwischen Naturwissenschaften und Religion nicht möglich war, in bewegender Form über das *Verhältnis von Naturwissenschaft und Religion*.[197] Sein Fazit ist bis heute gültig. Wenn Menschen vom *Sinn des Lebens* sprechen, so liegt die Bedeutung ihrer Rede nicht in ihrer verschiedenen Erklärung des Wortes *Sinn*, nicht im nachträglichen Erklären der verheerenden Unglücke, die ringsum stattfinden, sondern in ihrer Haltung des *Vertrauens* auf ein sinnhaftes Geschehen in der Welt. Diese Haltung gilt auch für Naturwissenschaftler, die nach den letzten Gleichungen in einem Feld forschen, die den realen Ereignissen Kohärenz verleihen, ohne selbst beobachtbar zu sein. Im vorausgehenden Teil haben wir festgestellt, dass die ersten Begriffe im Christentum, die für Glaube und Religion stehen, im Griechischen ‚pistis' (πιστις) und im Lateinischen ‚fides' lauten: beide bedeuten *Vertrauen*. W. Heisenberg, der wiederholt von der *zentralen Ordnung* gesprochen hat,[198] schreibt im Jahr 1942 inmitten einer Welt des Kriegs und der Gewalt, der Lüge und des Verbrechens vom Vertrauen als einer Dimension, die über alle Unglücke hinaus ein letztes Bewusstsein der Einheit schaffen mag. Diese Haltung muss mit der ersten Begründung alles Wirklichen verbunden sein, die er in dem einen Feld des Ganzen erkannt hat:

Insofern sollen und dürfen wir als Menschen immer an den Sinn des Lebens glauben, auch wenn wir einsehen, daß das Wort Sinn nur ein Wort der menschlichen Sprache ist, dem

---

195 Vgl.: Warnke, Ulrich: Quantenphilosophie und Spiritualität. Der Schlüssel zu den Geheimnissen des menschlichen Seins, Scorpio: Berlin-München 2013 (4. Aufl.).
196 v. Weizsäcker, Carl-Friedrich: „Nachwort", in: Neuser, Wolfgang; Neuser – von Oettingen, Katharina (Hg.): Quantenphilosophie, Heidelberg: Spektrum, 1996 S. 202.
197 Heisenberg, Werner: „Ordnung der Wirklichkeit", in: Dürr, H.-P. (Hg.). o.c., 1988, S. 323–336.
198 Zit. nach: Dürr, H.-P., o.c., 1988, S. 14.

wir hier kaum einen anderen Sinn beilegen können als eben den, daß er unser Vertrauen rechtfertige. Aber das Vertrauen ist vielleicht das Letzte.[199]

> Erkennen hat es nicht mit Objekten zu tun,
> denn Erkennen ist effektives Handeln;
> und indem wir erkennen, wie wir erkennen,
> bringen wir uns selbst hervor.
>
> Humberto R. Maturana / Francisco J. Varela [200]

4.0 Impulse der Erkenntnispsychologie

Wenn die Buchkulturen, die von Religionen geschaffen wurden, wenn die Haltung, sich im Glauben einer transzendenten Wirklichkeit zuzuwenden, zu den höchsten Formen menschlichen Erkennens zählen, dann müssen jene, die eine Religion unterrichten, um die grundlegenden Erkenntnisse der Kognitionspsychologie wissen, um aus ihnen für ihr großes Vorhaben schöpfen zu können. Moderne Kognitionspsychologie schließt die Ergebnisse der Neurobiologie ein und kann grundlegende Teile der Schule des Konstruktivismus nicht übergehen. Letztgenannte Positionen sind einerseits zu einem Modetrend geworden, der alles und jedes Denken gleichermaßen zu begründen scheint. Andererseits haben Neurobiologen und Vertreter des Konstruktivismus das Wissen um menschliches Erkennen grundlegend erneuert. Die Standards dieser Fachgebiete können von niemandem, der sich mit der Kognition und dem Lernen des Menschen auseinandersetzt, übergangen werden. Das bedeutet nicht, allen Schlussfolgerungen der Schule des Konstruktivismus folgen zu müssen. Nur auf dem ersten Blick stehen sie – ähnlich den Naturwissenschaften – für eine Haltung subjektiver Beliebigkeit. In ihrem Kern vertiefen sie den Blick auf das Wunder der menschlichen Kognition und bestärken gläubige Menschen in ihrer einmaligen Wahrnehmung der Welt. Kognitionspsychologen erklären den Glauben nicht neu, doch sie befähigen Theologen, im Umgang mit dem wohl größten vorstellbaren Thema der menschlichen Reflexion eine Reihe von Fehlern zu vermeiden.[201] Wenn alle

---

199 Heisenberg, Werner: „Ordnung der Wirklichkeit", in: Dürr, H.-P. (Hg.), o.c., 1988, S. 336.

200 Humberto R. Maturana / Francisco J. Varela: Der Baum der Erkenntnis, Bern: Scherz 1987, S. 262.

201 Hierin folge ich dem Urteil von W. Heisenberg: „Ein Fachmann ist ein Mann, der einige der gröbsten Fehler kennt, die man in dem betreffenden Fach machen kann, und der sie deshalb zu vermeiden versteht."

Religionen ihr Weltbild als die ‚höchste Wahrheit' verkünden, dann tun sie das nicht, um ringsum keinerlei andere Wahrheit gelten zu lassen, sondern um zu unterstreichen, dass sie ihre Gläubigen zu höchsten Formen des Erkennens der Welt, des Verstehens des Menschen und des Feierns des Lebens führen.

4.1 Erkennen aus der Leib-Geist-Einheit

In vielen Bereichen des menschlichen Erkennens ist es sinnvoll, sich den komplexen Formen der menschlichen Kognition in der Weise zu nähern, dass man zwischen dem Körper, der sinnlichen Erfahrung, dem emotionalen Empfinden und dem geistigen Erkennen unterscheidet. Gleichzeitig liegt ein Standard unseres Wissens über die menschlichen Kognition darin, anzuerkennen, dass die kognitive Erfahrung eine Einheit darstellt, die gleichzeitig aus der körperlichen Konstitution, dem emotionalen Erleben wie allen Formen des geistigen Erkennens gespeist wird. Dieses liegt daran, dass die Neuronen, die alles menschliche Erkennen erzeugen, ein Organ unseres Körpers sind, von ihm aufgebaut und genährt werden, ihn milliardenfach durchziehen, ihn so in seinem Verhalten, Empfinden und Wachstum kontinuierlich leiten. Nicht den geringsten Gedanken kann ein Mensch ohne seinen Körper oder seine emotionalen Empfindungen fassen. Es gibt keine Möglichkeit, nicht von der Standardposition auszugehen, das Denken des Menschen als *embodied mind* zu verstehen, seine innere Kognition als *verkörperte Erfahrung* zu begreifen.[202] Von dieser Leib-Seele-Geist-Einheit auszugehen, verändert vieles. Jede Form menschlicher Wahrnehmung ist nach diesem Konzept verbunden mit dem Wahrnehmenden selbst, den Veränderungen in seinem Leben, seiner körperlichen Konstitution, seinen Emotionen und seinen vorausgehenden Erfahrungen. G. Hüther spricht davon, dass die *emotionale Intelligenz* des Menschen zu einem Grundthema der Psychologen geworden ist.[203] Nach Schätzungen durchziehen rund 100 Milliarden Neuronen allein das menschliche Gehirn, ihre Zahl im Rückenmark und im Körper wird als noch höher eingeschätzt. Angesichts dieses Faktums müssen wir den können wir menschlichen Körper als einen Leib rings um Neuronenfäden verstehen,

---

Heisenberg, W.: „Positivismus, Metaphysik und Religion", in: Dürr, H.-P. (Hg.), o.c., 1988 S. 314.

202 Varela, Francisco J.; Thompson, Evan; Rosch, Eleanor: Der mittlere Weg der Erkenntnis. Der Brückenschlag zwischen wissenschaftlicher Theorie und menschlicher Erfahrung, München: Goldmann 1995, S. 33.

203 Hüther, Gerald: Bedienungsanleitung für ein menschliches Gehirn, Göttingen: Vandenhoeck 2010 (9. Aufl.), S. 13.

die, könnte man sie aneinander knoten, die Länge von mehreren Hunderttausend Kilometern ergeben sollen. Sein Leben, sein Wachstum, seinen Stoffwechsel, jede seiner Bewegungen ebenso wie sein Erkennen wird von ihnen geleitet. Humberto R. Maturana und Francisco J. Varela gehen noch weiter, indem sie alle Lebewesen, die autonom leben und sich fortpflanzen, als *autopoietische Organisationseinheiten*[204] verstehen, deren Stoffwechsel, Wachstum und Verhalten aus ihren intrazellulären Relationen kommen. Diese Relationen werden bei allen höheren Lebewesen durch die internen Netzwerke und strukturellen Koppelungen ihres Nervensystems hergestellt.[205] Damit gilt für den Menschen, dessen Körper Milliarden von Neuronen durchziehen, in dem neuronale Netzwerke ihrer höchsten Form an Komplexität entfalten, das erste Axiom der hoch angesehenen Studie von H. R. Maturana und F.J. Varela: *Jedes Tun ist Erkennen, und jedes Erkennen ist Tun. Alles Gesagte ist von jemandem gesagt.*[206]

Dieses erkennende Tun wird von einem bestimmten Menschen zu einer bestimmten Zeit gemäß seiner körperlichen Konstitution und emotionalen Lage, die sich alle laufend verändern, ausgeführt. Erkennen beinhaltet damit eine Handlung, die unter Einschluss von Emotionen, inneren Stimmungen des Menschen und seinem bis dahin erlernten Wissen ausgeführt wird. Weil das so ist, kann er Erlebnisfelder, die ihn ganzheitlich bewegen, immer wieder neu vollziehen, etwa einen Brief mit Gewinn neu lesen, ohne zu meinen, er habe ihn gestern falsch gelesen. Religionen leben in diesem Kontext von Ritualen, Meditationen und Gebeten, die verschiedene Ebenen der Wahrnehmung je neu versammeln, daher keine bloßen Wiederholungen darstellen.

Die Bedeutung dieser Position, die Kognition aus dem kohärenten Zusammenspiel von Körper, Seele und Geist zu begreifen, ist daher sehr weitreichend. Zunächst ist jeder Mensch *allein* in seinem Erkennen, je nach dem Stadium seiner Entwicklung, Lebenssituation und Erfahrung. Niemand kann für ihn – an seiner Stelle – denken. Alles Erkennen, das über das Abrufen von Mustern nach bewährten Signalen hinausgeht, findet einzig im Inneren eines Individuums statt. Jeder kann sich anderen mitteilen, doch Kommunikation folgt, je nach Partner und Sprechakt, bestimmten Regeln und Konventionen, beinhaltet daher eine Art Übersetzung der inneren Erfahrung aller Sprechenden. In seinem kognitiven Kern hingegen bleibt der Mensch allein in seiner individuellen Art, seine innere Wahrnehmung in den gegenwärtigen Momenten seines Erkennens

---

204 Maturana, Humberto, R.; Varela, Francisco J.: o.c., 1987, S. 50 f.
205 Maturana, Humberto R.; Varela, Francisco J., o.c., 1987, S. 169 f.
206 Maturana, Humberto R.; Varela, Francisco J., o.c., 1987, S. 32.

zu deuten.[207] Kognitiv stellt jeder bereits als Kind ein *autonomes Individuum* dar, das auf seine Weise kohärent aus seinen Lebensmomenten heraus wahrnimmt, individuell erkennt und lernt. Trotz vieler Möglichkeiten, Lernen anzuregen und von außen zu steuern, muss das Prinzip anerkannt werden, dass die innere Wahrnehmung des Menschen nur in Freiheit stattfinden kann, individuell vollzogen wird, während direkte Formen des Eingreifens von außen diesen individuellen Prozess stören und in seiner Autonomie verletzen können.

Das genannte Axiom von H.J. Maturana und F.J. Varela beinhaltet eine zweite Grundaussage über menschliches Erkennen, die in ihm liegende Qualität der *Veränderung*. Insofern jedes Erkennen ein Handeln beinhaltet, verändert es den Menschen für sein weiteres Verhalten. Wir Pädagogen nennen diesen Prozess Lernen. Da dieser Vorgang rückgekoppelt auf den Körper, das Empfinden und Wahrnehmen des lernenden Menschen wirkt, verändert jedes Erkennen den Wahrnehmenden selbst. Gleichzeitig kommt dieser Prozess aus den Veränderungen seines Körpers, seiner Empfindungen, Emotionen und Erfahrungen. Menschliches Erkennen wird damit zu einem Teil eines kontinuierlichen Prozesses des Lebens, das selbst aus Folge von Veränderungen besteht. Ein Individuum bündelt alle diese Vorgänge in seinem inneren Erkennen. Prozesse des Wahrnehmens konstituieren daher die Entwicklung lebender Wesen durch ihre interne Fähigkeit der *Autopoiese*.[208] Dieses gilt in besonderer Weise für den Menschen. Seine Wahrnehmung wird durch ein reflexives Bewusstsein bestimmt, das nicht ohne Frage und Antwort, nicht ohne Sprache und Interaktion mit anderen entwickelt werden kann. Nach H.R. Maturana und F.J. Varela gibt es *kein Selbstbewusstsein ohne die Sprache*.[209] Sie leitet die autopoietische Selbstfindung

---

207 v. Glasersfeld, Ernst: „Was im Kopf eines anderen vorgeht, können wir nie wissen", in: Pörksen, Bernhard: Die Gewissheit der Ungewissheit. Gespräche zum Konstruktivismus, Heidelberg: Carl-Auer 2002, S. 46–69.
Im Feld des Kulturellen treten immer wieder Vereinigungen auf, die sich um die nationale, religiöse oder kulturelle ‚Identität' anderer Menschen, eines Geschlechts oder einer Gruppe von Menschen kümmern, sie zu bestimmen trachten. Mit Blick auf die innere Welt der menschlichen Kognition gemäß der Biographie und Lebenswelt des Individuums ist diese Haltung in keiner Weise und auf keiner Ebene der Wahrnehmung kognitionspsychologisch zu rechtfertigen.
208 Die Biologen und Kognitionspsychologen Humberto R. Maturana und Francisco J. Varela nennen diesen autopoetischen Prozess der Aufrechterhaltung und Weitergabe des Lebens beim Menschen ‚Ko-Ontogenese'. Durch sie wird der Mensch zusammen mit anderen zum Menschen, verwirklicht er mit anderen sein eigenes Sein. Vgl.: Maturana, Humberto, R.; Varela, Francisco J., o.c., 1987, S. 224 f.
209 Maturana, Humberto R.; Varela, Francisco J., o.c., 1987, S. 249.

des Individuums über jede Frage, bereichert sie über alles gemeinsame Handeln und Feiern in Sprache.

Damit führt die integrale Ableitung des menschlichen Erkennens aus seinem Leib, seinen Emotionen und dem Stand seines rationalen Wissens zu einem besonderen Merkmal: die Einmaligkeit und Einzigartigkeit eines jeden Akts der Wahrnehmung. Kein Erkennen kann aufgrund seiner konkreten Bindung an den Körper, die Emotionen und das erlangte Wissen je wiederholt werden. Jeder Gedanke beinhaltet selbst eine Rückmeldung an die neuronalen Netzwerke, die ihn erzeugt haben. Kognition findet daher einmalig im autonomen Individuum statt und verändert den erkennenden Menschen. Das damit verbundene Lernen kann auch bedeuten, dass man vergleichbare Situationen der Wahrnehmung im nächsten Moment übergeht oder sie erneut aufsucht. So lassen moderne kognitionspsychologische Positionen den erkennenden Menschen, so jung er als Kind sein mag, als einmalig groß und autonom erscheinen, da er selbst es ist, der alles Erkennen in seinem eigenen Inneren ausführt, schrittweise erweitert. Er wird erkennend das tun, wonach er in der einmaligen Verwirklichung seiner individuellen Existenz strebt. Selbst wenn Menschen ihr bestehendes Wissen verlernen oder mit neuen Strukturen überlagern, finden kognitive Lernprozesse statt. Dabei kann niemand wirkliche Erfahrungen bewusst löschen oder bewusst vergessen machen. In jedem Falle entsteht so ein Weg lernenden Erkennens, in dem nichts ohne Bedeutung ist, alles ebenso einmalig und unwiederholbar verläuft wie die eigene Biographie. Nichts darin ist beliebig oder nur zufällig, alles Erkennen baut aufeinander auf. Entsprechend verpflichtet nach H.R. Maturana das Wissen um diese Ereignisfolge zu einem Leben in Reflexion um das eigene Selbst und einer bewussten Ethik im eigenen Handeln.[210]

4.2 Erkennen aus der Verarbeitung von Differenz

Menschliches Erkennen ist nicht nur aufgrund seiner Bindung an die Prozesse des lebenden Körpers immer im Wandel begriffen. Es kommt selbst aus neuronalen Signalen, die immer Veränderungen anzeigen. Die Neuronen der Sinnesorgane können nur eines: eine Veränderung jener Impulse feststellen, auf die sie eingestellt sind. Alles Erkennen wird dadurch initiiert, dass bestimmte

---

[210] Die Schule des Konstruktivismus fordert intensiv dazu auf, sich selbst als Beobachter wahrzunehmen. Alles Bedeutsame kommt aus der Reflexion dessen, der sich als Beobachter erkennt: „Ohne den Beobachter gibt es nichts." Maturana, Humberto, R.: „Das Erkennen des Erkennens verpflichtet", in: Pörksen, Bernhard: o.c., 2002, S. 74f.

Neuronen eine Veränderung in dem Feld signalisieren, auf das sie ausgerichtet sind. Sie tun das, indem sie anstelle des langsamen Rhythmus im Ruhetonus, den sie immer senden, in schneller Folge neuronale Signale erzeugen, also ‚feuern', wie die Neurobiologen sagen. Kein Neuron signalisiert für sich genommen eine Farbe, eine Linie, einen Ton oder Duft. Alle diese Wahrnehmungen sind Ergebnis vielfältiger Kaskaden der Verarbeitung der Erstimpulse aus Gruppen von Neuronen, die miteinander vernetzt sind. Neuronen können auch die Intensität einer Veränderung signalisieren, doch im Wesentlichen teilen sie nach der Ja-Nein-Struktur eine Veränderung oder eben Nicht-Veränderung der Impulse mit, auf die sich ihre Rezeptoren richten. Daher sehen wir ein blinkendes Licht früher als ein gleichbleibendes Leuchten, nehmen wir einen neu ertönenden Ton intensiver wahr als einen gleichbleibenden Klang. Damit gründet unsere gesamte Kognition nicht nur auf die Verarbeitung von Veränderungen, sie ist selbst Veränderung.[211] Nicht unser Auge sieht, sondern unser Gehirn, nachdem die von den Augen eingehenden Signale millionenfach vernetzt kombiniert worden sind. Das Geheimnis, die Komplexität unserer Wahrnehmung liegt in den Netzwerken und ihrem kreativ-konstruktiven Zusammenspiel. Dieses gründet auf die Verarbeitung von Differenz. Stehende Strukturen nehmen wir nur über den Wandel wahr, den unsere Sinnesorgane selbst erzeugen, indem sie sich bewegen, indem unsere Augen durch den Augentremor Veränderungen herstellen. Die

---

211 Einen Punkt, der im visuellen Feld aufleuchtet, als hell und gleichzeitig abgegrenzt von der Umgebung zu sehen, ist uns nur möglich durch das Zusammenspiel von On-Zentren mit Off-Zentren in unserer Netzhaut. Erstere ‚feuern', wenn Helles im dunklen Umfeld erscheint, letztere tun genau das Gegenteil. Sie feuern dann, wenn an derselben Stelle Dunkles erscheint, während es ringsum hell bleibt. So entsteht unsere Wahrnehmung von Licht und Farben aus einem laufenden Vergleich dessen, was die visuellen Neuronen in einem bestimmten rezeptiven Feld im Vergleich zu ihren ‚Nachbarn' tun. Sie signalisieren ein Ereignis durch den Wechsel ihrer Aktionspotentiale von 40 Millivolt außen negativ auf 70 Millivolt außen positiv, dieses im Ruhetonus bis zu 8-mal in der Sekunde. Sie ‚feuern' mit einer Rate von 100 bis 200 eben dieser Impulse pro Sekunde, können aber bis zu 800 Aktionspotentiale pro Sekunde abgeben. Nichts als Bewegung, die anschließend durch die Aktivität der Nervenzentren millionenfach in neuronalen Netzwerken verstärkt oder gehemmt wird, um einen hellen Punkt zu sehen. Nach David H. Hubel, der für seine Erkenntnisse über die visuelle Wahrnehmung 1981 den Nobelpreis für Medizin erhalten hat, ist unser Auge alles andere als eine Kamera, vielmehr ein höchst bewegter Teil unseres Gehirns, der ein Leben lang nicht aufhört zu feuern.
Hubel, David H.: Auge und Gehirn. Neurobiologie des Sehens, Heidelberg: Spektrum 1989, S. 23 f.

Augen scannen sozusagen das Blickfeld und ermitteln so durch ihre Bewegung jene stehenden Strukturen, die sich trotz des darüber hinweggehenden Sehfeldes der Augen nicht verändern.[212] Nur so kann unser visuelles System erkennen, dass eine bestimmte Linie gleichbleibend weiterbesteht, da sie immer noch an ihrem Ort wahrzunehmen ist, dessen Platz im Sehfeld sich aber durch die Augenbewegung verändert hat.

Diese neurobiologische Grundstruktur gilt für unser gesamtes Nervensystem, daher können immer alle Empfindungen aller Sinne und des Körpers vergleichend miteinander in Beziehung gesetzt werden. Alles Erkennen ist somit Ergebnis vielfältiger Kaskaden der Verarbeitung von neuronalen Impulsen in Milliarden von Verknüpfungen, welche die Netzwerke unseres Nervensystems herstellen. Sie entscheiden vor jeder Wahrnehmung: Ist so wie bisher oder anders, ist anders als andere Signale oder gleich. Wir sehen daher nicht mit den Augen, hören nicht mit den Ohren, sondern nehmen die visuelle oder auditive Wirklichkeit über die Verarbeitung dieser Impulse in den Netzwerken unseres neuronalen Systems wahr – in unserem Gehirn bis hinab ins Rückenmark.[213] Hierbei handelt es sich um höchst kreative Prozesse der inneren Verarbeitung von äußeren Signalen, die bereits in den Sinnen beginnt, doch vor allem im Gehirn geleistet wird. Unser Nervensystem bildet keineswegs die Umwelt draußen

---

212 Ohne dass wir es bemerken, bewegen sich unsere Augen ständig in einer Art Zittern hin und her. Dadurch streifen unsere Augen in ‚Mikrosakkaden' über das Sehfeld. Nur so können die neuronalen Stäbchen und Zäpfchen in der Netzhaut unseres Auges erkennen, welche Impulse gleichbleibend an einem Ort wirken und welche Strukturen sich im Vergleich zur vorausgehenden Wahrnehmung verändern. Werden die Nerven für den ‚Augentremor' durch einfache Spritzen in die Augenmuskulatur betäubt, so dass die Augen sich nicht mehr bewegen, so sehen wir nichts Unbewegtes mehr. Das visuelle Bild verliert sich in ein weißes Rauschen, nur noch Dinge, die sich durch unser Blickfeld bewegen, werden aufgrund ihrer eigenen Bewegung gesehen. Hubel, David H., o.c., 1989, S. 91 f.
Rock, Irvin: Wahrnehmung. Vom visuellen Reiz zum Sehen und Erkennen, Heidelberg: Spektrum 1985, S. 149 f.

213 Dies ist der Grund dafür, warum wir Dinge sehen können, die in der Welt draußen nicht existieren wie weißes Licht, für das es keine physikalische Wellenlänge, keine Möglichkeit, es zu registrieren, außerhalb des menschlichen Gehirns gibt. Ähnliches gilt für die Möglichkeit des Menschen, absolute Dunkelheit oder die Tiefe eines leeren Raums vor uns konkret wahrzunehmen. Zudem hat jede menschliche Retina einen blinden Fleck, an dem die Sehnerven gebündelt das innere Auge verlassen. Dort kann niemand etwas visuell sehen. Wir nehmen allerdings nicht wahr, dass wir dort nichts sehen. Diesen blinden Fleck füllt unser Gehirn mit visuellen Strukturen auf, die es aus dem übrigen Sehfeld konstruktiv und dem anderen Auge ableitet.

ab oder vergleicht im Sinne von J. Piaget die Eindrücke, die unsere Sinne liefern, mit inneren Schemata.[214] Unsere Augen sind keine Kameras, unsere Ohren keine Mikrophone und unser Gehirn kein Datenspeicher, den jemand mit Vergleichsmustern versehen hat. Weil es keine angeborene Grammatik gibt, können neugeborene Kinder alle Sprachen der Welt lernen. Unser Gehirn ist zu vollkommen neuen Sehweisen fähig, die noch nie jemand vorher gesehen hat. Andererseits haben die besten Mikrophone noch nie etwas gehört oder eine Melodie vernommen, die schärfsten Kameras noch nie etwas gesehen. Am visuellen Erkennen – der am besten erforschten Struktur unserer Wahrnehmung – wird somit deutlich, wie sehr Kognition einerseits aus bewegter Veränderung kommt und andererseits ebenso kreative wie neue Prozesse herstell, um zu erkennen, was wir schließlich sehen. Die bekannten Kippbilder, die man nur entweder so oder anders lesen kann, ohne beide Strukturen gleichzeitig sehen zu können, sind ein Beleg dafür, dass wir mit dem Gehirn sehen. Ähnlich stehen die optischen Täuschungen für eine falsche, doch kreative Verarbeitung von Signalen. Ihnen kann sich niemand entziehen. Ebenso sehen wir Figuren, die in der sichtbaren Welt nicht dargestellt werden.[215] Der über dem Horizont aufgehende Mond wird dem gesunden Auge immer deutlich größer erscheinen als hoch am Himmel. Gleichzeitig verändert der Mond seine Größe keineswegs, noch wird sie durch einen optischen Einfluss verändert. Fotografiert man ihn, so erscheint seine Scheibe immer gleich groß auf dem Film, am Horizont wie mitten im Nachthimmel. Doch unser Gehirn kann in seiner Kreativität nicht anders, als den Mond im Vergleich zu dem Feld darzustellen, in dem er erscheint. Da der aufgehende Mond dem nahen Horizont zugeordnet wird, hinter dem er aufgeht, stellt ihn unser Gehirn als nahes Ereignis dar, lässt ihn größer erscheinen.

---

214 So bedeutsam die Leistungen von Jean Piaget für die Entwicklungspsychologie des Kindes waren, so kann seine Grundannahme von inneren Schemata, die gemäß äußerer Impulse laufend zu assimilieren oder zu akkommodieren sind, nicht weiter für die Kognition des Menschen aufrecht erhalten werden.
Vgl.: Piaget, Jean: Abriß der genetischen Epistemologie, Olten: Walter 1982.
215 Gillam, Barbara: „Geometrisch-optische Täuschungen", in: Ritter, Manfred (Hg.): Wahrnehmung und visuelles System, Heidelberg: Spektrum 1987 (2. Auf.), S. 104 – 113.
Rock, Irvin: „Figuren, die man wahrnimmt, ohne sie zu sehen", in: Ritter, Manfred (Hg.): Wahrnehmung und visuelles System, Heidelberg: Spektrum 1987 (2. Auf.), S. 158 – 167.

4.3 Bewegendes Erkennen aus bewegter Veränderung

Menschliche Wahrnehmung kommt aus der endlosen Verarbeitung von Differenz. Wenn sich die Signale der Umwelt nicht verändern, schaffen die Sinne Veränderung dadurch, dass sie sich bewegen. Oder der Mensch selbst wendet sich einem Ereignis aufmerksam zu oder von ihm ab. Dabei erzeugen unsere neuronalen Netzwerke eben jene Formen der Wahrnehmung, die den Menschen auszeichnen: Melodie und Klang, Sprache und Interaktion, die sinnhafte Deutung der Umwelt eben jetzt, wenn Sie diesen Text lesen. Kein Film und kein Video vermag Bewegung als solche darzustellen, sie bestehen alle ausnahmslos aus einer Reihe von Stehbildern. Derjenige, der diese Bilderfolge ansieht, erkennt keine Bilder mehr, er sieht nichts als Bewegung, die unser Gehirn aus der Differenz der Bildfolge ermittelt.[216] Ebenso erzeugt kein Wort an sich die Bedeutung, die Sie beim Lesen eines Textes erkennen. Durch Millionen von Ja-Nein-Vernetzungen sehen wir mit Hilfe von drei Gruppen von Zäpfchen in der Retina unseres Auges alle Farbtöne der Welt, ebenso die Tiefe des Raumes sowie den absolut dunklen Raum, den keine bestimmten Rezeptoren aufzeichnen können. Die Verarbeitung von Differenz stellt diese Wahrnehmung her wie sie aus einer Folge von einzelnen Tönen eine Melodie erzeugt, deren harmonischer Klang weit über die Folge von Einzeltönen hinaus geht. Weil wir mit dem Gehirn hören, verstehen wir eine Sprache, die wir kennen, während wir dann, wenn wir diese Sprache nicht kennen, nur ‚weißes Rauschen' hören, ohne dem Klang der Laute etwas hinzuzufügen oder wegzunehmen.

Vor allem die hohen Formen der menschlichen Wahrnehmung kommen aus hochkomplexen Formen der simultanen Verarbeitung unterschiedlicher Signale. In der Auswertung der Interferenz, also der Überlagerung von Strukturen, die aufeinander bezogen gelesen werden können, liegt die Grundstruktur neuronaler Verarbeitung.[217] Sie hängt zudem vom Wissen über die wahrzunehmende

---

216 Wer je an einem Schneidetisch für Filme gearbeitet hat, kennt die erstaunliche Leistung unseres Gehirns. Am Schneidetisch wird die Geschwindigkeit des Bandes laufend geändert, um den Film aus einzelnen Bildfolgen zusammensetzen zu können. Ab der Geschwindigkeit von etwa 18 Bildern pro Sekunde kippen diese bis dahin stehenden Bilder plötzlich in die Darstellung von Bewegung um. Stehende Bilder, aus denen jeder Film besteht, kann man dann nicht mehr sehen.

217 Die interferente Überlagerung von Eingangssignalen wird durch die Links-Rechts-Hemisphäre unseres Gehirns biologisch abgebildet. Durch sie wird das Stereohören und Sehen der Raumtiefe möglich. Beide Hälften erhalten durch die entsprechenden neuronalen Verbindungen Signale aus beiden Augen und Ohren, wobei diese Signale – etwa beim Hören einer Sprache – je nach Gehirnhälfte unterschiedlich verarbeitet,

Welt ab.[218] Im Sinne dieser Erkenntnis bezeichnen Neurobiologen das menschliche Gehirn als *'die komplizierteste Struktur' die wir im Universum kennen.*[219] Sie steht durch Wahrnehmung und Lernen in einen fortwährenden Prozess der Veränderung. Ihr Wirken besteht in einem Prozess der Veränderung, der auch durch den Schlaf nicht unterbrochen wird. Durch ein millionenfaches strukturiertes Zusammenspiel von neuronalen Impulsen, die in jeder Minute unseres Lebens Tag und Nacht stattfinden, schafft diese innere Struktur unseres Körpers alle unsere Wahrnehmungen, stellt sie kreativ-konstruktiv her.

Die Relevanz dieser kognitionspsychologischen Erkenntnisse für die Wahrnehmung von Religion ist von großer Tragweite. Wenn unsere Kognition nicht länger als ein mehr oder weniger genaues Abbilden von äußeren Wirklichkeiten zu verstehen ist, dann können religiöse Inhalte ihre eigentliche Bedeutung nicht dadurch erlangen, dass sie als stehende Strukturen gelehrt werden.[220] Stehendes wird nur bedeutsam und gewinnt Sinn, wenn es im Netzwerk von Erfahrung, im Kontext einer Lebenssituation verarbeitet wird, um so zu einem Teil einer Lebensform zu werden, die als Leben immer eine bewegte ist. Eine Lehre, die sich im Leben bewahrheitet, kommt ihrerseits aus der Verarbeitung von erlebter Veränderung. Religiöse Lehren können nach der Kognitionspsychologie nur dann ihre Bedeutung im Leben entfalten, wenn sie einerseits aus der Verarbeitung von bewegter Erfahrung kommen, um andererseits im gelebten Leben ihre Wirkung zu entfalten. Sie gewinnen ihre Bedeutung durch die Frage nach Sinn und Heil in mitten eines einmaligen Lebens, die Menschen auf ihre Weise je neu stellen. Sie werden, wie alle Wahrnehmung des Menschen, nur vernetzt und im Zusammenspiel mit vielen Eingangssignalen ihre eigentliche Wirkung entfalten können. Nur jene Erfahrungen, die mit allen Sinnen gemacht werden, den Körper mit einbeziehen, werden Menschen im Glauben befähigen, ihre gegebene

---

über das corpus callosum, das dichteste Nervenbündel in unserem Gehirn, das beide Hälften miteinander verbindet, wieder miteinander verglichen und ausgewertet werden.
Vgl.: Hubel, David H., o.c., 1989, S.143 f.
Maturana, Humberto R.; Varela, Francisco, J., o.c., 1987, S. 241.

218 Ramachandran, Vilayanur S.: „Formwahrnehmung aus Schattierung", in: Singer, Wolf (Hg.): Gehirn und Kognition, Heidelberg: Spektrum 1990, S. 154.
219 Thompson, Richard F.: Das Gehirn. Von der Nervenzelle zur Verhaltenssteuerung, Heidelberg: Spektrum 1990, S. 9.
220 Seit der Exodus-Erzählung im Alten Testament ist in den abrahamitischen Religionen die Vorstellung präsent, religiöse Wahrheit sei für alle Zeiten sozusagen in Stein gemeißelt, wie von den Gesetzestafeln der 10 Gebote, die Moses auf dem Berg Sinai erhalten habe, in Exodus 32, 15f gesagt wird.

Umwelt religiös zu gestalten. Die Tragweite ihres Handelns wird sich über die Antwort anderer Menschen und die Veränderungen, die Frage und Antwort, Handeln und Stillehalten hervorrufen, ‚bewahrheiten'.

Hinzu kommt die Veränderung dessen, der wahrnimmt, insofern er lebt. Nichts ruht wirklich, der Boden der Erde, auf dem wir stehen, steht ebensowenig still wie ein Mensch, der scheinbar nichts tut. Er verändert sich ohne Unterlass, seine Kognition schöpft aus dem bis dahin erlernten Wissen wie seinen aktuellen Emotionen, seiner biographischen Lebenssituation und dem Moment seiner körperlichen Entwicklung. Da diese Faktoren alle einem ständigen Wandel unterworfen sind, muss auch eine religiöse Botschaft inmitten dieses bewegten Feldes bestehen. Ihr Test liegt darin, inmitten von Signalen aus allen Sinnen, inmitten von Bewegung und Wandel eine Struktur der Orientierung anbieten, die den Wandel gestaltet, Veränderungen überbrückt. Eine religiöse Botschaft Schülern zu lehren muss daher darauf zielen, eine bedeutsame ‚Information' zu übermitteln, die als ein ‚In-Form-Bringen' – *in-formatio* – zu lesen ist: Sie soll bewegen, junge Menschen befähigen, nach der Lebensform eines Glaubens ihr Leben zu gestalten, in gläubiger Form mit anderen in ein bewegtes Leben einzutreten. Gelingt dieses, dann wird eine religiöse Botschaft im bewegten Leben wirken, ihre Wahrheit sich inmitten von Veränderung bewahrheiten. Dann gilt der Satz von M. Buber über den ‚wirklichen Glauben': *Der wirkliche Glaube – wenn ich denn das Sich-Stellen und Vernehmen so nennen darf – fängt da an, wo das Nachschlagen aufhört, wo es einem vergeht.*[221]

> Soll ich Gott unmittelbar und ohne Mittel und ohne Gleichnis erkennen,
> so muß Gott geradezu ich werden und ich geradezu er,
> so völlig eins, daß ich mit ihm wirke (…).
>
> Meister Eckhart[222]

5.0 Menschliches Bewusstsein in Beziehung

Das Konzept von der Evolution aller lebenden Wesen bis hinauf zum Menschen anzunehmen beinhaltet nicht die Folgerung, den Menschen als ein zufälliges Ergebnis der Weiterentwicklung von Primaten anzusehen. Vielmehr erkennen führende Evolutionsbiologen wie H.R. Maturana und F.J. Varela in der Entwicklung

---

221 Buber, Martin, o.c., 1984, S. 155.
222 Predigt 53, zit. n.: Meister Eckehart. Deutsche Predigten und Traktate,, hg. u. übersetzt v. Quint, Josef, München: Diogenes 1979, S. 402, v. 5.

des Menschen eine qualitativ neue Stufe der Wahrnehmung, die vor dem Menschen in dieser Form nicht zu finden ist. Allein der Mensch entfaltet ein reflexives Bewusstsein, das ihm eigen ist und ihn zum Menschen werden lässt. Das menschliche Bewusstsein aber ist an die Sprache des Menschen gebunden, die weit über die Signalsprache in der Tierwelt hinaus führt. Über den sprachlichen Bereich gemeinsamen Handelns, über die Frage des einen an den anderen, über dessen Antwort, die eine Erwartung erfüllt oder ablehnt, wird nach H.R. Maturana und F.J. Varela das menschliche Bewusstsein begründet.[223]

Nur der Mensch kommuniziert nicht nur über lautliche Signale, er fragt und überlegt mit anderen in seiner Sprache zusammen, was morgen am besten zu tun sei. So begründet die menschliche Sprache ein Feld der Reflexion, das Menschen nur zusammen mit anderen erkunden können. So entfalten sie ihr menschliches Bewusstsein, werden zusammen mit anderen Mensch. H.R. Maturana und F.J. Varela nennen diesen interaktiven Prozess der bewussten Selbstfindung die ‚Ko-Ontogenese' des Menschen.[224] Nach ihren Erkenntnissen gibt es kein Bewusstsein ohne die Sprache. Dabei wird Sprache immer als Teil einer umfassenden Interaktion und Kommunikation mit anderen Menschen verstanden, das den sexuellen Mann-Frau-Kontakt ebenso einschließt wie nonverbale Signale und kollektives Handeln in gemeinsamen Festen. Die Autoren sprechen von einer sozial ausgerichteten ‚strukturellen Koppelung', die nicht nur soziale Bindungen begründet, sondern dem Menschen gänzlich neue Kreationen im Feld des Geistigen erschließt: *Was die Biologie uns zeigt, ist, daß die Einzigartigkeit des Menschseins ausschließlich in einer sozialen Strukturkoppelung besteht, die durch das In-der-Sprache-Sein zustande kommt.*[225]

Die Kulturgeschichte der Religionen verweist eindrucksvoll auf den Zusammenhang von Religion und Glaubensgemeinschaft. Einen Glauben zu leben hat nicht nur damit zu tun, eine Botschaft zu vernehmen, sondern zusammen mit anderen zu einem gläubigen Menschen zu werden. Alle großen Religionen werden gemeinsam mit anderen vollzogen, gestalten den Ablauf des gemeinsamen Lebens über die Zyklen der Jahre, eines Lebens. Sie schaffen so über ein Leben das Bewusstsein, ein Muslim, Christ oder Jude zu werden. Für den Hinduismus ist mit den sozialen Bindungen, die er schafft, dieses noch deutlicher zu erkennen. Buddhisten üben ein Leben lang die Lösung von Körper und Geist, um die

---

223 Maturana, Humberto R.; Varela, Francisco J., o.c., 1987, S. 221 f.
224 Maturana, Humberto R.; Varela, Francisco J., o.c., 1987, S. 224.
225 Maturana, Humberto R.; Varela, Francisco J., o.c., 1987, S. 265.

Wirklichkeit des eigenen Seins zu erfahren.[226] Für die Biologen und Kognitionspsychologen wie H. R. Maturana und F. J. Varela ist diese Verbindung zwischen menschlichem Erkennen und Werden so wesentlich, dass sie ihre bedeutsame Studie in einer Weise zusammenfassen, die für empirisch arbeitende Biologen überraschend ist:

> „Wir sind hier auf eine soziale Dynamik gestoßen, die auf einen grundlegenden ontologischen Zug der *Conditio humana* hinweist, der nicht mehr eine bloße Annahme ist: *Wir haben nur die Welt, die wir zusammen mit anderen hervorbringen, und nur Liebe ermöglicht uns, diese Welt hervorzubringen.*" [227]

Neurobiologie, Kognitionspsychologie und Evolutionslehre stehen nicht im Gegensatz zu einem offenen und verantwortungsvollen Bild vom Menschen als Teil und Höhepunkt der Schöpfung Gottes. Anders als viele annehmen, bieten führende Wissenschaftler dieser Disziplinen nicht nur Kenntnisse an, die zu einer vertieften Sicht der Strukturen der Schöpfung führt, die zielgerichtet bis hinauf zum menschlichen Bewusstsein führen. Sie bestätigen darüber hinaus den Weg der Religionen, über verantwortungsvolles Handeln zusammen mit anderen sich selbst zu finden, auf diesem Weg zusammen mit anderen Gott zu verehren. Gemeinsam mit anderen mit Liedern und Musik, Ritualen und Festen kreative Formen der Gestaltung des Lebens zu pflegen ist eine hohe Art, um auf diesem Weg selbst Mensch zu werden. Gibt es überhaupt kulturelle Institutionen, die die menschliche Sprache so sehr pflegen wie Religionen, über alle nationalen Grenzen hinweg? Religionen führen Millionen Menschen über ihre eine Sprache der Offenbarung zusammen. Religionen haben sprachspezifische Räume geschaffen, darin hoch entwickelte Kulturen aufgebaut, die einmalige Zeugnisse für die Kreativität von Menschen darstellen. Damit leisten die Religionen einen unabdingbaren Beitrag zur Entwicklung des menschlichen Bewusstseins und der Selbstreflexion der Menschen, ihre Ethik und ihren Formen des gemeinsamen Lebens. Wenn die kulturellen Leistungen in Europa, in der islamischen und der asiatischen Welt wie allen anderen Regionen der Erde für die konstruktive Kreativität des Menschen stehen, dann muss jeder aufgeschlossene Geist erkennen, dass ein Großteil dieser Bauwerke, Bücher, Bilder, Lieder und Musiken oder Skulpturen der Welt aus einer religiösen Inspiration heraus geschaffen wurden, die von und für gläubige Gemeinden hergestellt wurden. Mit anderen

---

226 Buddhistische Meditation als Übung „ist Erwachen, Erwachen ist ohne Ende und Übung ohne Anfang." Deshimaru, Taisen: Die Lehren des Meister Dôgen. Der Schatz des Sôtô-Zen, München: Diederichs 1991, S. 44.
227 Maturana, Humberto R.; Varela, Francisco J., o.c., 1987, S. 267–268.

zusammen schaffen Menschen nicht nur ein ‚Mehr' an Werten, sie finden und erfinden ihre hohen Formen an Kreativität. Der Religionsphilosoph William James schreibt dieses ‚Mehr' der Selbstverwirklichung der individuellen Person zu. Indem der gläubige Mensch zusammen mit anderen nach seiner Erlösung fragt, wendet er sich nach W. James mit äußerster Anstrengung dem *‚höheren Teil seiner selbst'* zu. Er will mit einem ‚MEHR' in Berührung kommen, das den Menschen aus seiner Enge herausführt. Dies verlangt eine intensive Zuwendung zu seinem eigenen inneren Selbst:

> *Er wird sich bewußt, daß dieser höhere Teil an ein MEHR derselben Qualität angrenzt und in dieses, das im Universum außerhalb des Individuums tätig ist, übergeht (...)*[228]

5.1 Religiöses Erkennen aus persönlicher Erfahrung

William James hat als erster Professor für Psychologie und Philosophie in Harvard vor bereits 100 Jahren die entscheidende Frage aufgeworfen, sie dabei nicht theologisch betrachtet, sondern als Thema des menschlichen Erkennens untersucht: Können Menschen mit der transzendenten Welt in Berührung treten, sozusagen ‚bei Gott an Bord gehen', um sich selbst zu retten?[229] Die aktuelle Kognitionspsychologie scheint Abschied von Fragen dieser Art nach dem Absoluten zu nehmen. Viele Autoren treten für die subjektivistische Position ein: *Anything goes if it works.* Oder begründen Kognitionspsychologen in neuer Form eine negative Theologie, die jede Stellungnahme über Gott ablehnt, da kein Abbild von ihm erlaubt ist? Führende Kognitionspsychologen treten nicht dafür ein, wenngleich auch bei ihnen alles Erkennen aus einem einmaligen Tun einzigartiger Menschen in einem bestimmten Lebensmoment kommt. Damit treten sie nicht für den relativistischen Konstruktivismus ein, sondern verweisen auf die einzigartige Möglichkeit des Menschen, bei aller Bedingtheit ihrer Wahrnehmung, in der sich kein fester Bezugspunkt mehr bietet, darüber hinausführende Strukturen ins Auge zu fassen.[230] Ebenso wissen Quantenphysiker um die prinzipiellen Grenzen der naturwissenschaftlichen Erkenntnis in ihren Welten ‚ohne Rand'. Dennoch prüfen sie Gleichungen für eine Potenzialität, *‚die Züge eines holistischen Geistes trägt.'*[231] Ebenso widmete sich F.J. Varela den *‚Welten ohne Grund',*

---

228 James, William: Die Vielfalt religiöser Erfahrung. Eine Studie über die menschliche Natur, Frankfurt a.M.: Insel 1997, S. 487–488.
229 James, William, o.c., 1997, S. 488.
230 Vgl.: Maturana Humberto R.; Varela, Francisco J., o.c., 1987, S. 256.
231 Dürr, H.-P.: Geist, Kosmos und Physik. Gedanken über die Einheit des Lebens, Amerang: Crotona 2013b (7. Aufl.), S. 37.

um inmitten von ‚*Bodenlosigkeit*' verbindliche Wege menschlichen Erkennens zu erarbeiten.[232]

Wer die menschliche Kognition als integralen Teil seiner körperlich-seelischen Existenz versteht, muss sein Erkennen nicht auf die Grenzen seines Leibes und die Impulse seiner Emotionen reduzieren. Er darf aber auch sein Erkennen nicht auf das Abbilden oder Nachsprechen von vorgegebenen Mustern oder Inhalten reduzieren. Die einmalige Begabung des Menschen liegt vielmehr darin, trotz aller Kontingenz seiner Sinne universale Strukturen finden zu können, die jede Empirie überschreiten. A. Einstein konnte seine Relativitätstheorie 1905 noch nicht empirisch belegen, als er sie verfasste. Gläubige Menschen hatten und haben Zugang zur religiösen Transzendenz, die sich der empirischen Überprüfung entzieht, jedoch Gültigkeit für das gläubige Leben haben. Hier zeigt sich ein Moment im religiösen Erkennen, das nicht übergangen werden darf. Wenn Menschen in die Einsamkeit gehen, in der Stille schweigen oder – wie über ganz Asien geübt – sich in eine Meditation über Jahre begeben, erfahren sie religiöse Erkenntnisse, die sie zu Meistern für die nachfolgende Generation von Schülern werden lassen. Die kognitionspsychologische Analyse der religiösen Wahrnehmung muss sich daher der Tatsache stellen, dass die Welt der Transzendenz oder des Göttlichen eben dadurch gekennzeichnet ist, dass sie die einfache verbale oder sinnlich-bildhaft vermittelte Botschaft überschreitet. Der Mensch ist in der Lage, sein inneres Bewusstsein für dieses ‚MEHR' an Erkenntnis aus der transzendenten Welt, wie W. James sagt, zu öffnen. Das Schweigen oder auch Nicht-Sprechen ist daher konstitutiver Teil der religiösen Kognition und in allen großen Religionen bekannt. Die Haltung der Stille in der Wahrnehmung des Göttlichen, wie sie alle Mystiker aller Religionen pflegen, bezeichnet kein Fehlen, sondern erfüllt eine besondere Form des religiösen Erkennens.[233]

Damit zeigt der Blick auf die Kognitionspsychologie, dass die einfache Rede von Gott, als ob er ein äußeres Objekt unseres Denkens darstellte, nicht länger genügt. Ebenso kann religiöse Erfahrung nicht auf ein einmaliges Bekenntnis oder die Teilnahme an bestimmten Ritualen reduziert werden. Die Kernaussagen der religiösen Lehre als Lehrsätze der Vorfahren rezitieren zu können, würde

---

232 Varela, Francisco J. u.a., o.c., 1995, S. 295 f. Francisco J. Varela hat es abgelehnt, dem Konstruktivismus zugeordnet zu werden. Seine späten Studien hat er mit einem verbindlichen Bekenntnis zur Lehre des Buddhismus verbunden.

233 Mystik leitet sich aus dem griechischen Verb μυεειν – *myeein* ab. Es bedeutet im Kern *sich schließen* und wird in der Regel auf das Schließen der Lippen und Augen bezogen, um in Zurückgezogenheit einen Zugang in die Geheimnisse des Glaubens zu finden (Mysterien).

bedeuten, das Leben aus dem Glauben auf Schemata oder Muster des Verhaltens zu reduzieren, die andere gefunden haben. In der religiösen Erziehung geht es daher entscheidend um die Frage, wie religiöses Erkennen eine individuelle Erfahrung begründet, die aus dem gelebten Leben eines Menschen kommt und in diesem Kontext seine Bedeutung entfaltet.[234] Diese Wahrnehmung muss gleichzeitig so offen konzipiert werden, dass sie ein religiöses Leben als Begegnung mit dem Göttlichen erschließt, wie die großen Religionen das vorschlagen. Sie alle gehen von der Möglichkeit aus, dass Gott den Menschen anspricht. Im Christentum ist es sein Geist – spiritus –, der den Menschen in seinem Inneren inspiriert und bewegt, wo und wann auch immer er lebt. In dieser Verbindung von individueller Wahrnehmung und Begegnung mit dem Absoluten wird der Glaube zu einem Handeln, das aus dem Leben kommt und in ihm wirkt, sich so inmitten einer Wirklichkeit des bewegten Lebens verbindlich bewahrheitet.

W. James geht in seiner Studie über das Religiöse vom einzelnen Menschen aus, der inneren *‚Beziehung zwischen dem Menschen und seinem Schöpfer'*.[235] Er versteht Religionen als mentale Brücke. Über sie antwortet der Mensch auf alle Fragen seines Lebens: *Religion ist, was immer sie noch sein mag, die Gesamtreaktion eines Menschen auf das Leben*[236] Religion wird in den Augen von W. James daher als individueller Glaube gelebt, so zu einer existentiellen Aufgabe seines Lebens. Dieses wird umso deutlicher als W. James zwischen einer institutionellen und einer persönlichen Religion unterscheidet. In seiner Studie widmet er sich ausschließlich der *‚persönlichen Religion'*, die ein Gläubiger selbst wählt und lebt.[237] Sie stellt für ihn die grundlegendere Seite des Religiösen dar.[238]

---

234 Erfahrung im Sinne von ‚experience' wird als ein Lernprozess verstanden, der durch die konkrete Wahrnehmung und Verarbeitung von wirklichen Lebenssituationen neue Bedeutungen schafft.
235 James, William, o.c., 1997, S. 62.
236 James, William, o.c., 1997, S. 67.
237 Wenn W. James die Theologien und religiösen Institutionen auf einen sekundären Rang verweist, dann nicht, um diese als zweitrangig Bereiche abzuwerten. Er beschränkt sich als Nichttheologe gemäß seiner Kompetenz auf die Persönlichkeit religiöser Menschen. Sie begründet den Glauben, wie die individuelle Wahl, Pilot werden zu wollen, diesen Beruf begründet. Doch niemand kann ein Flugzeug steuern ohne eine entsprechende, dieser Wahl nachfolgende Ausbildung.
238 „Zumindest in einer Hinsicht wird sich die persönliche Religion als grundlegender erweisen als die Theologie oder die Kirche. Hat sich eine Kirche erst einmal etabliert, so lebt sie aus zweiter Hand auf dem Boden ihrer Überlieferung; alle *Gründer* einer Kirche jedoch verdanken ihre Kraft ursprünglich der direkten persönlichen Gemeinschaft mit dem Göttlichen." James, William, o.c., 1997, S. 62.

Jeder Gründer einer Religion ging nach W. James weder von einer Institution noch einer Doktrin aus, sondern holte seine ganze schöpferische Kraft aus seiner ‚*Gemeinschaft mit dem Göttlichen*'.[239] Diese Fähigkeit, den grundlegenden ersten Schritt zu unternehmen, um durch den eigenen Glauben ‚*in Beziehung zum Göttlichen zu stehen*', schreibt W. James jedem Menschen als individuelle Person zu.[240] Die institutionalisierte Religion wird hingegen in der Gemeinschaft angeboten und verwirklicht.

Gleichzeitig lebt die persönliche Religion nach W. James aus zwei Quellen, deren Zusammenspiel den personalen Glauben erstehen und zum konstitutiven Teil des Lebens eines Menschen werden lässt. Einerseits ist es die Zuwendung des Menschen, eine religiöse ‚*Erfahrung*' durch seine innere Aufmerksamkeit oder seine Abgeschiedenheit von der Welt zu gewinnen. Ereignet sich diese Erfahrung, so erkennt der Gläubige in seinem Inneren, *dass das personale Bewusstsein in ein größeres Selbst übergeht, von dem rettende Erfahrungen ausgehen*.[241] Diese Erfahrungen kommen ‚*von der uns zugwandten Seite*' der Transzendenz, ‚*die die unterbewußte Fortsetzung unseres bewussten Lebens*' ist.[242] Ereignet sich diese Verbindung, so geschieht nach W. James etwas Wirkliches, denn der Lebenshorizont des Menschen erweitert sich, indem er erkennt:

„Gott ist wirklich, weil er etwas Wirkliches hervorbringt."[243]

Diese Konzeption des Psychologen W. James mag kompliziert erscheinen. Sie ist es auch, denn sie kommt nicht nur aus dem Studium mehrerer Religionen. Um das große Ereignis vorstellbar werden zu lassen, dass der begrenzte Mensch die Fähigkeit hat, sich in seinem Inneren für das Unbegrenzte erfahrend zu öffnen, genügt keine einfache Vorstellung. Weltweit rufen Menschen mit dem Begriff ‚Gott' die höchste Realität, den Schöpfer und Ordner des Universums auf. Er hat nicht nur zu den wenigen Menschen gesprochen, die Religionen gegründet haben. Um das Leben in Religionen weiterzugeben, müssen Gläubige selbst fähig werden, im Sinne von W. James das ‚*MEHR*' zu erfahren, das uns Menschen über die uns zugwandten Seite der Transzendenz anspricht und bewegt. Über

---

239 James, William, o.c., 1997, S. 63.
240 James, William, o.c., 1997, S. 64.
241 James, William, o.c., 1997, S. 492.
242 W. James spricht in diesen Zeilen auch von einer *uns abgewandten Seite* der Transzendenz, ein MEHR, *was immer es sein mag*. Auf diese Weise bleibt die Transzendenz eine Größe, die sich jeder menschlichen Vorstellung entzieht. James, William, o.c., 1997, S. 491.
243 James, William, o.c., 1997, S. 493.

das Konzept von W. James geht es im Religiösen um eine *Erfahrung*, die im Leben bewegt. Sie beinhaltet eine Veränderung, die Bedeutung hat für die gelebte Existenz eines Menschen.²⁴⁴ Durch die Vereinigung beider Seiten schafft die religiöse Erfahrung noch vor der Lehre und dem Gesetz eine Brücke zum Absoluten und erschließt den Weg zur Erlösung des Menschen. Dabei geht es nach W. James entscheidend auch darum, dass das Ereignis der religiösen Erfahrung nicht das eigene Bild von Gott als eines unter mehreren spiegelt. Die *‚uns zugewandte Seite'* der Transzendenz steht nicht für eine zu wählende Gottheit unter mehreren, sondern für die unantastbar absolute Transzendenz des einen Gottes. Nach W. James kann nur die Beziehung zu dem einen, alles umfassenden Gott eine religiöse Erfahrung begründen, die Erlösung für den Menschen bedeutet: „Im Absoluten dagegen und nur im Absoluten ist *alles* erlöst."²⁴⁵

5.2 Großes Erkennen als ‚reine Erfahrung' des Absoluten

Nishida Kitaro (1870–1945) gilt als der Begründer der modernen japanischen Philosophie. Er hat eine Konzeption der menschlichen Wahrnehmung entwickelt, die auf den Begriff der *‚pure experience'* seines amerikanischen Zeitgenossen W. James aufbaut.²⁴⁶ Seine Konzeption ist von der Weltsicht des Zen-Buddhismus inspiriert, daher auf die Erkenntnis des Absoluten inmitten einer gänzlich offenen, alles begründenden ‚Leere' gerichtet. Daher eignet sich die Konzeption von N. Kitaro für eine philosophisch orientierte Betrachtung der Wahrnehmung des Menschen. Darüber hinaus ist seine philosophische Anthropologie geeignet, ein erkenntnistheoretisches Konzept für die interreligiöse Erziehung schaffen, da sie

---

244 James, William, o.c., 1997, S. 487. W. James spricht in diesem Kontext von einem ‚Über-Glauben' des Individuums, der sich aus dem Angrenzen des *höheren Teils seiner selbst* mit dem MEHR aus dem Universum ergibt. Verschiedene mystische Schulen aus mehreren Religionen erklären uns nach W. James: *daß das endliche Selbst sich mit dem absoluten Selbst vereinigt, weil es mit Gott und mit der Seele der Welt immer identisch war.* James, William, o.c., 1997, S. 491.
So kommt W. James zur Schlussfolgerung in seinem Werk: *Wie ich an anderer Stelle gesagt habe, ist der Über-Glaube meist das Interessanteste und Wertvollste an einem Menschen.* James, William, o.c., 1997, S. 492.
245 James, William, o.c., 1997, S. 502.
246 Nishida Kitaro beruft sich in seinem weltbekannten Werk auf ein Essay von W. James mit dem Titel „The world of Pure Experience", begründet gleichzeitig eine eigene Schule, die die gesamte japanische Philosophie seither geprägt hat.
Zit.n.: Kitaro, Nishida: Über das Gute (Zen no kenkyu). Eine Philosophie der Reinen Erfahrung, Frankfurt a.M.: Insel 1993 (2. Aufl.), S. 41.

weder von einem bestimmten Bekenntnis ausgeht noch eine inhaltliche Vorstellung über das Absolute beinhaltet, gleichzeitig aber darauf zielt, die Befähigung des Menschen für universaler Erkenntnis darzustellen. N. Kitaro behandelt die Realität als erfahrbare Wirklichkeit aus dem inneren Bewusstsein des Menschen, der Sinnfragen stellt: „Die vollkommene Erklärung der Realität erschöpft sich nicht in der Beantwortung der Frage, *wie* wir existieren, sondern muß auch erklären, *warum* wir existieren."[247]

Dem menschlichen Geist genügt nach N. Kitaro die Einheit des individuellen Selbst nicht, *‚er muß fortschreiten und nach einer größeren Einheit suchen.*[248] Auf der Suche nach der ‚wahren Realität' richtet sich das menschliche Bewusstsein darauf, die große Einheit alles Wirklichen zu erfassen: *Die mächtigste Realität ist die Versöhnung vielfältigster Widersprüche zu einer vollkommenen Einheit.*[249] Für diese oberste Realität, die nicht getrennt vom Wirklichen existiert, sondern in ihr wirkt und ihren Ursprung darstellt, steht nach N. Kitaro der Begriff ‚Gott'. Er stellt die eine universale Realität dar:

> Das bedeutet, im Universum existiert nur eine Realität. Diese *eine* Realität ist (…) autarke Tätigkeit. Den Ursprung dieser unendlichen Tätigkeit nennen wir Gott. Gott ist kein dieser Realität transzendentes Wesen, der Ursprung der Realität ist unmittelbar Gott. Die Verschmelzung von Geist und Natur, in der Subjekt und Objekt untergegangen sind, ist Gott.[250]

Mit dieser einen Realität kann der Mensch in eine Beziehung eintreten. Sein Instrument ist die ‚*Reine Erfahrung*'. In ihr wird das Tatsächliche spontan als solches erkannt. In ihr verschmelzen Geist und Natur, sind Subjekt und Objekt untergegangen. Während der gewöhnlichen Erfahrung immer ein Denken oder Urteil beigemischt wird, findet die ‚*Reine Erfahrung*' ohne jede Gedankenarbeit statt:

> Somit sind *Reine* und unmittelbare Erfahrung eins. In der unmittelbaren Erfahrung des eigenen Bewußtseinszustands gibt es noch kein Subjekt und kein Objekt. Die Erkenntnis und ihr Gegenstand sind völlig eins: Das ist die reinste Form der Erfahrung.[251]

‚*Reine Erfahrung*' findet insofern im losgelöst-freien Menschen statt, kommt ihm als reines Geschenk zu, noch vor jedem Urteil. Der Mensch ist nur in dem Maße, in dem er sich in reiner Präsenz seiner Gegenwart zuwendet, zu dieser Erkenntnis

---

247 Kitaro, Nishida, o.c., 1993, S. 142.
248 Kitaro, Nishida, o.c., 1993, S. 122.
249 Kitaro, Nishida, o.c., 1993, S. 93.
250 Kitaro, Nishida, o.c., 1993, S. 118.
251 Kitaro, Nishida, o.c., 1993, S. 29.

fähig. In der Reinen Erfahrung gibt es nur die Gegenwart des ‚*Tatsächlichen-wie-es-ist*‘, noch bevor der Mensch ihr eine Bedeutung hinzufügt oder sie beurteilt. In ihr ereignet sich die Erfahrung von Beziehung, nackt und bloß, ohne irgendwas dazwischen. In ihr existiert weder ein Innen noch ein Außen, gibt es keine Vergangenheit oder Zukunft, in ihr verschmelzen Subjekt und Objekt.[252] Der Mensch ist zu dieser unmittelbar stattfindenden Wahrnehmung fähig. Im konkreten Sich-Ereignen schafft die ‚*Reine Erfahrung*‘ eine Brücke zwischen dem individuellen Menschen in einer gegebenen Lebenssituation und der Einheit der großen Wahrheit. Als ein ‚*Selbsterfassen der tiefen Einheit*‘ begründet die ‚*Reine Erfahrung*‘ das menschliche Sein als Teilhabe am Gut-Sein. In ihr erkennt N. Kitaro den Ursprung aller Religionen, da das Absolute allein Quelle für alles Sein ist, alles von diesem einen Ursprung des Seienden abhängt.[253] Die im Bewusstsein der Einheit stattfindende Selbstwahrnehmung reicht in ihrer reinen Präsenz in das Grenzenlose. In diesen unantastbaren Momenten der Unmittelbarkeit findet nach N. Kitaro die Begegnung mit Gott statt. Nicht nur die Fähigkeit des Menschen, sich in der ‚*Reinen Erfahrung*‘ für die Einheit mit dem Göttlichen zu öffnen erklärt N. Kitaro auf diese Weise. Auch die Möglichkeit des Menschen, in dieser Form der Selbstbejahung die Widersprüche des eigenen Lebens zu vereinen, so die endgültige Wahrheit der eigenen Existenz zu verwirklichen, kommt aus dieser Quelle, das Sein zu erfahren.[254] Der Weg des Menschen führt über das Nicht-Urteil zum Erkennen, über das Verlassen des Ich zum Selbst, über das leere Feld einer Wirklichkeit ohne Urteil zur Erfahrung, sich in absoluter Freiheit der Einheit des Seins zuzuwenden. So ereignet sich das Einswerden mit Gott als dem *einen* Geist allen Seins. Die Suche nach Einheit ist das Alpha und Omega des Bewusstseins. Der Mensch hat nach N. Kitaro in seinem großen Selbst das existentielle Bedürfnis, sich mit dem Universum zu vereinen:

> Somit ist das religiöse Bedürfnis das tiefste Bedürfnis der Menschenseele. Unsere verschiedenen körperlichen und geistigen Bedürfnisse sind nur Teilbedürfnisse unseres Selbst. Nur die Religion ist die *Lösung* für das ganze Bewußtsein.[255]

Natur und Geist sind einander nach N. Kitaro nicht fremd, beide stellen vielmehr eine Einheit dar, die es zu erkennen gilt: *Diese Einheit ist Gott*.[256] Daher gibt es für den Menschen kein ursprünglicheres Bedürfnis, keinen natürlicheren Willen

---

252 Kitaro, Nishida, o.c., 1993, S. 34 f., 118f.
253 Kitaro, Nishida, o.c., 1993, S. 68.
254 Kitaro, Nishida, o.c., 1993, S. 23, 93.
255 Kitaro, Nishida, o.c., 1993, S. 194.
256 Kitaro, Nishida, o.c., 1993, S. 200.

als den, diese Einheit als Teilhabe am Sein des Guten in seinem Bewusstsein zu erfahren, ein zu tiefst menschliches Bemühen. Religion ist nach N. Kitaro die Antwort auf die Frage, warum es notwendig ist zu leben. Er bestimmt das Wesen aller Religionen mit einem kurzen Satz von universaler Bedeutung: *Religion ist die Beziehung zwischen Gott und Mensch.*[257]

> Ein verborgener Schatz war Ich
> Und wollte erkannt werden,
> so schuf Ich die Welt.
>
> Hadîth qudsî [258]

6.0 Religiöses Erkennen als Erfahren

Das religiöse Erkennen des Gläubigen ist Teil seiner Wahrnehmung. Empirische belegte Positionen der Kognitionspsychologie verweisen auf den enge Verbindung, die zwischen dem menschlichen Bewusstsein und den Prozessen seiner sinnlichen Wahrnehmungen und körperlichen Empfindungen besteht. Diese gegenseitige Aktivierung von Kognition und gelebtem Leben bestätigt sich in den Konstituenten der menschlichen Entwicklung, die die Sozialpsychologie dargestellt hat. Dieses Verhältnis einer ununterbrochenen Interdependenz lehren ebenso Naturwissenschaften, wenn sie von einer Wirklichkeit ausgehen, die immer bewegt ist, sich daher kontinuierlich verändert. Alles Erkennen stellt damit eine Reflexion über das Sein und die Potentialität seiner Entwicklung dar. Es besteht selbst aus nichts anderem als dem bewegten Austausch zwischen Neuronen. Die kognitionspsychologische Betrachtung hat damit gezeigt, in welch enger Form auch die religiöse Reflexion eines Individuums mit der Entfaltung seines inneren Bewusstseins und seiner Selbstfindung verbunden ist. Religiöse Kognition wird in dem Maße Teil des Lebens, als sie selbst bewegt ist, auf Veränderung eingeht und darin wirkt. Sie muss daher, wie alles Erkennen, das nicht nur Muster abbildet, als ein individuelles Erfahren verstanden werden, das in dem Maße das Handeln des Menschen leitet, als es selbst auf die täglichen Veränderung im Leben antwortet.[259]

---

257 Kitaro, Nishida, o.c., 1993, S. 194.
258 Zit. n.: Stoddart, William: Das Sufitum. Geistige Lehre und mystischer Weg, Freiburg i.B.: Aurum, 1979. S. 89.
259 Der buddhistische Lehrer Nagarjuna (2. Jht.) hat mit dieser Einsicht für den Buddhismus die ‚Schule des Mittleren Weges' begründet. Er lehrte die ‚Zwei Wahrheiten',

Für die Kognition des Menschen schließen Naturwissenschaftler und Kognitionspsychologen die einmalige Fähigkeit des Menschen nicht aus, trotz seiner kontingenten Existenz über Anlagen zu verfügen, die ihn befähigen, sich der Einheit mit allgemein gültigen Strukturen bewusst zu werden. Auf diese Weise entdecken Menschen Naturgesetze, die universale Geltung im Kosmos haben. Viele nehmen darin das universalte Wirken Gottes wahr. So sprechen Naturwissenschaftler, Psychologen und Philosophen vom Gesetz der *universalen Ordnung* (W. Heisenberg), der *höchsten Wahrheit* (F.J. Varela)[260], dem *Absoluten* als der *Einheit allen Seins* (N. Kitaro) oder der *uns zugewandten Seite der Transzendenz* (W. James).

Entscheidend erscheint mir die Position führender Kognitionspsychologen wie auch Naturwissenschaftler, die dem Menschen die Befähigung zusprechen, die Einheit wahrzunehmen, die im kosmischen Feld wirksam ist. Nach H.-P. Dürr verfügen alle Menschen über die Fähigkeit, den kosmischen *Hintergrund* in einer Weise wahrzunehmen, die auf einen sinnhaften Zusammenhang verweist.[261] Führende Naturwissenschaftler widersprechen daher keineswegs dem Schöpfungsgedanken der Gläubigen. Sie gehen von der Einheit allen Seins aufgrund ihres gemeinsamen Ursprungs in Gott, an den sie glauben, aus. Insofern ein Jeder durch seine Existenz an der Güte dieses Seins teilhat, wie N. Kitaro lehrt, ist er auch befähigt, mit der Einheit allen Seins in Verbindung zu treten. Hierzu ist es allerdings notwendig, ohne eigenes Urteil, ohne Erwartung oder fertiges Bild das Wirkliche anzusehen. Alles Faktische bis hinaus in den Kosmos wird so zum Hintergrund für den eigentlichen Sinnzusammenhang, in dem auch der Mensch steht.

Der Blick auf Grundlagen für eine Struktur der religiösen Wahrnehmung, die Gläubige unterschiedlicher Religionen miteinander verbindet, ist für den

---

die relative Wahrheit der weltlichen Übereinkunft im Alltag sowie jene der absoluten und höchsten Wahrheit des Buddhismus. Wer diese Unterscheidung nicht begreift, versteht nach Nagarjuna die Lehre Buddhas nicht. Das Erkennen beider Wahrheiten bedingt sich gegenseitig: *Ohne die Alltagspraxis läßt sich die höchste Wahrheit nicht lehren. Ohne Verständnis für die höchste Wahrheit gibt es keine Befreiung (Nirvana).* Zit.: n.: Varela, Francisco, J. u.a., o.c. 1995, S. 318.
260 Im Sinne der Erlösungslehre von Nagarjuna, zit. n.: Varela, Francisco J. u.a., o.c. 1995, S. 307–318.
261 H.P. Dürr erschließt wie alle Naturwissenschaftler die Aufmerksamkeit für den *Sinn des Ganzen*, ohne ihn zu bestimmen: *Ich kann vielleicht nicht beantworten, was der Sinn des Ganzen ist, der wird erst erahnbar, wenn ich verstehe, dass es etwas Höheres gibt.* Dürr, H.-P., 2013a, S. 48–49.

interreligiösen Dialog von größter Bedeutung. Gibt es gemeinsame Merkmale der religiösen Kognition, zu denen die Menschen nicht nur fähig, sondern auch berufen sind? Sie schafft noch keine religiöse Lehre, doch sie verbindet jene Menschen, die ihr Erkennen auf Gott ausrichten. Daraus leitet sich eine gegenseitige Wahrnehmung unter Gläubigen ab, die das religiöse Bemühen der anderen achtet, ohne deren Lehre infrage zu stellen und den eigenen Glauben durch sie infrage gestellt zu sehen.

6.1 *Eine* Grundstruktur für religiöse Erfahrung

Jede Form religiöser Bildung muss auf die Aufmerksamkeit junger Menschen für religiöses Erkennen aufbauen, ihre Zuwendung zu ihrem Glauben aufgreifen und erweitern. Meine Analyse der naturwissenschaftlichen Sicht der Welt und des Menschen, die Erkenntnisse der Kognitionspsychologie können in der Weise gebündelt werden, dass es – vor der religiösen Lehre und Unterweisung – gemeinsame Grundlagen für die Wahrnehmung eines Glaubens gibt. Dieses kognitive Ereignis, dessen Ursprung immer im Inneren eines Individuums liegt, hat Voraussetzungen, die auf vergleichbare Positionen aufbauen. Selbst wenn sich diese persönliche Wahl zu glauben verschiedenen Religionen zuwendet, gründet sie auf eine gemeinsame Haltung. Sie beschreibt nicht nur den Anfang, sondern charakterisiert auch den Ursprung und damit das Wesen zu glauben, das eigene Bewusstsein in seiner Begrenztheit für die Erfahrung des Unbegrenzten zu öffnen. Sich dem Transzendenten anzunähern, ist nicht nur für den Einzelnen, der so den Horizont seiner Wahrnehmung ins Grenzenlose öffnet, eine personale Form, sein eigenes Selbst in diesem Raum einzuordnen. Sie stellt auch eine grundlegende Haltung dar, die ihn mit Menschen anderer Religionen oder Bekenntnisse verbindet. Entsprechend schafft sie eine tragfähige Grundlage für die gegenseitige interreligiöse Wahrnehmung. Ich fasse diese Entscheidung für eine religiöse Wahrnehmung der Welt über vier Charakteristika zu einer grundlegenden Haltung, die ich aus meiner Analyse der Naturwissenschaften, der Anthropologie M. Bubers und der Kognitionspsychologie ableite.

1. *Das Bewusstsein um die Einheit des Seins*

Religiöses Bewusstsein erwacht mit dem inneren Aufmerken dafür, eine allgemeine Einheit des Seins zu erkennen, an der der einzelne Mensch teilhat. Er vermag sich dieser Einheit nur anzunähern, doch sie erfüllt seine Suche nach einen übergreifenden Sinnzusammenhang, in dem auch sein Leben steht. Diese Einheit des Seins steht für die Ordnung in der Schöpfung, die

Sicherheit im Leben und die Güte des Schöpfers. Für gläubige Menschen steht Gott für das übernatürlich-transzendente Sein, ist die Quelle alles Wirklichen.

2. Religiöses Erkennen als Selbstfindung

Religiöses Erkennen beinhaltet eine innere Reflexion um das eigene Selbst. Es dient dazu, sich durch individuelles Tun in Kontakt mit anderen zu verwirklichen. Dieses findet in Übereinstimmung mit der großen Einheit allen Seins statt, aus dem alles Leben kommt. Dieses nicht nur zu denken, sondern schrittweise zu erfahren ist das Ziel der eigenen Selbstfindung. Damit fordert religiöses Erkennen dazu auf, im Kontext der Lebenswelt die existentiellen Fragen des konkreten Lebens in Wahrheit und Harmonie mit dem Ganzen sinnhaft zu deuten.

3. Religiöses Bewusstsein aus der Beziehung

Religiöse Wahrnehmung beinhaltet hohe Formen der menschlichen Kognition in Sprache, Kult, Offenbarung und Lebensform. Diese Formen des Austausches werden über vertrauensvolle Beziehungen mit anderen in der Familie, Gemeinde und Schule entdeckt und erprobt. Sie bedürfen der personalen Freiheit und Distanz, um kreativ gemeinsam entfaltet zu werden. Über den Binnenraum des Eigenen hinaus verlangen Freiheit und Distanz eine mentale Öffnung gegenüber allen anderen Menschen.

4. Religiöses Erkennen als konkretes Tun

Der grenzenlose Horizont, den jede Religion erschließt, bedarf der konkreten Einordnung der täglichen Wirklichkeit in diesen Kontext. Nur über eine endlose Reihe von kleinen Schritten der ‚relativen Wahrheit' ergibt sich ein Weg der Erfahrung, der als Annäherung an die göttliche Transzendenz als ‚absolute Wahrheit' erfahren werden kann. In diesem Verhältnis bedingen sich die menschliche Kontingenz und seine Berufung, heil zu werden, gegenseitig. Aus der individuell verwirklichten Reihe von konkreten Schritten ergibt sich der einmalig-einzigartige Verlauf einer gläubigen Biographie.[262]

---

262 Innerhalb der gewählten Religion verwirklicht daher jeder Menschen seinen Glauben in einer Form, die ihn von allen anderen Gläubigen – selbst der eigenen Religion – individuell unterscheidet. Darin ist weder eine Relativierung noch eine Subjektivierung des Religiösen zu sehen. Wie eine Biographie eines Menschen kann eine Religion nur individuell gelebt werden, denn nur der einzelne Mensch glaubt. Dieses

Diese Grundlagen religiösen Erkennens schaffen Raum für eine interreligiöse Erziehung in unterschiedlichen Religionen, die gleichzeitig Schüler unterschiedlichen Glaubens verbindet. Auf ihrem Fundament können ohne Einschränkung die unterschiedlichen Lehren der monotheistischen Religionen vermittelt werden. Eine interreligiös konzipierte Religionspädagogik muss offenen Raum dafür schaffen, religiöse Verschiedenheit zu lehren, die ganze Wahrheit der eigenen Religion auszusprechen. Doch in dem Maße, in dem ihre Lehrer den Schülern mitteilen, dass notwendigerweise jeder Glaube individuell zu leben, in einem Beziehungsverhältnis aus Freiheit und Distanz zu verwirklichen ist, befähigen sie zur Begegnung mit anderen und gegenseitiger Achtung. In ihrem individuellen Bemühen, sich selbst in kleinen Schritten der großen Wahrheit ihrer Religion anzunähern, werden sie erfahren, wie sehr sie darin ihren Mitschülern gleichen.

6.2 Neues Erkennen aus der Verarbeitung von Differenz

Abschließend bleibt die große Frage zu beantworten, wie der Mensch kognitiv befähigt sein kann, inmitten seiner vielfältigen Wahrnehmungen von Veränderung und Abhängigkeit das eine, in sich ruhende Unabhängige zu erkennen. Das von jeder Bedingtheit Losgelöste im Sinne des Absoluten – lat. *ab-solutum* – überschreitet alles Bedingte. Gott wird von den Gläubigen zu Recht als das Transzendente bezeichnet, da er alles Abhängige überschreitet. Religiöses Erkennen muss, obgleich es bedingt stattfindet, die Grenzen aller Bedingtheiten überschreiten. Keine Vorstellung, kein Bild oder Aussage über Gott ist ihm angemessen, da er kein Gegenüber des Menschen darstellt. Erst dann, wenn ohne jede eigene Erwartung Wahrnehmung in ‚reiner' Form stattfindet, ist nach N. Kitaro die Annäherung an das Absolute zu denken. Dann gehen der Erkennende und das Erkannte ineinander über. Wie kann sich menschliche Kognition als ein Ereignis der bedingten Wahrnehmung dem Unbedingten erkennend annähern? Alle Religionen laden ihre Gläubigen dazu ein, sich Gott zuzuwenden, in ihm die Mitte allen Seins einschließlich der eigenen Existenz zu erkennen. Wenn diese Form religiöser Erkenntnis möglich ist, dann muss der Mensch befähigt sein, die bedingten Teile seiner Wahrnehmung in einer Weise auszuwerten, ja zu transformieren, um an das Unbedingte zu gelangen. Dann begründet der Hintergrund aus bedingten Elementen einen in sich ruhenden Sinnzusammenhang. Für den Gläubigen geht es also darum, eine übergreifende Einheit zu erkennen, ohne sie sehen zu können. Dann wird die relative Wahrheit aus

---

begründet die Einzigartigkeit eines jeden Lebens aus dem Glauben. Dieses Merkmal verbindet jeden Gläubigen mit allen anderen Gläubigen aller Religionen weltweit.

bedingten Teile zum Anlass, die absolute Wahrheit des Unbedingten selbst zu erfahren. Wie kann dieses neue Erkennen, das aus bedingten Teilen kommt und sie doch überschreitet, stattfinden?

Der Physiker H.-P. Dürr schlägt vor, sich allem, was ist, zuzuwenden, es jedoch als Hintergrund für das menschliche Erkennen auszuwerten. In diesem Raum zahlloser Erscheinungen kann der Mensch in kreativen Formen der Reflexion umfassende Strukturen einer ‚höheren Ordnung' finden.[263] Kognitionspsychologen wie H.R. Maturana und F.J. Varela haben vergleichbar dargelegt, wie das sprachliche Zusammenspiel mit anderen das Bewusstsein des Menschen in seiner einmaligen Struktur begründet.[264] Damit entsteht aus einer Vielfalt von wechselnden Wortelementen eine übergreifende Struktur menschlicher Reflexion. Sie wird geradezu bedingt durch die Differenzen, die der andere als Gesprächspartner in die gemeinsame Reflexion einbringt. Die Antwort des Gegenübers auf einen eigenen Vorschlag fällt immer ein wenig anders aus als erwartet. Sie schafft auf diese Weise eine Überlagerung unterschiedlichen Meinens von Ich und Du, deren Auswertung etwas konstruktiv Neues ergibt. Dieses liegt weder in der Rede des einen oder des anderen bereits vor, sondern ergibt sich aus der gemeinsamen Verarbeitung von Differenz. M. Buber hat diesen Vorgang, sich der Interferenz zwischen Ich und Du zu stellen, als Dialog bezeichnet. Er schafft eine Beziehung gemeinsamer Reflexion, die über das Erkennen, das die Gesprächspartner einzeln in den Dialog einbringen, hinausführt. In der kognitiven Verarbeitung von Interferenz entsteht damit ein kreativ neues Erkennen, das auf einer Reihe von unterschiedlichen Signalen aufbaut, sie jedoch überschreitet. Partner, die in eine dialogische Beziehung eintreten, finden gemeinsam konstruktiv neue Lösungen, indem sie ihr je eigenes Wissen im Austausch transformieren.

---

263 *Das Kreative schafft den größeren Raum, in dem sich das Ganze entwickeln kann. (…) Es geht um ein Zusammenspiel, weil ja nichts wirklich getrennt existiert. Auch das scheinbar Unterschiedliche bildet in Wahrheit eine Einheit.* Dürr, H.-P., o.c., 2013a, S. 43–44:
Dürr, H.-P., o.c., 2013a, S. 48: *Wir verfügen alle über ein inneres Betriebssystem das uns in die Lage versetzt, Dinge zu empfangen, die sich im Hintergrund befinden. Dieser „Hintergrund" ist ein außerordentlich fruchtbares Feld, das durch den Dialog, das Zusammenspiel, Informationen zu übertragen beginnt, die mir zu Verfügungen stehen, wenn ich sensibel bin, mich dem Gegenüber öffne und das aufnehme, was mir angeboten wird.*

264 Maturana, H.R.; Varela, F.J., o.c., 1987, S. 221f.

Der Apparat für menschliche Kognition, die neuronalen Netzwerke des Menschen sind so gebaut, dass sie sinnliche Signale kreuzweise überlagern, um in den so entstehenden Interferenzen neue Strukturen zu erkennen. Wir verstehen Sprache, indem wir alle sprachlichen Signale getrennt der linken und der rechten Gehirnhälfte zuleiten, sie unterschiedlich dort auswerten und das Ergebnis über das corpus callosum übereinander legen, um aus der Verarbeitung der sich darin zeigenden Differenzen das, was gesprochen wurde, in ihrem übergreifenden Sinn zu verstehen. Sprachliches Verstehen leitet sich nicht aus der Folge von Wortzeichen ab. Es bedarf der Verarbeitung des kontextuellen Raumes vielfältiger Sprachsignale, die zwischen den Sprechern hin und her gehen. Dieses Gewebe eines Textes schafft eine zusammenhängende Bedeutung aus einer Reihe von vielen Sprachzeichen.[265] Für die Neurobiologen H.R. Maturana und F.J. Varela ist diese Struktur der kommunikativen Vernetzung so wesentlich, dass sie darin die Bedingung sehen, ein Bewusstsein zu entfalten, das in dieser Form nur im Menschen vorkommt. Sprache dient nicht nur wie im Tierreich der Mitteilung von Signalen, sondern der gemeinsamen Verarbeitung von Differenz. Die ‚*soziale Strukturkoppelung*' mit anderen ist für H.R. Maturana und F.J. Varela die Bedingung dafür, dass der Mensch im Sinne eines kreativen Prozesses der ‚*Ko-Ontogenese*', zusammen mit anderen Mensch wird.[266] Mensch zu werden bedeutet, ein Bewusstsein zu entfalten, das individuell erkannte Sinnzusammenhänge schafft. In dem Maße, in dem jemand dieses leistet, überschreitet er die Fülle von Signalen, die jeden Moment auf ihn einströmen. Alle Bilder, die ihn bewegen, wertet er vergleichend aus, identifiziert sich mit keinem vorgegebenen Muster. Seine Reflexion stellt einen Bedeutungskontext her, der seine eigene Identität einordnet. Deren Qualität liegt schließlich darin, in keinem Merkmal nur eine Kopie zu sein, sondern sich von allen anderen Menschen zu unterscheiden. Kognition dient entsprechend diesem kreativen Vorgang der Unterscheidung, um sich selbst zu finden: „*Erkennen hat nicht mit Objekten zu tun,* denn Erkennen ist effektives Handeln; indem wir erkennen, wie wir erkennen, bringen wir uns selbst hervor."[267]

---

265 Wie bereits besprochen kommt das Stereo-Sehen oder räumliche Hören als neue Qualität der visuellen oder auditiven Wahrnehmung ebenso aus der Verarbeitung der Differenzen, die unsere linken und rechten Sinnesorgane herstellen. Dabei kann kein Auge, kein Ohr für sich genommen die Tiefe des Raums mitteilen. Gleiches gilt für die kreative Struktur unserer Wahrnehmung von Bewegung, Farben und Musik, die unsere neuronalen Netzwerke aus dem Vergleich der Differenzen von Signalfolgen herstellen.
266 Maturana, H.R.; Varela, F.J., o.c., 1987, S. 224f.
267 Maturana, H.R.; Varela, F.J., o.c., 1987, S. 262.

6.3 Erfahrung des Unbedingten im bedingten Leben

In einer Schule, in der Schüler unterschiedlicher Religionen oder Weltanschauungen gemeinsam unterrichtet werden, sollen Schüler das Recht haben, die großen Fragen, die an Gläubige gerichtet werden, zu stellen. Die wohl größte Frage dieser Art lautet: Woher weißt du, dass dein Glaube an Gott nicht nur Ergebnis deiner eigenen Erwartung ist, vielmehr der Gott, den du verehrst, wirklich existiert? Auf eine so fundamentale Frage in einer Weise zu antworten, die für die drei monotheistischen Religionen Geltung haben soll, ist nur in Form eines Gleichnisses möglich. Darin folge ich W. Heisenberg, der bildhafte Gleichnisse als notwendige Form bezeichnete, in das Verstehen der Kernphysik einzuführen.[268]

Die Möglichkeit, inmitten von bedingten Formen der menschlichen Wahrnehmung Gott als das unbedingt Absolute, das alles menschliche Denken übersteigt, zu erfahren kann mit Prozessen der visuellen Wahrnehmung des Menschen erläutert werden. In der Retina unseres Auges befinden sich drei Gruppen von Farbrezeptoren, die auf die Farben rot, grün und blau eingestellt sind, die sogenannten Zapfen in der Retina. Nur diese Farben kann das menschliche Auge ausgehend von den Lichtsignalen von außen abbilden. Alle anderen Farben, alle Farbtöne stellen die visuellen Netzwerke unseres Gehirns aus der Überlagerung der Aktivierung unterschiedlicher Farbrezeptoren her. So entsteht etwa die Wahrnehmung eines leuchtend gelben Rapsfeldes aus der interferenten Überlagerung von Signalen der auf rot und grün eingestellten Zapfen. Gelb als ganz neue Farbe sehen wir aufgrund einer hochstrukturierten Auswertung der neuronalen Interferenzen, die von grünen und die roten Zapfen simultan signalisiert werden. Mit den Eingangssignalen allein könnte kein Mensch die gelbe Farbe mit den vielen Farbtönen unserer visuellen Bilder wahrnehmen, keine Bewegung erkennen, Größenverhältnisse unterscheiden oder die Raumtiefe selbst dort ‚sehen', wo nichts mehr leuchtet. Unsere visuelle Wahrnehmung bildet daher nicht nur ab, was von außen kommt, sondern transformiert die Eingangssignale beider Augen in einer Weise, dass vollkommen neue Formen der visuellen Wahrnehmung möglich werden. Sie werden durch Eingangssignale ausgelöst, doch so vielfältig vergleichend ausgewertet, dass sie eine qualitativ neue Wahrnehmung begründen.

Die absolut neue Qualität dessen, was Menschen an Bildern, Bewegungen und Räumen in unserem Sehen erkennen, zeigt sich in der Wahrnehmung der weißen Farbe. Werden alle Farbrezeptoren in der Retina des Auges gleichermaßen aktiviert, so sehen Menschen weißes Licht. Gleichzeitig gibt es physikalisch keine Wellenlänge für Weiß. Daher findet sich in der Welt ‚draußen' objektiv kein Faktum Weiß, nur

---

268 Heisenberg, Werner (Hg.): o.c., 1988, S. 13.

hellere oder weniger helle Farben. Alles Licht besteht aus den Wellenlängen der im Regenbogen aufleuchtenden Farben, ohne weißes Licht. Der Mensch nimmt allerdings ein strahlendes Weiß wahr, wenn die Farben Rot, Grün und Blau mit ihren verschiedenen Wellenlängen seine Farbrezeptoren gleichzeitig aktivieren. Weißes Licht ‚erscheint' jedem von uns, wenn wir drei Lichtstrahler mit den Grundfarben überlagern.[269] In dieser Wahrnehmung ereignet sich eine ebenso wirkliche wie innere Erfahrung des Menschen ohne objekthaftes Gegenüber. Sie ist ein kreativ-konstruktives Ergebnis der kognitiven Transformation von äußeren Impulsen.

---

269 Dieser Prozess wird in der Farbenlehre als *additive Farbmischung* bezeichnet. Ihre Ergebnisse sind vollkommen anders als die Farben, die sich aus dem Mischen von Farbstoffen aus dem Malkasten (substraktive Farbmischung) ergeben. Alle Fernsehbildschirme oder Farbmonitore stellen ebenso ihre Bilder aus nur drei Farbpunkten her. Wenn alle drei Farbpunkte gleich aufleuchten, sehen wir an dieser Stelle Weiß. Diese Wahrnehmung erzeugt das menschliche Gehirn kreativ aus der Überlagerung von Signalen der Rezeptoren für die *drei Primärfarben*. Zwei Primärfarben lassen uns die Sekundärfarben *Gelb, Cyan* und *Magenta* wahrnehmen. Im menschlichen Auge selbst gibt es für sie keine spezifischen Farbrezeptoren. Die menschliche Farbwahrnehmung ist daher ein kreativ neues Konstrukt aus Prozessen der strukturierten Verarbeitung neuronaler Interferenzen.

Was Menschen sehen, wenn sie die Überlagerung von Farben wahrnehmen, überschreitet die Eingangssignale, macht Neues erfahrbar. Unsere visuelle Kompetenz transformiert die reale Welt ringsum ein einer Weise, die auf die Bedürfnisse, als Mensch zu leben, eingestellt ist. Ein Leben ohne die Wahrnehmung des weißen Lichts, das nur im menschlichen Gehirn erstrahlt, ist nicht denkbar. Damit stehen visuelle Fähigkeiten, die Menschen immer und überall aktivieren, symbolisch für die Befähigung der menschlichen Kognition, die Wirklichkeit über die gegebenen Fakten hinaus darzustellen. Menschen haben die Begabung, eine Fülle von Fakten so zu lesen, dass ihnen darin eine übergreifende Bedeutung erscheint, die Antwort auf ihre Frage gibt, warum sie leben.[270] Dabei werden gegebene Fakten nach einem offenen Kontext ausgewertet, der auf das Wirkliche gründet, es jedoch transzendiert. Die Ereignisse ringsum einschließlich der eigenen Empfindungen so zu verarbeiten, dass sich darin das göttliche Wirken zeigt, ist ein Potentialität, die den Menschen auszeichnet. Sie gibt Antwort auf seine existentielle Frage, führt ihn zu sich selbst zurück. Ohne Gott gesehen zu haben leuchtet die Bedeutung seines Wirkens im Inneren des Menschen auf, der glaubt.[271] Leer geworden und frei von allen Bildern begegnet er der Möglichkeit, das Wirkliche zu transzendieren, so das Wirken des transzendent Absolutem zu erfahren.

---

270 Nach N. Kitaro beziehen sich Religionen in ihrem Kern nicht auf das ‚Wie' der menschlichen Lebens, sondern auf die existentielle Frage, ‚*warum* wir existieren'. Kitaro, N.: o.c., 1993, S. 142.

271 Dieses Gleichnis steht in besonderer Weise für ein mögliches Verhältnis zwischen Juden, Christen und Muslimen. Sie gestalten ihre religiöse Orientierung nach ihrem eigenen, farblich spezifischen Feld. Sie tun dies in einer der Grundfarben, nach der sie die Wirklichkeit ausleuchten. Die Ausprägung ihres eigenen Feldes, seine spezifische Farbe, zeigt sich eben in der Unterscheidung von den anderen. Gleichzeitig überschneiden sich alle drei Lebenskreise in ihrem Zentrum. Dieses ist der Ort, an dem sie von dem einen Gott – für alle – sprechen. Dort verlieren sich ihre Eigenfarben, vergeht das Profil ihrer je eigenen religiösen Praxis. Auf dem Weg ihrer Annäherung an ihren theologischen Kern gehen alle Eigenfarben in ein leuchtendes Weiß über, das so in der faktischen Welt draußen nicht existiert. Gott hat weder eine Farbe noch Form, ist kein objekthaftes Gegenüber, das dem einen oder anderen gehörte. Er steht als die unfassbare Transzendenz in ihrer aller Mitte.

Teil V

> Der andere Mensch, der in uns steckt, das ist der innere Mensch; (...)
> Und der ist gemeint, wenn unser Herr sagt, daß
> „ein edler Mensch auszog in ein fernes Land
> und sich ein Reich gewann und wiederkam."
>
> Meister Eckhart [272]

1.0 Der Weg als Prinzip des Glaubens

Die Zukunft der Religionen wird in Europa nachhaltig gestaltet werden. Dieser Kontinent ist zur Heimat aller Weltreligionen geworden, da er Religionsfreiheit gewährt. Im Feld des Interreligiösen, das in Europa täglich gelebt wird, werden sich die Religionen gegenseitig inspirieren oder destruieren. Keine Gemeinschaft wird dabei ihr religiöses Leben nur im Blick auf das Eigene weiter entfalten können, das Weltbild der anderen übergehend. Keine wird im Westen die Stellung einer Staatsreligion einnehmen, die das öffentliche Leben bestimmt. Angesichts des zunehmend konflikthaft aufgeladenen Klimas in unserer Gesellschaft wird es auf die Religionsgemeinschaften ankommen, dem Missbrauch von Glaubensinhalten entgegenzuwirken. Gleichzeitig sind sie berufen, inmitten von Globalisierung und Vielfalt die Aufgabe zu übernehmen, Wege der Selbstfindung zu erschließen, so personale Identität zu stiften, wo viele eine kulturelle Verwirrung befürchten.[273] Im Sinne von Meister Eckhart ist ‚der äußere Mensch' zurückzulassen, um ‚den inneren Menschen' zu entfalten. Das Drama der interreligiösen Auseinandersetzung liegt eben darin, dass der Glaube eine personale Beziehung zwischen der äußeren Welt und dem inneren Sein herstellt. Alle Formen der gegenseitigen Passung oder auch des äußeren Zwangs sind überholt und müssen aufgegeben werden, um Raum für die freie Entfaltung des inneren Menschen aus dem Glauben zu schaffen. Dieser befreite Mensch wird in den Dialog mit anderen ohne Vorbehalt eintreten, da er dem anderen die selbst gewählte Freiheit im Glauben gewährt. Gemeinsam werden sie Formen der Identitätsbildung finden, die einander nicht in Frage stellen. Diese innere Öffnung wird bestimmend sein für den Beitrag der Religionen, das zukünftige Europa konfliktfrei zu gestalten. Gleichzeitig wird auf diesem Weg die Überzeugungskraft der Religionen gegenüber den eigenen Gläubigen

---

272 Traktat ‚Vom edlen Menschen': Meister Eckehart, hg. v. J. Quint, o.c. 1979, S. 140.
273 Vgl. Weidenfeld, Werner: Europa. Eine Strategie, München: Kösel 2014, S. 105f.

zunehmen, denn diese müssen nichts Wirkliches mehr ausklammern, keine Gruppe mehr ausgrenzen, um selbst zu glauben. Hinzu kommt, dass das interreligiöse Feld in Europa immer auch das Verhältnis zu den säkularen Gruppen und den Menschen, die sich zu keiner Religion bekennen, einschließt. Die Freiheit aller seiner Bürger beginnt mit ihrer Gewissens- und Religionsfreiheit. Wer sie für sich selbst wünscht, muss sie rückhaltlos allen anderen gewähren.

Damit sind alle Erzieher und Lehrer, die für religiöse Bildung junger Menschen Verantwortung übernehmen, aufgefordert, die heranwachsende Generation zu befähigen, in gegenseitiger Achtung gemeinsam dieses Europa in seiner religiösen und weltanschaulichen Vielfalt zu gestalten. Die Religionen werden nach H. Joas nur dann ihren Beitrag zur Befriedung und kreativen Gestaltung der Welt leisten können, wenn sie eine eigenständige Rolle der kulturellen Vermittlung zwischen den universalistischen Positionen, die zum Fundamentalismus neigen, einerseits und den nationalen Positionen andererseits, die die Welt nach Völkern und Kulturen einteilen, übernehmen.[274] Diese Vermittlung kann nur in einem Raum der politischen Freiheit geschehen, den ihnen die Staaten gewähren. Doch sie kann nur verwirklicht werden, wenn die Religionsgemeinschaften ihren Gläubigen den freien Raum gewähren, ihren Glauben so zu leben, wie sie das selbst verantworten können. Nur Menschen, die ihren religiösen Weg als Individuen gehen, werden sich von Angesicht zu Angesicht auch dem anderen zuwenden, in einen interreligiösen Dialog mit ihm eintreten. Erzieher, die ihre Aufgabe darin erkennen, junge Menschen zu befähigen, inmitten einer zunehmenden religiösen Vielfalt ihren Glauben im Austausch mit anderen Menschen zu entfalten, benötigen eine theologische Grundlage, die spezifisch auf diese zukünftige Welt eingestellt ist. Sie findet sich im Weg des Menschen, der nur in Freiheit zu verwirklichen ist.

1.1 Das Konzept des Weges

Eine Grundlage für alle in einer Welt der religiösen Vielfalt schafft das Konzept des W e g e s. Es hat für alle gleichermaßen Gültigkeit und ist dadurch gekennzeichnet, dass es das Leben als Weg betrachtet, den der *Mensch als Individuum* – seinem eigenen Lauf als *curriculum vitae* vergleichbar – selbst beschreitet, von Kindheit und Jugend an. Nach dem Konzept des Weges erscheint das Leben nicht als eine Zeit, in der möglichst viele Güter zu sammeln, Leistungen zu stapeln oder Titel zu erwerben sind, sondern als ein Kontinuum von Schritten, die wie Gelenkstellen alles mit allem verbinden, so eine innere Bedeutung schaffen, die

---

274 Joas, Hans: Glaube als Option. Zukunftsmöglichkeiten des Christentums, Freiburg i. B.: Herder 2013 (2. Aufl.), S. 224 f.

einem Leben seinen Sinn verleihen. Auf diese Weise vollzieht der Mensch seinen Glauben, verbindet dessen Bedeutungen mit seinem Leben. Wege haben sicher mit stehenden Fakten zu tun, doch sie kommen aus der Bewegung und verlangen je neu, das Erreichte zu überschreiten. Sie entstehen dadurch, dass man sie geht. Von einem Weg im Glauben zu sprechen bedeutet, aufzubrechen, in die Ferne zu gehen, zusammen mit anderen zu handeln. Die je eigenen Wege werden durch ein *gemeinsames Land* führen, das kein Mensch zu Beginn seines Lebens kennt, ihm in seiner Weite noch weitgehend unbekannt ist. Es handelt sich um ein Land, das nicht nur durch das Eigene bestimmt wird, sondern in vielen Teilen auch durch das Fremde, das Werk anderer Menschen, die unterschiedliche Wege in diesem Feld beschreiten. Keiner, der es zu durchwandern sucht, wird auf die Hilfe der Anderen und ihre Kenntnisse verzichten können. Weite Wege kann niemand allein unternehmen, hohe Berge besteigt man in der Regel mit anderen.

Religiöse Erziehung auf das Fundament des Weges zu gründen ist deswegen so bedeutsam, weil es für alle Schüler Geltung hat, sowohl im Verhältnis zur eigenen Gemeinschaft wie im Verhältnis zu Gleichaltrigen, die im gemeinsamen Feld andere Wege gehen. Es schafft Brücken in ihrer religiösen Aufmerksamkeit, lädt aber gleichzeitig dazu ein, den je eigenen Glauben Schritt für Schritt selbst zu vollziehen. Wenn die zu unterrichtende Religion als Teil des Lebens begriffen wird, dann befinden sich alle Schüler, so jung sie sein mögen, bereits auf dem Weg, unabhängig von ihrem Geschlecht, ihrer Herkunft oder Schulart. Schüler nehmen sehr wohl wahr, in welchem Maße ihre Lehrer sie bereits als individuelle junge Menschen wahrnehmen, die ihren Weg gehen, so vorläufig ihre ersten Schritte in die Welt mit ihren Interessen und Kenntnissen sein mögen. Sie erkennen sehr wohl, inwieweit sie in ihrer Einzigartigkeit wahrgenommen werden. Damit ist eine gegenseitige Achtung verbunden, die über das unterrichtete Fach, ihre Beurteilung und die Schulart hinaus das Lehrer-Schüler-Verhältnis bereichert.[275] Die Bedeutung der vorgeschlagenen Grundlegung religiöser Bildung liegt daher nicht nur in seinem offenen Horizont mit Blick auf das weite Feld der Wege in einer Welt der religiös-weltanschaulichen Vielfalt, sondern wesentlich darin, dass es auf den einzelnen Schüler in seiner Individualität gerichtet ist. Eben in seiner einmaligen Lebenssituation wird er als ein im wörtlichen Sinne einzigartiger junger Mensch wahrgenommen und durch religiöse Bildung

---

275 In der Erinnerung an meine eigene Schulzeit mit den zahlreichen Lehrern, die uns unterrichteten, ragt ein einziger Lehrer, Herr Max Spindler, eben dadurch heraus, dass er für mich und uns Schüler bereits in der Volksschule zum Wegweiser geworden ist. Alle Mitschüler haben ihn hoch geschätzt, da er uns im frühen Alter bereits als junge Menschen angesehen hat, die einen eigenen Lebensweg vor sich haben.

befähigt, sich selbst auf den Weg zu begeben. Gleichzeitig können auf dieser Grundlage unterschiedliche Religionen in ihrer Besonderheit, junge Menschen individuell anzusprechen, gelehrt werden.

1.2 Der Weg als religiöse Botschaft

Alle großen Religionen sprechen vom Weg, indem sie zur Nachfolge aufrufen. Sie lehren Wegweisung, laden zum Gang in die Hauslosigkeit ein oder rufen zur Haltung der Pilgerschaft oder Pilgerfahrt auf.[276] Der im Neuen Testament am häufigsten erscheinende Begriff bezieht sich nicht auf die Lehre, den Logos (λογος) nicht auf das Gesetz als Nomos (νομος), sondern auf den Weg Hodos (οδος). Er wird ins Lateinische mit *via* (Weg) übersetzt. Keine Rede Jesu wird im Neuen Testament häufiger ausgesprochen als der Ruf: *Folgt mir nach!* oder *Ich bin der Weg, die Wahrheit und das Leben.* (Johannes 13, 6). In ihrem Anfang werden die Christen als die *Anhänger des neuen Weges* bezeichnet und eben wegen ihres alternativen Konzepts im Verhältnis zum Judentum mit seinen zahlreichen Geboten, die sie nicht mehr befolgen, verfolgt.[277] Über Jahrhunderte, noch bevor die Lehre der Dogmen und Gesetze formuliert wurde, lagen im Konzept des Weges und der Nachfolge Christi die Leitlinien des christlichen Lebens.[278] Der Weg verbunden mit der Pilgerschaft und einer Kirche auf dem Weg – *ecclesia peregrinans* – ist zum Kennzeichen einer neuen Weltreligion geworden.[279]

Im Islam wird der Prophet Mohammed als Leitbild für die Gläubigen auf ihrem Weg, als ihr *Imam,* verehrt. Er übernimmt als *Gesandter* Gottes die schwere Aufgabe, die Menschen zu warnen, sie auf ihrem Weg als Führer zu leiten: *Wir lehrten ihn nicht Dichtung, das ziemte ihm auch nicht; es ist nichts als Ermahnung (dikr) und klarer Vortrag (qu'ran).*[280] Die erste Sure des Korans, die als ‚*Eröffnende*' (al-Fatiha)

---

276   In den Schriften des Judentums zählt das Buch *Exodus* als Aufbruch und Auszug aus Ägypten zum ersten großen Thema des jüdischen Heilsweges.

277   Apostelgeschichte 9,2.

278   Das meistgelesene Buch im Christentum nach dem Neuen Testament trägt den Titel *Die Nachfolge Christi* (De imitatione Christi). Thomas a Kempis: Die Nachfolge Christi, Zürich: Diogenes 1986 (Erstausgabe 1470).

279   Darin lieg ein Leitkonzept für die Institution Kirche. Sie wird als *pilgernde Kirche* (ecclesia peregrinans) bezeichnet, die ihre Gläubigen zu begleiten habe, daher selbst kontinuierlich zu reformieren sei. Gleichzeitig waren es die Orden, die dieses hohe Konzept über die Jahrhunderte verwirklichten. Vgl.: Aufrichtige Erzählungen eines russischen Pilgers, hg. v. Jungclaussen, Emmanuel, Freiburg i. B.: Herder 1974.

280   Zit. nach: Bobzin, Hartmut: DER KORAN. Eine Einführung, München: Beck 2001 (4.Aufl.), S. 45.

den hohen Text der Offenbarung für Muslime einleitet und zu ihrem Hauptgebet geworden ist, mündet in die Bitte um Führung auf den *geraden Weg*:

> Im Namen Gottes, des Erbarmers, des Barmherzigen.
> Lob sei Gott, dem Herrn der Welten,
> dem Erbarmer, dem Barmherzigen,
> der Verfügungsgewalt besitzt über den Tag des Gerichtes!
> Dir dienen wir, und Dich bitten wir um Hilfe.
> Führe uns den geraden Weg,
> den Weg derer, die Du begnadet hast, die nicht dem Zorn verfallen
> und nicht irregehen.[281]

Im gesamten asiatischen Raum steht für den Begriff des Weges das *Tao* als Bemühen gläubiger Menschen, sich ein Leben lang dem Absoluten anzunähern. Lao-Tse hat im 4. Jh. v. Chr. das Konzept des Weges eingeführt, um sein Wort, seine Lehre vom Sinn und universalen Weltgesetz unter dieser Leitlinie vorzustellen.[282] Tao beinhaltet den großen Weg, den die Heiligen gehen, Einsicht in die Natur des Absoluten, das selbst unfassbar bleibt. Entsprechend beginnt der erste und einleitende Spruch Lao-Tses mit einer Vorstellung des Begriffs Tao, wobei *Tao* als Weg zu lesen ist:

> Tao, kann es ausgesprochen werden,
> ist nicht das ewige Tao.
> Der Name, kann er genannt werden,
> ist nicht der ewige Name.
> Das Namenlose ist des Himmel und der Erde Urgrund (…).[283]

In Asien gilt seit Lao-Tse das Tao als ‚aller Geistigkeiten Pforte'.[284] Es entzieht sich jeder Bestimmung und überschreitet alle Namen. Religionen und Meditationsschulen stellen mit diesem Begriff ihr hohes Anliegen vor. Der hinduistische Meister Sri Aurobindo beschreibt den Beginn seiner religiösen Berufung mit der Formulierung, er sei ‚auf den eigenen Weg gestellt worden'.[285] Die Buddhisten lesen die edlen Wahrheiten Buddhas als Einweisung in den *achtfachen Pfad der Erlösung*. In Japan werden alle Künste, die der Mensch ein Leben lang lernt und vervollkommnet, über die Endung *do* als Wegkompetenzen bezeichnet, die

---

281 Der Koran, übersetzt von Khoury, Adel Theodor; Abdullah, Muhammad Salim, Gütersloh: Gütersloher Verlagshaus 1992 (2. Aufl.), S. 1.
282 Lao-Tse: TAO TE KING, übertragen v. Victor von Strauß, Zürich: Manesse 1959, S. 31.
283 Lao-Tse: o.c., 1959, S. 57.
284 Lao-Tse: o.c., 1959, S. 57.
285 Sri Aurobindo: Der integrale Yoga, Hamburg: Rowohlt 1993, S. 16.

japanische Version des Begriffs *Tao*. So die Teezeremonie (chado), die Künste des Blumensteckens (kado), des Bogenschießens (kyudo), aber auch der Zenmeditation und anderer Glaubensweisen. Alles Handeln, das auf ein grenzenlos vollkommenes Ziel, ja, die Begegnung mit dem Absoluten gerichtet ist, wird so zu einem *do*, einem Lernprozess des Weges, da man sich dem Absoluten nur anzunähern vermag. Alle Künste und hohen Bemühungen, die man ein Leben lang übt und weiter entfaltet, ohne je sagen zu wollen, dass man sie beherrsche, werden daher als Weg bezeichnet. So auch die verschiedenen Bekenntnisse. Mit dem Konzept des Weges tritt die religiöse Suche des Einzelnen vor die verfügbare Lehre der Tradition. Daher hat dieses Konzept für diejenigen, die sich ihrem Glauben vollständig hingeben, eine besonders herausragende Bedeutung. Die großen mystischen Schulen sprechen vom Weg des Gläubigen, ohne die stehende Lehre oder das Gesetz zu übergehen. Doch es genügt ihnen nicht, nur ein von außen vorgegebenes Bekenntnis oder Gebot der *Exoterik* zu erfüllen. Sie begeben sich darüber hinaus auf einen inneren Weg, die Met-hode der individuellen Vollendung, der *Esoterik*. Daher umschreiben sie ihr Bemühen mit Wallfahrt, Pfad oder *tariqa*, um sich dem Göttlichen anzunähern.[286] Muslimische Derwische sprechen einfach nur vom Weg.[287] Während es in allen Religionen große

---

286 *Tariqa* steht für Weg, Pfad, Methode im Sufismus und den muslimischen Bruderschaften. Hierbei ist zu erinnern, dass der Begriff Met-hode bedeutet, einem vorgegebenen Weg (hodos) zu folgen.
Vgl.: Stoddart, William: Das Sufitum. Geistige Lehre und mystischer Weg, Freiburg i. B.: Herder 1979.
Aufrichtige Erzählungen eines russischen Pilgers, hg. v. Jungclaussen, Emmanuel, Freiburg i. B.: Herder 1974.
In Tibet gilt ein Lama als geistlicher Führer: Er weist den Weg, sein Titel leitet sich ab aus ‚lam', der Weg.

287 So auch asiatische und japanische Autoren, die über Religionen handeln:
Suzuki, Daisetz Taitaro: Der westliche und der östliche Weg. Essays über christliche und buddhistische Mystik, Frankfurt: Ullstein 1957.
Suzuki, Daisetz T.: KOAN. Der Sprung ins Grenzenlose, Bern: Scherz 1988.
Field, Reshad: Ich ging den Weg des Derwisch. Das Abenteuer der Selbstfindung, Frankfurt a. M.: Fischer 1981.
Der japanische Theologe und Jesuit, Kakichi Kadowaki, umschreibt seine Begegnung mit Zen als Erfahrung des Weges: *In gewisser Hinsicht – und ich meine, das ist keine Übertreibung – ist dieser Weg die schönste Blüte östlicher Kultur.*; in: Kadowaki, Kakichi: Zen und die Bibel. Ein Erfahrungsbericht aus Japan, Salzburg: Otto Müller 1980, S. 13.
Enomiya-Lassalle, Hugo, M.: Zen. Weg zur Erleuchtung, Freiburg: Herder (2. Aufl.) 1969.

Pilgerschaften gibt, zu denen viele Gläubige aufbrechen, stellt die Wallfahrt nach Mekka zum Opferfest ein zentrales Ereignis für jeden Muslimen weltweit dar, das seinen religiösen Weg in einer einmaligen Weise auszeichnet. In der Begegnung mit zahllosen Pilgern aus aller Welt erfahren sie ihren Glauben als ein Ereignis eines Weges, der alle Grenzen überschreitet. Das Konzept des Weges verbindet nicht nur die Muslime, sondern alle Gläubigen miteinander. Darüber hinaus spricht es jeden Menschen individuell an, denn jeder von uns geht seinen Glaubensweg – seiner Biographie vergleichbar – einmalig, einem Erstbesteiger gleich, in dieser Form zum ersten und zum letzten Mal.

> Warum sollten wir das Leben als eine Reise betrachten?
> Weil es den Wandel in der Natur und
> den Wandel in den Erfahrungen gibt.
> Wir gehen von einer Erfahrung zur anderen;
>
> Inayat Khan [288]

2.0 Erfahrungen von Menschen auf dem Weg

Weltweit haben Religionen nicht zufällig das Bild des Weges gewählt, um den Kern ihrer Botschaft darzustellen. Dieses von Anfang an interreligiöse Konzept, einen Glauben zu verwirklichen, eignet sich in besonderer Weise, Brücken zu den Glaubensweisen der anderen zu erschließen. Worin liegen die Merkmale des *Weges* als einer Erfahrung, die jeder Mensch kennt und täglich neu vollzieht? Wie entsteht durch aufmerksame Beobachtung auf dem Weg Wirklichkeit, wie der Nobelpreisträger N. Bohr feststellt? Diese Erfahrung verbindet das Erkennen mit dem Tun, das Handeln mit dem Erkunden, das Eigene mit dem Fremden. So kann das Konzept

---

Sen, Soshitsu: Ein Leben auf dem Teeweg, Zürich-München: Theseus 1979.
Herrigel, Eugen: Der ZEN-WEG, München: Otto Wilhelm Barth (6. Aufl.) 1981.
Zimmer, Heinrich: Der Weg zum Selbst. Lehre und Leben des Shri Ramana Maharishi, Düsseldorf: Eugen Diederichs, 1974.
Geh den inneren Weg. Texte der Achtsamkeit und Kontemplation, hg. v. Willigis Jäger, Freiburg i. B.: Herder, (5. Aufl.) 2001.
Graf Dürckheim, Karlfried: Der Weg, die Wahrheit, das Leben. Erfahrungen auf dem Weg zur Selbstfindung, Bern: Scherz 1981.
Graf, Peter; Unterreitmeier, Hans (Hg.): Meister Eckhart. Zieh aus, um zurückzukehren, Perugia: Benucci 1992.
288 Zit. n.: Hazrat Inayat Khan: Wanderer auf dem inneren Pfad, hg. v. Karima S. Gupta, Freiburg i.B. 1986, S. 19.

des Weges im Religiösen eine Beziehung zu anderen Gläubigen ebenso wie den großen Bogen zum Absoluten aufspannen. Folgende vier Merkmale kennzeichnen die *Er-fahrungen* von Menschen, die sich auf die *Fahrt* ihres Weges begeben:

2.1 Ein Weg entsteht durch Gehen

Ein Weg ist kein stehendes Faktum. Es gibt Straßen, die niemand mehr begeht. Wege entstehen nach einem Wort von Franz Kafka dadurch, dass sie jemand geht. Der Weg kommt aus dem Aufbrechen, dem Tätigsein oder einer notwendigen Bewegung, die man täglich ausführt. Wer nicht mehr gehen kann, ist eingeschränkt oder wird krank. Damit können die Wege, die einer geht, auch nur verändert fortgesetzt werden. Sein Weg ist gleichsam ohne Anfang. Doch derjenige, der seinen Weg gehen will, muss sich entscheiden *aufzubrechen.* Nach japanischen Zenmeistern soll jeder kontinuierlich einen *beginners mind* pflegen, einen Anfängergeist, der ihn befähigt, weiter voranzuschreiten. Dabei führen große Wege immer über den erreichten Stand hinaus. Mit jedem Schritt verlässt man das bis dahin Erreichte. Der frühe Philosoph Heraklit von Ephesos (gest. 460 v. Chr.) hat dies als erster für die abendländische Philosophie erkannt und daraus das große Prinzip abgeleitet, dass niemand zwei Mal in denselben Fluss steigen könne. Dieses Prinzip gilt für jedes Tun des Menschen. Jeder Weg wird einmalig vollzogen, nichts darin lässt sich wiederholen.[289]

2.2 Ein Weg besteht aus Schritten

Selbst eine Weltreise beginnt mit dem ersten Schritt, einem alltäglichen Tun. So komplex und schwierig eine Reise, eine Bergfahrt oder Expedition[290] auch sein mag, sie besteht aus kleinen Schritten. Wie in der Infinitesimalrechnung alle natürlichen Formen bis ins Unendliche dadurch dargestellt werden, dass sie in endlos kleine Intervalle zerlegt und so berechnet werden, ergibt sich jeder Weg,

---

289 Die Etymologie des Verbums *gehen* wie des englischen *go* kommt aus indoeuropäisch *ghe(i)-* ‚klaffen, leer sein, verlassen, fortgehen' bis hin zu *ghengh-* ‚die Beine spreizen, schreiten', auch ‚gähnen'. Der nahe Begriff der *Reise* beinhaltet ebenso ‚Aufbruch, Fahrt' und ist über das mittelhochdeutsche Verb *risan* mit der Bedeutung ‚aufstehen, sich erheben, steigen' bis hin zum englischen Verb *rise* mit eben diesen Bedeutungen verwandt. Wer einen Weg geht, bricht daher auf, indem er das Bisherige verlässt, also weggeht im Sinne von fortgehen. Zu einem Weg als Reise aufbrechen kann er nur, insofern er sich erhebt, sich einem offenen Raum zuwendet, seine Beine bewegt.

290 Der Begriff der *Expedition* leitet sich aus dem Lateinischen Verbum ‚ex-pedire' ab. Es bedeutete ursprünglich, den Sklaven die Fesseln von den Füßen (pedes) abzunehmen, damit sie als Soldaten losgeschickt werden konnten. Zwei Füße müssen sich frei bewegen können, um gehen zu können.

den ein Mensch geht, aus einer unendlich langen Folge von einzelnen Schritten, die nur Grenzwerte bezeichnen.[291] Eben das gilt auch für den Weg des Menschen: Er ist in seiner Form einmalig wie seine Biographie. Er setzt sich aus kleinen Schritten zusammen. Seine Schrittfolge allein stellt ihn konkret in seiner einzigartigen Form dar. So werden die Wege des Menschen zu singulären Ereignissen, die niemand kopieren oder auch – auf den Spuren eines anderen – nachahmen kann. Jeder Weg im Leben wird nur einmal in dieser Form beschritten, gewinnt so seine einzigartige Bedeutung. Hinzu kommt das Merkmal des Ausschreitens. Es ist nur möglich für jemanden, der freien Raum vor sich hat, in Freiheit lebt.

2.3 Einen Weg zu gehen heißt zu wählen

Wer geht, muss kontinuierlich eine Wahl darüber treffen, wie er weitergehen wird. Wer sich bewegt, muss jeden Moment entscheiden, wohin er gelangen will. Nur ein Schiff, das fährt, kann man steuern, nur ein Auto in Bewegung lenken. Diese Selbstverständlichkeit ist nicht unerheblich, denn sie macht jeden Weg zu einer individuellen Wahl, die der Gehende treffen und verantworten muss. An Kreuzungen wird sie von Bedeutung für den weiteren Verlauf des Lebensweges sein, da jeder Weg unwiederbringlich stattfindet. Wege beinhalten Kreuzungen, Seitenwege oder Verfehlungen. Sie zielen auf Begegnung oder vermeiden sie – zwei verschiedene Formen zu handeln. Diese Entscheidungen kommen aus einer inneren Orientierung des Menschen. So gewinnt jeder Lebensweg eine individuelle Würde. Kein Teil darin kann gelöscht oder, gleich einem Film, zurückgespult werden.[292]

---

291 Wie in der Infinitesimalrechnung gehen diese Werte gegen null. Diese Art, die komplexesten Dinge mathematisch auszudrücken wird auch als Differentialrechnung bezeichnet, da sie alles aus kleinsten Unterschieden, minimalen Differenzen, zusammensetzt. So können sämtliche natürlichen Gegebenheiten rechnerisch sehr viel genauer dargestellt werden als in der vorausgehenden Mathematik, die ihre Gegenstände und Formen auf vorgedachte Körper oder idealisierte Linien (Kreise, Quadrate, Tetraeder u.a.) zurückführte, die so in keiner Wirklichkeit gegeben sind.

292 Auf ihrem Weg aktivieren Menschen innere Karten der Orientierung, die nicht nur aus dem Abbild einer Landschaft oder der Erinnerung einer Schrittfolge kommen. Diese inneren *cognitive maps* sind nach U. Neisser in den momentanen Handlungskontext eingebettet und folgen übergeordneten Koordinaten der Orientierung, die im Zusammenspiel mit allen Ebenen des menschlichen Bewusstseins erkannt werden. Die inneren Karten der Orientierung stehen nicht, sie werden laufend aus allen Quellen des Erkennens erneuert. Damit bildet jeder Weg die innere Entwicklung eines Menschen ab, beinhaltet alle seine Kenntnisse und entfaltet seine Er-fahrungen. Vgl.: Neisser, Ulric: Kognition und Wirklichkeit. Prinzipien und Implikationen der kognitiven Psychologie, Stuttgart: Klett-Cotta 1979, S. 89ff.

2.4 Der Gegenkraft des Bodens standhalten

Wenn Menschen einen Weg ‚unter ihre Füße nehmen', dann schreiten sie nur voran, weil der Boden sie trägt, ein aufsteigender Weg sie auf einen Berg hebt, ein abfallender sie nach unten bewegt. In allen Fällen muss derjenige, der geht, der Gegenkraft des Bodens standhalten, ja sie überwinden. Rutscht er aus, weil er nicht das richtige Schuhwerk trägt, so greifen die Kraft seiner Beine und die Gegenkraft des Bodens nicht mehr ineinander. Der Gehende hält der Kraft des Bodens nicht mehr stand. Er kann nicht weiter gehen wie ein Auto auf einer Eisfläche ohne die Gegenkraft, die ein griffiger Boden auf seine Reifen ausübt, nicht losfahren kann. Seine Motorkraft allein genügt nicht, um den Wagen zu bewegen.[293] Wer einen Weg geht, ist ferner einem Segler vergleichbar, der sein Boot in die Gegenkraft des Windes stellt. Strafft er die Taue seiner Segel nicht, damit diese sich gegen den Wind spannen, so flattern sie leer umher, ohne dass das Boot Fahrt aufnimmt. So sind auf jedem Weg Gegenkräfte zu überwinden, die immer entgegenstehen, daher widrig erscheinen müssen. Doch ohne sie, ohne dass der Voranschreitende sich diesen Kräften der Landschaft stellt, findet kein Weg statt. Nicht nur die Mühe, die ein Weg oder eine Bergtour den Wanderer kostet, hat damit zu tun, sondern auch deren Gefahren. Sich den Gegenkräften nicht zu stellen, hat Fehltritte oder Verletzungen zur Folge. Ein einziger Ausrutscher genügt, um eine große Tour zu unterbrechen, eine lange Reise zu verändern. Den Weg zu gehen, erfordert daher Aufmerksamkeit und eine genaue Bewertung der Gegenkräfte, Schritt für Schritt, ohne abzugleiten. So entsteht aus der bewegenden Arbeit des Menschen und der wirkenden Gegenkraft der Natur das Gelingen eines Weges. Niemand kann aufbrechen, anstatt sitzen zu bleiben, ohne eine Gegenkraft zu überwinden, niemand gehen ohne auszuschreiten.

Die Wahrnehmungen dessen, der losgeht, zeigen, dass der bewusst ausgeführte Weg des Menschen zu einer einmaligen Erfahrung für ihn wird. Sie entsteht aus dem Zusammenwirken von eigenen Kenntnissen und Zielen, den Weisungen derer, die einen auf dem Weg begleiten, sowie den Kräften und Zeichen der Landschaft, die durchschritten wird. Wer in die Ferne fortgeht, wird ‚erfahren' zurückkehren. Er wird inmitten von Veränderungen gelernt haben, was wirklich zählt. Für ihn erfüllt sich das Axiom von H.R. Maturana und F.J. Varela: *Jedes Tun ist Erkennen, und jedes Erkennen ist Tun.*[294] Aufzubrechen ver-

---

293 Mit diesem Hinweis rufe ich das dritte Naturgesetz der Mechanik auf, das Isaak Newton entdeckt hat. Kräfte treten immer paarweise als Kraft und Gegenkraft auf. Sie sind einander gleich, doch immer entgegengesetzt ausgerichtet: actio = reactio. Ohne Gegenkraft kann keine Kraft ihre Wirkung entfalten.
294 Maturana, Humberto, R.; Varela, Francisco, J.: 1987, o.c. S. 32.

langt Initiative, führt aber in ein entsprechend erweitertes Erkennen. So gewinnt der Weg selbst seine besondere Würde. Er wird zur Aufgabe, die jeder, der in die Ferne aufbricht, wahrnehmen wird: *Der Weg ist das Ziel.*[295]

Worin liegt die Relevanz der Erfahrungen von Menschen, die sich auf den Weg begeben? Welche besondere Qualität zeichnet diese Form des Erkennens aus? Sie begründet die theologische Bedeutung der Haltung, im Glauben aufzubrechen. Im Folgenden unternehme ich den Versuch, die theologische wie auch die existentielle Bedeutung des Wegprinzips darzustellen. Darin liegt eine Einführung in eine *Theologie des Weges*. Sie stellt die theologische Antwort auf ein Leben in einer Welt der kulturellen Vielfalt dar.

> Wahrlich,
> groß ist der *Weg*, groß der Himmel,
> Groß die Erde, groß der König!
> Vier Große gibt es in den Grenzen des Alls.
> Der Mensch ist einer von ihnen.
>
> Der Mensch nimmt zum Gesetz die Erde;
> Die Erde zum Gesetz den Himmel;
> Der Himmel zum Gesetz den *Weg*;
> Der Weg nimmt zum Gesetz das eigene Weben.
>
> LAO-TSE [296]

3.0 Der Weg als Erfahrung des Glaubens

Eine Theologie des Weges erfüllt drei Erwartungen in neuer Form, die an jede Glaubenslehre in der Moderne gestellt werden. Sie schafft einen Handlungsraum, in den sie grundlegende Erkenntnisse der Anthropologie, der Sozialpsychologie

---

295 In Türkisch: *Yol maksattır* – ein Wort, das alle berührt, so in alle Kulturen Eingang gefunden hat.

296 LAO-TSE: TAO-TÊ-KING. Das Heilige Buch vom Weg und von der Tugend, übertragen v. Günther Debon, Stuttgart: Reclam, 1961 (25. Spruch, V. 59f), S. 51
Nach der Übertragung von Victor von Strauß lauten diese Verse:
„In der Welt gibt es vier Große,
   und der König ist von ihnen einer.
Des Menschen Richtmaß ist die Erde,
   der Erde Richtmaß ist der Himmel,
   des Himmels Richtmaß ist Tao,
   Taos Richtmaß ist sein Selbst."
LAO-TSE: TAO TÊ KING, hg. v. W.Y. Tonn, Zürich: Manesse 1959, S. 89.

und Erkenntnistheorie integriert. Die theologische Relevanz des Auf-dem-Weg-Seins im Glauben ist mit der Entwicklung des Menschen verbunden, seiner personalen Selbstfindung. Sie stellt gleichzeitig eine Antwort auf die gegebene Welt dar, deren religiöse und weltanschauliche Vielfalt weiter zunehmen wird. Die Aufgabe einer Theologie des Weges liegt darin, Menschen zu befähigen, selbst aufzubrechen. Damit muss sie sich als Lehre zurücknehmen, sich vielmehr grundsätzlich immer als eine Einführung verstehen. Sie gründet auf drei Konstituenten, die den spezifischen Bedingungsraum hierfür schaffen.

3.1 Wege als Raum für Religionen

Die Konstituenten einer Theologie des Weges schaffen Raum für unterschiedliche Lehren. Sie haben gleichermaßen Bedeutung für alle Religionen, so dass sie zusammen einen Raum für interreligiöse Begegnung eröffnen. Während Gläubige aus verschiedenen Religionen dieses gemeinsame Land mit unterschiedlichen Karten betreten, befähigt sie eine Theologie des Weges, ihren eigenen Weg zu gehen. Sie steht für die Dynamik des gelebten Glaubens, beschränkt daher die Struktur ihrer Lehre auf eine Hinführung. Ihre Konstituenten sind:

3.1.1 Die Einheit von Körper und Geist

Die Erkenntnisse der Kognitionspsychologie fordern dazu auf, nicht länger zwischen Denken und Handeln, Geist und Körper zu unterscheiden. Wer seinen Glauben auf dem Weg vollzieht, sein Tao erfüllt, schafft durch sein aufmerksames Bemühen ein Bewusstsein des Hintergrunds, das eben diese Einheit herstellt. Sein bewusstes Gehen richtet seine Schritte aus, stellt eine Verbindung zwischen sich und den anderen her, gibt Antwort auf die Gegebenheiten der Landschaft, die er durchschreitet. Dabei vereint der Gehende Körper und Geist in seinem Tun, ohne den Geist festzuhalten oder emotionalen Bedürfnissen allein zu folgen. Der große Lehrer auf dem Sufipfad, Celaleddin Rumi, spricht von dieser Erfahrung der Einheit auf dem Weg, wenn er sagt: *Geist und Körper sind kein Geheimnis füreinander, aber niemandem ist es erlaubt, den Geist zu sehen.*[297]

---

[297] Zit. n.: MEVLÂNA. Verse der Liebe, hg. v. Suphi Uzunca; Selçuk Demirel, Hamburg: Galgenberg 2000. S. 7.

3.1.2 Der individuell gelebte Glaube

Es ist die *individuell wahrnehmende Person,* die in ihrem Inneren je neu die Inhalte eines Glaubens erkennt, eine gottergebene Haltung wählt und sie selbst vollzieht. Religionen sind einmalige Geschenke an Menschen als Individuen, die in ihr Inneres gehen. Nur der einzelne Mensch glaubt in seinem eigenen Inneren. Aufgrund seiner einmaligen Biographie unterscheidet er sich darin von anderen Gläubigen, sowohl denen des eigenen Bekenntnisses wie auch denen, die anderen Weltbildern folgen. Eine Theologie des Weges stellt sie alle in einen vergleichbaren Raum der gelebten Religion, die fertige Muster überschreitet. Sie lädt sie ein, ihre Erfahrungen aus allen Momenten des Weges, aus allen Sinnen sowie dem Verstehen ihrer Begegnungen zu verarbeiten, um ihrer Lebensform eine sinnhafte Kontinuität zu verleihen. C. Rumi gibt seinen Sufi-Schülern den Rat: *Wende den Blick nach innen und frage, wer du bist? Von wannen du kommst, von wo, was bist du?*[298]

3.1.3 Das Stehen im grenzenlosen Horizont

Jede ernsthafte Theologie muss sich mit der Frage auseinandersetzen, wie der Mensch aus einem konkreten Ort heraus mit vergänglichen Sinnen das unvergänglich Absolute erkennen kann. Bereits Thomas von Aquin lehrte hierzu das Ungenügen des menschlichen Erkennens: *Das Höchste und Letzte menschlicher Gotteserkenntnis liegt deshalb darin, die Unbegreiflichkeit Gottes zu begreifen.*[299] Eine Theologie des Weges überdeckt dieses Spannungsverhältnis nicht mit einer stehenden Lehre, die formal zu bekennen ist, sondern stellt den Gläubigen, der seinen Glauben lebt, in die Dynamik eines grenzenlosen Horizonts. Ohne das hohe Ziel seines Weges fassen zu können, muss es dem, der geht, genügen, sich ihm Tag für Tag anzunähern. Sie dient Menschen auf der Suche, deren Welt und Konstitution sich laufend wandeln. Sie sind zu befähigen, alle ihre Wahrnehmungen in einer sich ändernden Landschaft so auszuwerten, dass sie die Kraft finden, weiter sich Schritt für Schritt ihrem an sich unfassbaren Ziel anzunähern.

---

298 Zit. n.: Nasr, Seyyed Hossein: Die Erkenntnis des Heiligen, München: Diederichs 1990, S. 216.
299 Thomas von Aquin: De potentia, quaestio 7, art. 5 ad 14: *‚Illud est ultima cognitionis humanae de deo quod sciat se deum nescire',* zit. n. Heinzmann, Richard: Thomas von Aquin. Eine Einführung in sein Denken, Kohlhammer: Stuttgart 1994, S. 64.

Wenn ein Glaube mehr ist als das einmalige Bekenntnis vor Zeugen, dann gilt ebenso, dass jede Rede von Gott das menschliche Denken übersteigt.[300] Wenn ferner der Weg des Glaubens nur zusammen mit anderen, die einen begleiten und führen, möglich ist, dann ist das Konzept des Weges das einzig überzeugende, um in einer Welt der religiösen Vielfalt einen bestimmten Glauben authentisch zu leben, ohne andere Menschen aus der gegebenen Welt zu übergehen. Immer schon folgten jene, die ihren Glauben intensiver als andere verwirklicht haben, dieser Konzeption. Mystiker vieler Religionen des Orients, Asiens ebenso wie des Christentums traten mehr als alle anderen Gläubigen für den interreligiösen Dialog ein. Sie haben das Konzept des Weges und der Pilgerschaft, des Taos und der Do-Meditation oder den Tariqa-Pfad der Sufis gewählt und alles unternommen, um selbst auf diesem Weg so weit wie irgend möglich voranzukommen. Menschen auf anderen Wegen haben sie geachtet, da sie um ihr Bemühen wussten, die gemeinsame Aufmerksamkeit für das eigene Innere kannten. Für viele von ihnen gilt, dass sie in tiefster Form ihren Glauben verwirklicht haben, obgleich sie von den Institutionen ihrer Religion wenig geachtet oder gar verfolgt wurden.[301] In ihnen, die aus allen Religionen kommen, sehe ich den Prüfstein für die Gültigkeit und Tragweite einer Theologie des Weges für alle. Ohne den Vordergrund von Lehre und Gesetz zurückzuweisen haben sie im Hintergrund ein Bewusstsein gepflegt, das nicht mehr darauf angewiesen ist, andere zu beurteilen, um sich selbst auf diese Weise zu bestärken. Ihre Lebensform ist durch die Öffnung für alles, was in der Welt zu erfahren ist, verbunden.[302] Ihr

---

300 Weiter ausgeführt in: Graf, Peter: Spiritualität und interreligiöser Dialog: zur Wahrnehmung des Göttlichen, in: Polat, Mizrap; Tosun, Cemal (Hg.): Islamische Theologie und Religionspädagogik. Islamische Bildung als Erziehung zur Entfaltung des Selbst, Frankfurt a.M.: P. Lang, S. 15ff.

301 Mansur al Halladsch wurde für seine offene Haltung gegenüber den Christen und Juden 922 in Bagdad zum Tode verurteilt, Franz von Assisi, der in Zeiten der Kreuzzüge den Sultan in Jerusalem besuchte, zum Außenseiter seiner Kirche. Daisetz T. Suzuki, der die Zenmeditation im Westen lehrte, wurde in Japan kritisch beurteilt. Sri Aurobindo wurde in seiner Heimat verfolgt, bis er ein internationales religiöses Begegnungszentrum in Pondicherry eröffnete. Getrude und Thomas Sartory nennen sie alle gleichermaßen ‚*Meister des Weges*'.
Sartory, Gertrude und Thomas: Die Meister des Weges in den großen Weltreligionen. Guru – Roshi – Scheich – Zaddik – Starez – Meisterüberlieferungen der frühchristlichen Mönchsväter, Freiburg i.B.: Herder 1981.

302 Mit einem offenen *Hintergrundsbewusstsein* ist eine reformbereite Haltung verbunden, die in allen Religionen notwendig ist. Sie führt über Lehre und Gesetz als Exoterik des religiösen Lebens hinaus, ohne diese äußeren Vorgaben abzulehnen oder

kommt eine entscheidende Bedeutung für unsere Zeit des Wandels zu. Bereits 1966 sprach Karl Rahner eine Prognose aus, die nicht hoch genug eingeschätzt werden kann, da sie eine Brücke zur individuellen Erfahrung des Gläubigen herstellt: *Der Fromme (Christ) von morgen wir ein Mystiker sein, einer, der etwas erfahren hat, oder er wird nicht sein.*[303]

3.2 Notwendigkeit einer Theologie des Weges

Fünf Argumentationslinien sprechen dafür, die Konzeption des Weges in die Mitte einer neuen theologischen Reflexion zu stellen. Darin liegt nicht nur eine religionspädagogische Antwort auf Fragen der Erziehung in einer Welt der interkulturellen Vielfalt. Sie begründen darüber hinaus die Struktur und thematische Ausrichtung einer neu zu konzipierenden Theologie des Weges. Sie soll auf Fragen der Gegenwart Antwort geben, also konkrete Verantwortung für Religionsgemeinschaften übernehmen. Sie wird entsprechend das Verhältnis zwischen rationalem Wissen, wie es die Naturwissenschaften lehren, und religiösem Glauben neu auswiegen. Im Sinne der Erkenntnisse von Sozialwissenschaften und der Kognitionspsychologie wird sie für ein konstruktives Verhältnis zwischen der Entwicklung und dem Lernen junger Menschen und deren religiösen Selbstfindung eintreten. Für die Christen geht es schließlich um die Aufgabe, aus einer theologischen Konzeption, die im frühen Christentum eine herausragende Bedeutung hatte, neue Impulse für die Gegenwart zu gewinnen.[304]

Andersgläubige darauf zu reduzieren. Sie wendet sich der inneren Verwirklichung des Glaubens zusammen mit anderen zu. Ihre innere Kraft der Esoterik beurteilt weder sich noch andere weiter nach äußeren Kriterien. Sie lehnt religiöse Traditionen nicht ab, sondern durchdringt deren Oberfläche, um ihre Bedeutung für das eigene individuelle Bemühen, in der gegebenen Welt zusammen mit anderen zu glauben, zu erkennen. In der Achtung der gegebenen Welt wenden sie sich der Tiefe ihres eigenen Glaubens zu. Sie wissen darum, dass alles religiöse Bemühen nur eine Form der möglichen Annäherung an Gott ist.

303 Rahner, Karl: Frömmigkeit heute und morgen, in: Geist und Leben 39 (1966), S. 335.
304 Theologen stellen für China wie Japan eine sehr reichhaltige Literatur und religiöse Tradition, die auf das Konzept des Weges als Tao, Daoimus oder die Do-Künste aufbaut, die in Japan wesentlich aus einer religiösen Tradition, also dem Zenbuddhismus, kommen. Der japanische Jesuit K. Kadowaki stellt aus seiner Sicht erstaunt fest, dass die christlichen Theologien im Westen das Wegkonzept nicht weiter entwickelt haben, obgleich es im Neuen Testament eine zentrale Rolle einnimmt. Kadowaki, J. Kakichi: Erleuchtung auf dem WEG. Zur Theologie des Weges, München: Kösel 1993, S. 9f.

3.2.1 Die interkulturelle Aufgabe der einen Welt

Für Religionen, die die Schöpfung oder das universale Gesetz des Dharmas lehren, wird die gegebene Welt in der Form, wie sie aus der Hand Gottes oder des Absoluten kommt, zur Aufgabe. Diese Welt ist als Ganzes allen anvertraut. Dieses eine Feld der interkulturellen Welt beinhaltet eine Botschaft an alle Menschen, die an die Schöpfung glauben. Keine Religion ist darin mehr allein. Keine wird ihren Anhängern auf Dauer untersagen können, die Glaubensweise der anderen wahrzunehmen. Alle haben den Auftrag, jene Menschen, die anders leben, als gleichrangig zu achten, da Gott sie so ins Leben gerufen hat.[305] Dieses eine Feld der gegebenen interkulturell und interreligiös geprägten Welt ist zu lange durch Gegnerschaft, die Ablehnung der anderen, die als ‚Ungläubige' deklassiert werden, durch das Verbot der Begegnung und Partnerschaft mit ihnen bestimmt worden. Dieses ist gemeinsam zu ändern. Das Konzept des Weges ist geeignet, in gläubigen Menschen das Bewusstsein von dem einen globalen Feld zu vermitteln, in dem jede Gemeinschaft zwar ihre eigenen Wege einschlägt, doch nur zusammen mit anderen das allen anvertraute Land gestalten kann. Auf dem Weg zu sein beinhaltet keinen Wettbewerb wie im Sport, in dem nur einer den Preis gewinnt, sondern Kooperation. Es bedeutet auch nicht, ausgetretenen Spuren zu folgen, sondern eigenständig neue Wege zu finden. Vielmehr geht es um den Weg nach innen, den jeder einzelne Mensch selbst unternehmen muss, um sich und die anderen in ihrer Würde zu erkennen.[306]

Große Wege kann niemand durchstehen, ohne auf jene zu hören, die eben in der Lebenswelt, die man durchschreitet, zu Hause sind. Wie uns die Physiker gelehrt haben, steht alles in diesem einen Feld der gemeinsamen Schöpfung in Wechselwirkung. Die globale Welt steht in einer konkreten gegenseitigen Abhängigkeit. In ihr gibt es für die Gesellschaften nur eine Alternative, diese eine

---

305   Mir ist schmerzlich bewusst, dass die Menschenrechte einschließlich der Gewissens- und Religionsfreiheit in großen Teilen der Welt aktuell nicht geachtet werden. Auch in Europa gewähren religiöse Organisationen ihren gläubigen Frauen nicht alle ihre Grundrechte im Bereich von Ehe und Partnerschaft. Das Drama in den Ländern des Orients hat wesentlich mit dem Verlangen aller Menschen zu tun, in Freiheit und Gleichheit zu leben.

306   Die Kirchenlehrerin Katharina von Siena (+ 1380) gibt ihren Mitschwestern den Rat: *Bedenkt also meine geliebten Kinder, wir können auf keine andere Weise unsere eigene Würde und die Schönheitsfehler der Seele erkennen, es sei denn wir schauten in das friedliche Meer der göttlichen Wesenheit, in dem die Seele sich widerspiegelt.* Zit. n.: Linsbauer, Helga M. (Hg.) Die Heiligen Tag für Tag, Augsburg: Bechtermünz 2000, 29.4.

Welt gemeinsam konstruktiv zu gestalten oder sie destruktiv zu Grunde zu richten, ebenfalls gemeinsam. *Tertium non datur*, ein Drittes gibt es in allen Prozessen, die mit Leben zu tun haben, nicht. Auch eine Pause einzulegen geht nicht, da keiner nicht wirklich nicht handeln kann, das Leben keine Unterbrechung duldet. Alle befinden sich immer auf dem Weg, stehen in gegenseitiger Wechselwirkung. Das Konzept des Weges in die Theologien zu übernehmen bedeutet daher, alle Aufmerksamkeit auf Themen der Interdependenz zu richten, ernsthaft jeder Form von sozialer Ausgrenzung, der Unterbindung von Kooperation und Begegnung abzubauen. An die Stelle von Unterscheidung nach Gruppen und der Einteilung von Menschen muss ein offener Raum für Wege der Begegnung in freier Partnerschaft hergestellt werden. Gleichzeitig ist es der einzelne Gläubige, der seinen Weg gehen soll und muss, um ihn – über die allgemeine Lehre hinaus – in einer einmalig neuen Form zu vollenden.

3.2.2 Die personale Aufgabe der Selbstfindung

Zu glauben kommt aus der individuellen Wahl einer Person. Sie begibt sich auf den Weg des Glaubens, um sich selbst zu finden, ihre eigene Lebensform zu verwirklichen. Alle Religionen rufen den Einzelnen auf, durch seine Hinwendung zu Gott sein eigenes Heil zu finden. Eine Theologie, die auf das Konzept des Weges baut, wird den einzelnen Gläubigen in die Mitte ihrer gesamten Reflexion stellen. Wie wir gesehen haben, entsteht jeder Weg durch das Gehen auf einem Lebensweg. Der Mensch wird selbst seinen Weg im Glauben gehen oder auch nicht. Niemand kann dauerhaft geschoben oder getragen werden. Das Seil einer Bergsteigergruppe ist nicht dazu da, jemanden über den Felsen zu ziehen. Es dient allein dazu, ihn bei seinem eigenen Aufstieg zu sichern. Was die Sozial- und Kognitionspsychologie lehrten, erweist sich über das Konzept des Weges in neuer Form als hochrelevant für alles Religiöse: Das menschliche Individuum muss aus seiner inneren Wahl heraus seinen eigenen, je neuen und einmaligen Weg im Glauben gehen. Er kann diesen nur in Interaktion mit anderen verwirklichen. Doch er wird dabei nicht nur anderen folgen oder ein fertiges Muster abbilden. Identitätsbildung beginnt damit, Schemata mit eigenen Inhalten zu füllen. Jedes Individuum geht seinen Weg allein, wird nichts darin einfach wiederholen, einzelne Teile bewusst ‚vergessen' oder übergehen können. Die einzigartige Stellung des Menschen als Individuum im Kosmos wird über das Konzept des Weges, der nur einmal individuell beschritten wird, neu aufgerufen, in die Mitte allen theologischen Denkens gestellt.

Dieser Weg zur eigenen religiösen Identität wird nicht ohne schwere Abschiede, ohne den *großen Zweifel* der Zenbuddhisten, ohne die *dunkle Nacht,* von der

Juan de la Cruz spricht, ohne Mühsal und Not möglich sein. Die Mystiker des Judentums, des Christentums und des Islams haben gleichermaßen diese schwere Aufgabe, auf dem Weg zu bestehen, dargestellt, ebenso die Meister der Zenmeditation.[307] Der Begründer der Soto-Zen-Schule, Meister Dogen, schreibt:

> Den Buddha-Weg erfahren bedeutet sich selbst erfahren. Sich selbst erfahren heißt sich selbst vergessen. Sich selbst vergessen heißt sich widerfinden – in allen Dingen.[308]

Die innere Wahrnehmung der einzelnen Person wird so zum Dreh- und Angelpunkt auch des religiösen Weges, den der Gläubige auf seiner Suche nach seinem *wahren Selbst* geht.[309] In jeder Religion kommt das Wesen des Menschen aus Gott oder dem Absoluten. In seinem inneren Sein, dem Ursprung seiner Individualität, spiegelt sich die göttliche Hand des Schöpfers. Blickt man auf das Innere des Menschen, so gibt es keinerlei Unterscheidung nach Alter, Wissen, Herkunft und Geschlecht, Stand, Sprache und Religion. Leider pflegen religiöse Institutionen weiterhin tradierte Unterscheidungen dieser Art, um sich von anderen abzugrenzen. Eine Theologie des Weges wird sie alle gleichermaßen überwinden, vor allem die gestufte Unterscheidung zwischen Mann und Frau, zwischen gläubigen Menschen und ‚Ungläubigen'.[310] Mevlâna Celaleddin Rumi hat bereits im

---

307 *Der große Tod*, die Erleuchtung durch ihn ist nicht ohne den großen Zweifel und die Einsamkeit zu erlangen, lehren die Meister des Zen-Weges. Vgl. Kadowaki, Kakichi, o.c. 1980, S. 27f.
Johannes vom Kreuz spricht vom Licht inmitten der dunklen Nacht, dem *Strahl der Finsternis*. Johannes vom Kreuz. Gotteserfahrung und Weg in die Welt, hg.v. Boldt, Johannes, Olten: Walter 1984 (2. Aufl.) S. 50f.

308 Deshimaru, Taisen: Die Lehre des Meister Dôgen. Der Schatz des Sôtô-Zen, München: Diederichs 1991, S. 43.

309 Große Denker verlegen ihr Bemühen um den interreligiösen Dialog in den inneren Raum der Person. Sie wird als das *wahre Selbst* erkannt, wenn man sein Ich, sein eigenes Urteil aufgibt. H. Dumoulin sieht daher im Sterben des Ichs, das die Personwerdung im christlichen Mittelalter begründet, eine Annäherung an das buddhistische Denken der Leere: Dumoulin, Heinrich: Begegnung mit dem Buddhismus, Herder: Freiburg 1978, S. 66. Dumoulin begründet seine Position ferner mit Teilhard de Chardin, für den das Sich-in-Gott-Versenken bedeutet, *die letzte Mitte unserer Existenz auf Ihn zu verlegen* (S. 119) und zitiert Keiji Nishitani, der sich ähnlich auf das Individuum konzentriert: *Zweifellos ist die Idee des Menschen als eines personalen Seins die höchste Idee vom Menschen, die bis heute erschienen ist. Dasselbe kann von Gott als persönliches Sein gesagt werden.* (S. 133).

310 Einen anderen Menschen als Ungläubigen zu bezeichnen, halte ich für unhaltbar. Dieses Merkmal kann jemand allein sich selbst zuschreiben. Das Merkmal ungläubig kann gleichzeitig nicht beinhalten, einer bestimmten Religion nicht zu folgen.

13. Jahrhundert Anhänger anderer Religionen mit folgenden Worten in seine Gemeinschaft geladen:

> Du, Mensch, du bist das Buch Gottes.
> Was du suchst, liegt in dir, nicht außer dir.
> Ob du ein Christ bist oder ein Muselmane,
> Ein Jude oder ein Brachmane,
> komm zu uns.
> Unsere Tür ist offen für alle.[311]

Im interreligiösen Feld auf das innere Erkennen des Individuums zu gehen, heißt einen Ursprung zu erschließen, in dem das eigene Selbst verwirklicht wird. Dieser Ort der Kognition verbindet gleichzeitig die Menschen, denn ihr Erkennen schöpft aus vergleichbaren Quellen. Brücken des Verstehens werden in der Tiefe dieses Erkennens geschaffen. Das alternative Vorgehen, äußere Strukturen der Erscheinung von Kulturen und Religionen vergleichend auszuwerten, ist vielfach unternommen worden, doch ohne Bedeutung geblieben.[312]

Der theologische Wert des Konzepts des Weges, den jemand wirklich beschreitet, liegt schließlich darin, dass diese Konzeption den Leib einbezieht. Die rationale Logik einer systematischen Theologie übersieht das. Sie hat immer Recht, doch sie versäumt es, Menschen mit Leib und Seele zu bewegen.[313] Aufzubrechen, zu gehen und fortzuschreiten ist Bewegung, die aus der Einheit von Körper und Geist kommt, mit allen Kräften der Seele und Emotionen auszuführen ist. Nach K. Kadowaki liegt hierin ein bedeutender Unterschied zwischen den Theologien des Westens und den religiösen Pfaden in asiatischen Kulturen, die nicht ohne ein bewusstes Atmen, ohne den Körper und seine Bewegungen

---

311 Mevlâna. Verse der Liebe, hg. v. Uzunca, Suphi; Demirel Selçuk, Hamburg: Galgenberg 2000, S. 51.

312 Die Multikultiwelt zu pflegen hat in eine Beliebigkeit geführt, in der niemand leben will, oder zu hybriden Konstrukten wie *kulturelle Heterogenität* oder *Transkulturalität,* die keine tragfähige Bedeutung für wirkliche Lebenswelten haben. Niemand will in einer Zwischenwelt leben, kann in frei schwebenden Konstrukten sein ‚zu Hause' finden. Vgl.:
Cohn-Bendit, Daniel; Schmid, Thomas: Heimat Babylon. Das Wagnis der multikulturellen Demokratie, Hamburg: Hoffmann und Campe 1992.
Göhlich, Michael; Leonhard, Hans-Walter; Liebau, Eckart; Zirfas, Jörg (Hg.): Transkulturalität und Pädagogik. Interdisziplinäre Annäherungen an ein kulturwissenschaftliches Konzept und seine pädagogische Relevanz, Weinheim: Juventa 2006.

313 Die ‚verkörperte Kognition' umfasst weit mehr als logisches Denken. Auf diese grundlegende Konstitution menschlicher Wahrnehmung verweisen moderne Kognitionspsychologen mit Nachdruck. Vgl.: Varela, Francisco, J. u.a. o.c. 1995, S. 205ff.

ausgeführt werden können. Der Gläubige in Asien ist ein Wanderer in einem Land ohne Grenzen. Als *ausgesetzt auf dem Feld* beschreibt der buddhistische Dichter Basho (+ 1694) sein Selbstverständnis als Pilger.[314] Sich auf dem Weg zu wissen schafft eine innere Verbindung zwischen körperlicher Erfahrung, emotionaler Begegnung und dem religiösen Bemühen des Sich-Lösens durch das täglich neue Aufbrechen und Gehen. Eine Theologie des Weges wird dazu befähigen, einen ganzheitlich erfahrenen Glauben zu leben. Eben deswegen muss ein Theologie des Weges immer eine Einführung bleiben, Gläubige befähigen, ihren Weg selbst zu gehen.

3.2.3 Die soziale Aufgabe der Interaktion

Menschen glauben zusammen mit anderen, denn die hohen Formen der religiösen Wahrnehmung gründen auf Sprache, gemeinsames Feiern und das Verstehen der Offenbarungstexte. Die eigentliche Dynamik des Weges kommt aus der Tatsache, dass dieser hohe und in ferne Ziele weisende Pfad nur mit anderen beschritten werden kann. Niemand geht allein, wenn er hohe Berge besteigt oder in ferne Länder reist. Dies hebt die Ich-Du-Unterscheidung auf, lässt sie in eine Wechselwirkung übergehen. Die soziale Interaktion, die kommunikative Interdependenz ist ein bestimmender Teil des Weges. Jeder Einschnitt darin stellt die Interaktion als Form der Selbstfindung insgesamt in Frage. Je weiter man geht, umso mehr ist man auf den Rat und die Begleitung durch andere angewiesen, aller anderen. Dieses Unternehmen ist keineswegs auf die Kommunikation mit Leuten der eigenen Religion beschränkt, sondern schließt immer auch den Kontakt mit dem Fremden, der anders lebt, ein. Kardinal F. König (1905–2004) begründete sein Studium persischer Religionen damit, auf diese Weise den eigenen Glauben tiefer zu verstehen.[315]

Konstruktives Denken, kreativ neue Lösungen finden Menschen nach H.R. Maturana und F.J. Varela über ihre sozial-kommunikativen Koppelung mit anderen. Je tiefer man dabei in den unfassbaren Grund der eigenen Religion blickt, schreibt Dora Fischer-Barnicol, desto näher kommt man den Tiefen anderer Religionen. Dieses gelingt allerdings nicht ohne den Mut, *uns selbst in der Schwebe zu halten.*[316] Eine Religion, die nicht mehr zu den anderen geht, die keine Missi-

---

314 Kadowaki, Kakichi: o.c. 1993, S. 19, 139.
315 Kardinal König, Franz: Glaube ist Freiheit. Erinnerungen und Gedanken eines Mannes der Kirche, Wien: Molden 1981, S. 14.
316 Einleitung des Bandes: Nishitani, Keiji: Was ist Religion? Frankfurt a.M.: Insel 1982, S. 34.

on mehr an den Grenzen ihres eigenen Einflussbereiches pflegt, wird nach der Aussage von Joseph Mühlberger, der seit 40 Jahren in Japan Missionar ist, zu einer Sekte. Ohne Mission pflegt eine Religion keinen konstruktiven Austausch mit Andersgläubigen, sie blickt nur noch auf den von ihr selbst ausgeschnittenen Teil der Wirklichkeit.[317] Wer sich hingegen mit ihnen auf den Weg begibt, steht nicht im Wettstreit mit anderen, sondern handelt in wechselseitiger Kooperation. Die Weite des Horizonts gläubiger Menschen, ihre ebenso fernen wie unfassbaren Ziele, die Mühe um den Aufstieg verlangen Kooperation im Vertrauen mit anderen. Anstelle von Selbstgesprächen über das Eigene tritt die gegenseitige Bestärkung im Wissen um die unterschiedlichen, doch gleichermaßen unfassbaren Ziele. Auch für die Theologien gilt daher eine Empfehlung des Physikers H.-P. Dürr, miteinander zu kooperieren:

> Eine höhere Ordnung entsteht, indem man in Richtung Kooperation fortschreitet. (…)Das Kreative schafft den größeren Raum, in dem sich das Ganze entwickeln kann. (…) Es geht um ein Zusammenspiel, wie ja nichts wirklich getrennt existiert. Auch das scheinbar Unterschiedliche *bildet in Wahrheit eine Einheit. Es ist wie mit dem linken und rechten Bein. Gerade in der Unterschiedlic*hkeit der Bewegungen liegt das Sinnhafte, nicht indem ich die beiden Beine zusammenbinde und dann von Einheit spreche.[318]

Eine Theologie des Weges wird immer daran arbeiten, den freien Raum für Interaktion zu erweitern, damit Menschen mit anderen in eine offene Landschaft gehen können, ohne ausgetretenen Pfaden zu folgen. Auch Treppen des Aufstiegs oder Grade, die so viele Institutionen ihren Schülern vorlegen, sind angesichts des hohen Ziels nicht angemessen. Der Horizont des Absoluten überschreitet alle Trittstufen und Titel. In China bedeutet zu lernen, seinem Meister in Ausdauer und Treue zu folgen.[319] Letztlich führt jeder religiöse Weg in ein pfadloses Land, denn es geht um die je eigene Vollendung, die noch keiner vorher so vollzogen hat. Dieser Weg kann nicht ohne Begleitung vollendet werden, wie es das Lotos-Sutra im Gleichnis über die Besteigung des Berges des Lichts

---

317 Der Begriff ‚Sekte' stammt aus dem lateinischen Wort ‚sectum', das Herausgeschnittene. Ich zitiere hier eine persönliche Mitteilung an mich während eines Studienaufenthalts in dessen Kloster in Kagoshima im August 2015. Dr. Joseph Mühlberger lebt seit 40 Jahren in Japan, ist Buchautor und profilierter Kenner der Sprachen und Kulturkreise Chinas, Koreas und Japans. Vgl.: Mühlberger, Joseph: Glaube in Japan, St. Ottilien: Eos 2001.
318 Dürr, H.-P.: o.c. 2013a, S. 43–44.
319 Im Chinesischen besteht das Schriftzeichen für ‚Schüler' aus zwei Zeichen: dem Zeichen für ‚zwei Menschen' und dem Zeichen für ‚gehen'. Es wird gelesen als ‚zwei Menschen gehen zusammen'.

darstellt.[320] Nichts anderes als der Weg ist wirklich in diesem Sutra, jede Stufe nur Einbildung, jede Nachtruhe dient allein dazu, am kommenden Tag erneut aufzubrechen.

Über den Austausch mit anderen auf dem Weg werden zwei Erfahrungen wirklich, die sich gegenseitig bedingen: einerseits die grenzenlose Weite der immer neuen Begegnungen, andererseits die gleichbleibende innere Mitte der Wahrnehmung dessen, was ringsum geschieht. Je grenzloser der Umfang des Erfahrbaren ist, desto klarer erscheint die Einmaligkeit der wahrnehmenden Person. Nikolaus von Cues hat mit diesem Zusammenhang die Einzigartigkeit der menschlichen Person begründet. Wenn der Umfang eines Kreises ins Unendliche ausgedehnt wird, liegt dessen Mitte überall.[321] In keiner Generation zuvor hatten die Menschen in dem Maße wie heute die Möglichkeit, ihre Welt bis hinaus in den Kosmos anzusehen, sie in ihren täglichen Veränderungen wahrzunehmen. Dabei ist eine Welt der grenzenlosen Interdependenz entstanden. Die Einsicht, angesichts der laufenden Veränderungen sich auf einem schwankenden Boden zu bewegen, ist vielen sehr vertraut.[322] In keiner Zeit konnte daher die Einmaligkeit der menschlichen Person als ruhende Mitte der Wahrnehmung des Wandels intensiver erfahren werden als heute. Eine Theologie des Weges wird die notwendige Aufgabe übernehmen, Gläubige in neuer Form zu befähigen, ihre Deutung einer Welt im Wandel in einer Weise zu vollziehen, dass sie inmitten von Interdependenzen ihre einmalige personale Identität als Mitte ihrer Wahrnehmung erkennen.

3.2.4 Die kognitive Aufgabe der Verarbeitung von Differenz

Jeder Weg entsteht aus Erkennen in Bewegung. Sie schafft Veränderung, den Ausgangspunkt für alles menschliche Erkennen. Jede Kognition kommt aus der strukturierten Verarbeitung von Veränderung. Wenn nicht nur ‚draußen‘,

---

320 Dargestellt im ‚Gleichnis der Zauberstadt‘ in: Lotos-Sutra vom heiligen Berg, hg. v. Margareta v. Borsig, Freiburg: Herder 1992, S. 184f.
321 Hierzu zitiert Nikolaus von Cues in ‚De docta ignorantia‘ einen Lehrsatz der Antike im Blick auf die Welt, in welcher der Mensch lebt und sich selbst als Person erfährt: *Sphaera infinita, cujus centrum ubique, circonferencia nusquam.* Eine grenzenlose Kugel, deren Mitte überall und deren Umkreis nirgendwo ist. Übers. P.G., in: Nikolaus von Cues: Die Kunst der Vermutung, h.v. Hans Blumenberg, Bremen: Carl Schünemann 1957, S. 31.
322 Die Bodenlosigkeit, das ‚Fehlen eines letzten Grundes‘ bis hin zum Nihilismus erscheint führenden Kognitionspsychologen als das eigentliche Merkmal der modernen Philosophie. Vgl.: Varela, F.J. u.a., o.c. 1995, S. 290f.

sondern auch in unserem Inneren immer alles in bewegter Veränderung sich befindet, warum sollten wir dann nicht zu dem bekannten Schluss gelangen, auf nichts sei wirklich Verlass, alle würden sich immer nur auf Treibsand bewegen? Zu leben beinhaltet tatsächlich, ohne Unterlass in Bewegung zu sein. Daher ist das Konzept des Weges, das für Veränderung steht, bedeutsam für alle Erkenntnisprozesse, die sich auf das Leben beziehen. Theologien, die sich so sehr auf stehende Lehren konzentriert haben, müssen sich in neuer Form den Prozessen des Lebens stellen. Seine Dynamik liegt im Wandel, im Gehen und Vergehen. Ebenso schafft die menschliche Kognition durch die Verarbeitung von Veränderungen in den neuronalen Netzwerken alles, was wir wahrnehmen, wie wir unseren Körper fühlen oder draußen etwas ‚stehen bleibt', also im Vergleich zum Vergehen der Zeit immer noch da ist. Menschliche Kognition erzeugt über die Verarbeitung von je neu anders einströmenden neuronalen Signalen alle Erkennensprozesse, steuert durch Wandel das Wachstum und die Entwicklung des Menschen. Dabei geht es immer um beides, Differenz wahrzunehmen und sie vergleichend-strukturiert auszuwerten.

Nach der modernen Erkenntnistheorie kommt jede Information aus dem Vergleich zweier Quellen, die in einer Beziehung zueinander stehen, die Verschiedenheit erzeugt. Der Zeiger einer Uhr zeigt nur dann eine Zeit an, wenn er sich bewegt und das Zifferblatt mitgelesen wird, über das er geht. Einer der führenden Erkenntnistheoretiker, Gregory Bateson, bestimmt die Grundeinheit einer Information folgendermaßen:

> Was wir tatsächlich mit Information meinen – die elementare Informationseinheit –, *ist ein Unterschied, der einen Unterschied ausmacht,* und er kann einen Unterschied ausmachen, weil die Nervenbahnen, auf denen er reist und kontinuierlich transformiert wird, ihrerseits mit Energie versorgt werden. Die Nervenbahnen sind darauf vorbereitet, erregt zu werden. Wir können sogar sagen, dass die Frage bereits in ihnen angelegt ist.[323]

Vergleichbar bedeuten die Zeichen unserer Zahlensysteme nur dann eine bestimmte Zahl, wenn man sie gemäß dem System liest, dessen Teil sie sind. Ein senkrechter Strich hat im Zehnersystem je nach Stellung eine vollkommen andere Bedeutung als im Zweiersystem. Nur wenn beide Teile aufeinander bezogen gelesen, im Vergleich ausgewertet werden, signalisieren sie einen Unterschied, der einen konkreten Zahlenwert anzeigt. Eben dieses ereignet sich in allen unseren Wahrnehmungen und in jedem Moment unserer Kognition, also auch dann, wenn einer den Weg des Glaubens geht. Er durchschreitet Landschaften, die –

---

323 Bateson, Gregory: Ökologie des Geistes. Anthropologische, psychologische, biologische und epistemologische Perspektiven, Frankfurt a. M.: Suhrkamp 1985, S. 582.

dem Zifferblatt einer Uhr vergleichbar – ihre Signale senden. Was diese für den Wanderer bedeuten, erkennt er erst durch ihre Überlagerung mit dem inneren Zeiger seiner eigenen Orientierung. Beide verändern sich; über die Verarbeitung der entstehenden Differenzen erkennt der Gehende die Bedeutung seiner Schritte auf dem Weg. Die Wahrheit der so erfahrenen Inhalte geht weit über die Zeichen der Landschaft hinaus, ebenso über die Gerichtetheit seines inneren Kompasses. Nur zusammen in ihrer Überlagerung schaffen beide eine einmalig gewonnene Bedeutung für die Orientierung dessen, der geht.

Wandel und Verschiedenheit als Quelle für religiöses Erkennen anzusehen, erscheint mir von großer Tragweite. Darin liegt der Auftrag einer Theologie des Weges. Das Gehen ist Bewegung, schafft Veränderung. Zahlreiche Gleichnisse des Neuen Testaments berichten über Jesus und Menschen auf dem Weg. Ihre Botschaft als bewegtes Gleichnis ist primär, während daraus abgeleitete Dogmen sekundär sind. Gegenwärtig bedürfen Menschen einer inneren Orientierung, die sie auf ihrem Weg begleitet und in der Überlagerung mit den Zeichen der Landschaft, durch die sie gehen, ihre eigentliche Bedeutung erfahren machen. Sie kommt aus dem bewegten Leben und wird es ihrerseits bewegen. Beide Quellen dieser Erfahrung stammen aus der einen Hand Gottes, der erkennende Mensch ebenso wie die Welt, die er durchschreitet. Bereits Lao-Tse verwies auf den doppelten Ursprung großer Erfahrung, wenn er schrieb: *Ruhe im uralten Tao, bewege dich mit der Gegenwart.*[324]

Eine Theologie des Weges wird sich in dieser doppelten Perspektive immer der Offenbarung und dem Leben des Gläubigen in seiner gegenwärtigen Umwelt zuwenden, um ihn auf seinem Weg zu begleiten. Sie dient ausschließlich dem Menschen, der Veränderung erfährt, den Wandel ringsum deuten muss, um daran teilzunehmen. Im Blick auf zwei Signalquellen wird diese Theologie kreative Möglichkeiten der Entwicklung aufzeigen. Sie setzt sehr wohl auf verbindliche Zeiger aus tradierten Erzählungen. Doch die neuen Bedeutungen, die sie findet, kommen aus der Überlagerung der theologischen Orientierung mit den Zeichen des Landes, das die Gläubigen durchschreiten. Aus den verbindlichen Strukturen von Orientierung einerseits und den Signalen eines Landes entstehen durch die Verarbeitung von Differenz neue Botschaften. Sie begleiten die Menschen in ihrer gegenwärtigen Welt und bewegen sie in ihrem Leben.[325] Im

---

324 Zit. n.: Nasr, Seyyed Hossein, Die Erkenntnis und das Heilige, München 1990, S. 93.
325 Wie bereits vorausgehend dargestellt schaffen die Augen und Ohren des Menschen verschiedene visuelle oder auditive Sinneseindrücke aus dem, was ringsum geschieht. Das menschliche Gehirn ermittelt aus der strukturierten Verarbeitung der Differenz beider Sinneseindrücke eine qualitativ neue Erfahrung, jene, den Raum zu sehen

Wandel erfahren sie das Tao ihres Weges als Richtmaß für ihr Handeln. Ebenso wird die Differenz zu anderen Wegen anderer Gemeinschaften für sie zu einem Auftrag, diese in einer Weise zu verarbeiten, dass neue Erkenntnis möglich wird.

3.2.5 Die religiöse Aufgabe der Beziehung zu Gott

Einen Glauben zu leben führt über das einmalige Bekenntnis hinaus. Einen Glauben selbst zu erkunden verlangt mehr als einige Lehrsätze nachzusprechen und gebotene Rituale zu erfüllen. Als die ersten Jünger Jesu erfahren wollten, wer ihr Meister sei und was Er lehre, antwortet Er ihnen: *Kommt und seht!* (Johannes 1, 32). Alle Religionen kennen die Nachfolge als Schüler, die Lösung von alltäglichen Erwartungen, um in eine Beziehung mit dem Göttlichen einzutreten. Nach dem japanischen Religionsphilosophen Keiji Nishitani ist Religion dadurch gekennzeichnet, dass der Mensch aus den Welten des Nutzens *zum Ursprung des Lebens* zurückkehrt. An diesem Ort stellt er nicht mehr nur die Frage, wozu er funktional lebt, sondern die existentielle Frage, warum er eigentlich lebt. Damit betrifft die Frage des Glaubens den Menschen in seiner seinem Wesen: *Religion ist stets etwas, das jeden Einzelnen angeht. Darin ist sie anders als die Kultur.*[326] K. Nishitanis Lehrer Nishida Kitaro hat das Wesen der Religion bereits mit folgendem ebenso klaren wie unfassbaren Axiom bestimmt: *Religion ist die Beziehung zwischen Gott und Mensch.*[327] Mit diesen Bestimmungen gewinnt Religion in den Augen der genannten japanischen Philosophen einen Rang, der *für das Leben selbst von höchster Bedeutung ist.*[328] Als Teil des Lebens muss Religion vom Gläubigen erkundet und auf dem eigenen Lebensweg er-fahren werden. Wenn sich beides durchdringt, Seele und Körper auf diesem Weg mitgenommen werden, entsteht *lebendiges Denken.*[329] Es ist folglich das Ergebnis eines durchdachten Lebens. Eine Religion überschreitet oder unterschreitet immer Schemata und vorgegebene Funktionen des Verhaltens. Die anderen können Vorbild sein, doch sie sind kein Maß für den eigenen Glauben. Dieser ist allein gegenüber dem eigenen Gewissen zu verantworten. Gleichzeitig muss die individuelle Form des Lebens geübt und schrittweise vollzogen werden, um sie zu vollenden. Der Ordensgründer von Taizé, Frère Roger

---

oder einen Stereoklang zu hören. Das einzelne Ohr oder Auge als nur eine Signalquelle kann dieses kreativ neue Erkennen nicht begründen.
326 Nishitani, Keiji: Was ist Religion? Frankfurt. a.M.: Insel 1982, S. 40.
327 Kitaro, Nishida: Über das Gute, Frankfurt a.M.: Insel 1992 (2. Aufl.), S. 194.
328 Nishitani, Keiji: o.c., 1982, S. 40.
329 Kadowaki, Kakichi: o.c., 1993, S. 83.

Schütz, sagt dazu, dass es nicht auf den Grad der Leistung des einzelnen Gläubigen ankomme, sondern auf sein Bemühen der allmählichen Annäherung an das, was er selbst vernommen hat: *Lebe das, was du vom Evangelium verstanden hast. Und wenn es noch so wenig ist. Aber lebe es.*[330]

Eine der großen Frauen im Christentum, Hildegard von Bingen, hat ihre religiösen Erfahrungen in einem Werk veröffentlicht, dem sie den Titel *Wisse die Wege (Scivias)* gab.[331] Eine Theologie, die auf das Konzept des Weges baut, wird primär eine *wegweisende Theologie* sein, die anerkennt, dass intellektuelles Wissen nur eine Quelle ist, um den Weg des Glaubens zu gehen.[332] Dieses Ereignis findet erst dort statt, wo gottergebene Menschen aufbrechen, doch er findet an allen Orten statt, wo auch immer sie sich befinden, nicht nur in der Synagoge, Kirche oder Moschee. Jede Religion verspricht weit mehr als Wissen, Lehre und Gesetz. Sie verheißt dem, der ihr folgt, einen Weg der Vollendung, der in sein persönliches Heil führen wird. Doch nur der Einzelne kann seine Schuld bekennen, sein Heil suchen und schließlich Erlösung finden. Dazu benötigt er das Wort Gottes, doch dieses muss in der Gemeinde vernommen und mit anderen verwirklicht werden, das eigene Leben einmalig durchdringen und in die Welt ausstrahlen. So ist der Ruf von Hazrat Inayat Khan (1882–1927) nicht nur als Einladung zu verstehen, dem Pfad der Sufis zu folgen, sondern die Berufung eines jeden Gläubigen zu leben: *Laß Dein Wort, Gott, zum Ausdruck meines Lebens werden.*[333]

Wer nur Bücher studiert, bleibt nach einem Bild der Zenmeister vor dem Tor sitzen, durch das er selbst gehen muss, um Befreiung und Vollendung zu erfahren.[334] Eine Theologie des Weges verlangt mehr als Lehre und Recht, so unerlässlich sie sind. Traditionelle Theologien haben sich darauf konzentriert, hoch

---

330 Zit. n.: Gotteslob, hg. v. Bischöfe Deutschlands, Stuttgart: Katholische Bibelanstalt 2013, S. 501.
331 Bingen, Hildegard von: Wisse die Wege (Scivias), übertragen v. Maura Böckeler, Frankfurt a.M.: Insel 1955.
332 Jeder weiß, dass es nicht genügt, alle Bücher über das Skifahren gelesen zu haben, um fähig zu werden, auf eigenen Skiern einen steilen Schneehang hinabzufahren. So genügen religiöse Lehren allein nicht. Sie können vielmehr dann, wenn nur Wissen, vielleicht auch aus vielen Religionen, gesammelt wird, daran hindern, sich selbst auf einen gläubigen Weg zu begeben.
333 Feild, Reshad: o.c. 1986, S. 136.
334 Der Meister des Tempels Juching hat folgendes gelehrt: „Bhagavat sagt: *Derjenige, der nur hört und nachdenkt, ist jemandem vergleichbar, der außerhalb des Tores sitzt. Wer aber wirklich Zazen betreibt, ist nach Hause zurückgekehrt und sitzt im Frieden*"; zit. n.: Kadowaki, Kakichi: o.c. 1993, S. 95f.

auflösende Landkarten zu schreiben, darin Schilder von Geboten und Verboten aufzustellen. Sie beschreiben endlos, *wie* man recht gehen soll, doch sie erklären jungen Menschen nicht, *warum* man aufbrechen soll. Eine Theologie des Weges ist notwendig, um auf diese Frage zu antworten. Wer im Glauben aufbricht, muss nach K. Kadowaki in drei Dimensionen spezifisch handeln. Diese leitet er aus der Zenmeditation ab. Der Gläubige muss erstens in sein eigenes Inneres gehen, zweitens muss er leer und frei werden von aller Funktionalität und Geschäftigkeit, auch im Religiösen arm werden wie ein Kind.[335] Schließlich muss er sich drittens der Welt hingeben, der Natur und allen Menschen, die ihm begegnen, sich öffnen, um selbst für das Einssein bereit zu werden, so zur Vollendung zu gelangen.[336] Auf diesem Weg, der ein lebenslanges Do-Bemühen erfordert, vereinen sich Körper und Geist, durchdringen Lehre und Leben einander, findet sich das einmalige Selbst der individuellen Person befreit für den offenen Raum. In diesem Feld religiöser Erfahrung ereignet sich das Entscheidende: Der Gläubige findet in seine Mitte zurück, nichts trennt ihn mehr von anderen Menschen, die wie er selbst aus ihrer eigenen Mitte heraus einen anderen Weg gehen. Mental gibt nur die Mitte des eigenen Selbst und den grenzenlosen Raum ringsum. An diesem Ort des befreiten Selbst ohne Urteile über sich und andere angelangt, kann der Jesuit K. Kadowaki über seine Zenmeditation sagen:

> Als Christ lebe ich immer ein christliches Leben. Und was im Buddhismus das wahre Selbst genannt wird, lebt nicht getrennt vom christlichen Leben in mir.[337]

---

335 Darin ist er dem, der – wie frühe Eremiten – in die Wüste (griech. ereme) geht, vergleichbar, dabei einzigartige Erfahrungen gewinnt. Vgl.: aicher, otl: gehen in der wüste, frankfurt a.m.: s. fischer 1982.
336 Kakichi, Kadowaki: o.c. 1993, S. 47–48.
337 Kakichi, Kadowaki: o.c. 1993, S. 32.
Einer der ersten christlichen Theologen, der für den interreligiösen Dialog eintrat, ist Heinrich Dumoulin. Er begründete den unabdingbaren Beitrag des interreligiösen Dialogs für die *Zukunft der Menschheit* mit der inneren Mitte des Menschen als *spirituellen Urgrund* des Glaubens, in die der interreligiöse Dialog führt: „Ein solcher Dialog (über die wesentlichen Dinge des religiösen Lebens) lädt zur Besinnung und Einkehr ein, er befaßt sich weniger mit Vergangenem, mit der Geschichte, sondern drängt zur Hinwendung auf die Zukunft. Den Religionen wächst aus den Wurzeln ihrer Spiritualität das heute so notwendige Bewußtsein ihrer Verantwortung für die Zukunft der Menschheit. Scheint es doch so, als ob die Religionen bei der Emporformung des Neuen und Zukünftigen einen unabdingbaren Beitrag zu leisten haben, eben deshalb, weil sie sich aus dem Urgrund nähren und auf den Urgrund zeigen."

Das deutsche Wort *Heil* leitet sich aus dem griechischen ολος (holos) ab. Es bedeutet *ganz, das Ganze*. Das Heil zu finden bedeutet daher im religiösen Sinne, ganz zu werden, das eigene Selbst in seiner Ganzheit zu verwirklichen, Körper, Seele und Geist in eine Einheit zu bringen bis hinauf zur inneren Annäherung an die Verbindung mit Gott. Auf dem Weg des Glaubenden den Körper mitzunehmen, bedeutet mit anderen zu interagieren. Aus dem Glauben zu handeln, verlangt die Hingabe an die gegebene Wirklichkeit. Beides schafft eine Einheit, die in einem bedeutsamen spirituellen Gespräch mit folgenden Worten aufgerufen wurde:

> Rufe das Ganzsein in dir an, und ganz wirst du werden! (…)
> Die Tat ist das Wort des Körpers,
> Ganzsein ist nicht Vielfalt, sondern das Gesammelte.
> Und das ist das ewige Maß.[338]

Der ganzheitliche Weg des Menschen in Beziehung zu Gott kann nur in Freiheit und Frieden gefunden werden. Die Lösung von eigene Erwartungen und Urteilen über andere, die freie Hinwendung zu Gott ist die Bedingung dafür, selbst Erlösung zu erfahren. Die menschliche Annäherung an eine Beziehung zu Gott – auf dem Weg, ganz zu werden – kann nur in absoluter Freiheit gewählt werden. Alles andere ist Gottes nicht würdig. Die Realität ist vielfach weit davon entfernt, die Freiheit zu gewähren, dass Menschen sich ohne jeden Zwang Gott zuwenden, den Glauben ihrer Wahl annehmen können. Die Freiheit des Menschen ist ohne Zweck, sie darf keiner Funktion untergeordnet werden.[339] Eine Theologie des Weges, die den religiösen Weg mit der personalen Selbstfindung verbindet, wird die Unantastbarkeit einer jeden Person vertreten, somit bedeutende Aufgaben zu übernehmen haben. Sie wird keine neuen Lehren verkünden, doch das vorhandene religiöse Wissen neu in das weite Feld der interreligiösen und interkulturellen Begegnung einbetten. Dies verlangt, alles Urteilen, das Menschen als solche einteilt, zu überwinden. Nach dieser Theologie ist jeder Mensch auf seine Weise auf dem Weg. Sie wird die Achtung vor dem Gewissen desjenigen, der anders glaubt, spezifisch herausstellen.[340] Sie wird in einer Welt der religiösen Vielfalt Raum schaffen, in freier Wahl

---

    Dumoulin, Heinrich: Begegnung mit dem Buddhismus, Freiburg i.B.: Herder 1978, S. 115.

338 Die Antwort der Engel. Ein Dokument aus Ungarn, aufgezeichnet von Gitta Mallasz, Einsiedeln: Daimon 1996 (10. Aufl.), S. 228–229.

339 Rodenstock, Randolf (Hg.): Freiheit ist zwecklos. Vom Wert und vom Willen, frei zu sein, München: Roman Herzog Institut 2015.

340 Im Christentum wird die Instanz des Gewissens als innerer Ort anerkannt, in dem alle Kenntnisse des Menschen vereint werden (con-scientia) und der Geist Gottes den Menschen selbst anspricht. Die vom Individuum in seinem Gewissen gefundene

ihr eigenes Sein als Person schrittweise zu verwirklichen. Die Christen können dabei auf das große Wort ihres Herrn vertrauen, den Glauben als einen weiten Weg der schrittweisen Annäherung zu verstehen. Er hat ihnen nach Matthäus im Moment seines Abschieds von dieser Welt gesagt: *Ich bin bei euch alle Tage bis ans Ende der Welt.* (Matthäus 28, 20)

> Bei den Propheten heißt es:
> *Und alle werden Schüler Gottes sein.*
>
> Johannes-Evangelium 6, 45 [341]

4.0 Koordinaten interreligiöser Orientierung

Wie das weite Feld des Interreligiösen zu betreten, ohne sich darin zu verlieren? Wie von anderen lernen, ohne ins Beliebige zu gehen? Alle sollen Schüler einer ozeanischen Welt werden und doch darin das Land ihrer Heimat finden. Bis in das vergangene Jahrhundert sind Seefahrer mit Karten in die endlosen Weiten der Ozeane hinausgefahren, deren Koordinaten nirgendwo auf dem hohen Meer zu erkennen oder markiert waren. Die Koordinaten ihrer Seekarten bestanden aus abstrakten Linien, – den Längen- und Breitengraden zusammen mit entsprechenden Schnittstellen –, die aus der Astronomie abgeleitet wurden. Nur über die Beobachtung des Himmels waren diese Koordinaten zu lesen, am Stand der Sonne bei Tag und der Stellung der Sterne in der Nacht zu überprüfen und in ein Verhältnis zur Fahrt des Schiffes zu bringen. In Verbindung mit der genauen Uhrzeit – also wiederum aus der Überlagerung von zwei Signalquellen –

Wahl ist daher in religiösen Dingen in jeder Hinsicht zu achten und ebenso unantastbar wie die Würde der Person. Bernhard Häring hat das Gewissen als jene Befähigung des Menschen dargestellt, aus seinem Inneren selbst Verantwortung vor Gott zu übernehmen, entsprechend in die Nachfolge im Glauben einzutreten. Dort erfährt jeder Mensch sein Heilsein: Häring, Bernhard: Frei in Christus. Moraltheologie für die Praxis des christlichen Lebens, Bd. I. Das Fundament aus Schrift und Tradition, Freiburg i.B., Herder 1979 (3. Aufl.), S. 226.

Vgl.: „Im Gewissen manifestiert sich nach christlichem Verständnis die Verantwortung des Menschen vor Gott und die göttliche Zusage an den Menschen, daß ihm die subjektive Fähigkeit und sittliche Erkenntnis gegeben ist, die durch nichts und niemanden ersetzt werden kann." Lexikon für Theologie und Kirche, Bd. 4, Freiburg i.B.: Herder, S. 622.

341 Einheitsübersetzung der Heiligen Schrift. Das Neue Testament, hg. im Auftrag der Bischöfe Deutschlands (…) Stuttgart: Katholische Bibelanstalt 1979, S. 235.

konnten die Seefahrer den Ort und die Richtung ihrer Fahrt übers Meer genau berechnen. Mit diesem Gleichnis gehe ich in die Frage nach einer verbindlichen Orientierung im weiten Feld des Interreligiösen.[342]

Gibt es für das globale Feld des Interreligiösen verbindliche Koordinaten der Orientierung? Dabei ginge es um Koordinaten, die nicht nur die Karte einer bestimmten Religion abbilden, vielmehr Gläubige weltweit lesen können.[343] Einer Theologie des Weges muss es gelingen, übergreifende Koordinaten anzubieten, die verlässliche Beziehungen zwischen den Religionen schaffen. Gemeinsam zu lernen ist nur möglich, wenn man von übergreifenden Strukturen ausgehen kann, die alle anerkennen. Diese Strukturen nenne ich Koordinaten, die erlauben, die je eigenen religiösen Landkarten darin zu verorten. Sie verleihen den Zeichen der eigenen Karten ihre Bedeutung im globalen Feld. Jede geographische Landkarte, so detailliert sie eine Landschaft darstellt, wird nach den Längen- und Breitengraden ausgerichtet und gelesen. Die geographischen Koordinaten werden von einer Achse zwischen dem Nord- und dem Südpol getragen, bewegen sich so mit der Drehung der Erde mit. Sie stammen aus der Astronomie, denn, dass es eine Achse um den Nord- und Südpol, gibt, haben Astronomen erkannt. Auch im Religiösen können wir von einer Pol-Achse ausgehen, die aus einer großen Sicht abgeleitet wird und für alle Religionen gleichermaßen Gültigkeit hat. Ich nenne sie ein Axiom.

4.1 Ein Axiom für religiöse Orientierung

Eine Achse, um die sich alles religiöse Denken dreht, kann als ein in sich ruhendes Axiom verstanden werden. Aus diesem Axiom spannen sich nicht nur weitere Koordinaten der religiösen Orientierung auf. Dieses Axiom wird zu einer Mitte, um die sich das religiöse Leben dreht. Es bestimmt die Achse, um die es im religiösen Leben in seinen unterschiedlichsten Formen geht. Dabei richtet dieses Axiom, – der Nord-Süd-Achse der Erde vergleichbar -, nicht nur ausgewählte Bereiche aus, sondern bestimmt den Ort und die Bewegung des Lebens

---

342 Die Kernphysiker haben uns gelehrt, dass es erkenntnistheoretisch angemessen ist, sich mit einem Gleichnis Gegenständen, die nicht zu vermessen sind, anzunähern. Gleichnisse erlauben, sie je nach Ort und Zeit der Anwendung mit konkreter Bedeutung anzureichern.

343 Die frei schwebenden hybriden Konstrukte einer ‚Inter- oder Transkultur' habe ich bereits kritisch kommentiert. Auch das Schnittmengenkonzept des Projekts ‚Weltethos' bietet keine relevante Orientierung, da ihre Elemente als Segmente, – herausgeschnitten aus einem Ganzen -, nur begrenzt Sinn und Bedeutung haben. Vgl.: Küng, Hans: Projekt Weltethos, München: Piper 1996.

der Menschen im religiösen Horizont. Eine Theologie des Weges muss sich vergleichbar auf Grundstrukturen in der religiösen Orientierung beziehen, nicht nur auf marginale Teile religiösen Denkens.[344] Diese Axiomatik muss bis in ihre Koordinaten hinein so weit geöffnet werden, dass sie im Prinzip die Landkarten aller Religionen zu tragen vermag. Alle Gläubige müssen durch sie befähigt werden, ihre eigenen Karten gemäß den übergreifenden Koordinaten zu lesen. Keine Kernfrage einer Religion darf ausgeklammert werden, denn eine Theologie des Weges wird nicht nur für Theologen geschrieben, sie steht im Dienst der Gläubigen. Die religiöse Erfahrung, die sie auf ihrem Weg gewinnen, kommt nicht nur aus religiösen Zeichen, sondern aus deren Bedeutung im Durchschreiten eines Landes. Die Vielfalt der Ereignisse ringsum muss nach wenigen Leitlinien gelesen werden, um mögliche Verbindungen zu erkennen.[345]

Das Axiom der religiösen Orientierung wird durch den Pol der Wahrnehmung Gottes als dem absoluten Sein bestimmt. Dessen unsichtbare Wirklichkeit steht über allem Sichtbaren. Dieses hat in der transzendenten Wirklichkeit ihren Ursprung. Dabei kommt Gott das eigentliche Sein zu, das metaphysisch nicht nur hinter der sinnlich erfahrbaren Physis steht, sondern ihr das Sein und Leben verleiht. Keine Religion ist ohne die Annahme dieser beiden Ebenen des Wirklichen denkbar, wobei dem Göttlichen eine in jeder Hinsicht absolute Stellung zukommt. Diesem Pol steht die Zuwendung des Menschen zu Gott gegenüber. Alle Religionen gehen von der erstaunlichen Annahme aus, dass es dem Menschen möglich ist, trotz seiner beschränkten Kontingenz mit dem Transzendenten in eine Beziehung einzutreten.[346] Gebet und Meditation haben darin ihren Ursprung. Keine Religion ist ohne eine dieser Formen des gläubigen Tuns denkbar.

---

344 Eine Theologie des Weges führt daher nicht in die vielfältigen fachlichen, kulturellen, historischen und philosophischen Verzweigungen der theologischen und philosophischen Debatten, die selbst wiederum eine Fülle von neuen Fragen aufwerfen. Vgl.: Arraj, James: Christianity in the Crucible of East-West Dialogue. A critical Look at Catholic Participation and God, Zen und the Intuition of Being, USA: Inner Growth books 2001.

345 Hierin folge ich Theologen aus allen Teilen der Welt, die ihre Studien über die Situation des interreligiösen Dialogs zusammenfassend unter der Perspektive veröffentlicht haben: *Viele Wege – ein Ziel*.
Bertsch, Ludwig; Evers Martin; Moerschbacher, Marco (Hg.): Viele Wege – ein Ziel. Herausforderungen im Dialog der Religionen und Kulturen, Freiburg i.B.: Herder 2006.

346 Mir ist die Vereinfachung sehr wohl bewusst, die ich mit diesen Sätzen gegenüber dem Buddhismus ausspreche, der jede Art einer personalen Beziehung zurückweist, sie in seiner Zuwendung zur ‚absoluten Wahrheit' nicht benötigt. Andererseits sind

In der Zuwendung zu Gott findet der Mensch zu einem vollkommenen Leben und Heil, wird Teil einer universalen Ordnung und Harmonie. Damit stehen die Menschen am anderen Pol der Achse, um die sich die Lebensform aller Gläubigen dreht. Von Carl G. Jung wird das Wort überliefert: *Die entscheidende Frage für den Menschen ist: Bist du auf das Unendliche bezogen oder nicht?*[347]

Beide Pole schaffen jene axiomatische Achse, die eine existentielle Frage für alle Gläubigen darstellt. Sie sind beide gleichermaßen unfassbar, denn der eine Pol, der auf Gott oder das Absolute verweist, kommt aus dem Unendlichen. Der zweite führt ebenso ins Grenzenlose, denn der Mensch ist endlos verschieden in seiner Begrenztheit, einem ständigen Wandel unterworfen. Dennoch richten Gläubige weltweit ihre Lebensform nach diesem Axiom aus. Sie stehen damit existentiell in einer mentalen Verbindung. Darüber hinaus spannt diese gemeinsame Achse der Orientierung weitere Koordinaten auf, denen eine interreligiöse Bedeutung zukommt.

4.2 Fünf Koordinaten der religiösen Orientierung [348]

Fünf Koordinaten stellen für alle Weltreligionen eine Wegweisung dar, die sich auf Kerndimensionen ihres Glaubens beziehen. Als Koordinaten für religiöse Landkarten beschreiben sie nicht selbst das bezeichnete Land. Sie sind vielmehr von Gläubigen auf dem Weg zu lesen. Indem sie zwei Quellen des Erkennens vergleichen, die Zeichen der Landschaft im Verhältnis zu den Grundkoordinaten der religiösen Orientierung auswerten, gewinnt ihr Weg seine spezifische Bedeutung, findet verbindliche Orientierung statt. Eben die Verarbeitung der Überlagerung, die sich aus den Koordinaten mit den sich verändernden Landschaften, durch die Gläubige gehen, ergibt, schafft ebenso neue wie verbindliche Wegweisung inmitten von Bewegung. Zudem beinhaltet sie eine Orientierung,

---

    es buddhistische Religionsphilosophen wie Keiji Nishitani, die diese Formulierung verwenden.
347 Zit.n.: Jäger, Willigis: Westöstliche Weisheit. Visionen einer integralen Spiritualität, Freiburg i.B. 2012, S. 19.
348 In einer früheren Form habe ich dieses Konzept religiöser Koordinaten als *Formate der Wahrnehmung* dargestellt, in: Graf, Peter: Religiöse Aufmerksamkeit als Prinzip des interreligiösen Dialogs, in: Cvetko, Alexander, J.; Graf, Peter (Hg): Wege interkultureller Wahrnehmung. Grenzüberschreitungen in Pädagogik, Musik und Religion, Osnabrück-Göttingen: V&R unipress 2008, S. 19–50.

die Gläubige selbst auf ihrem Weg gefunden und er-fahren haben. Fünf Koordinaten haben Geltung für interreligiöse Orientierung:[349]

1. *Die Koordinate der Zuwendung zum Göttlichen*
Die erste Koordinate entfaltet das Axiom der Pol-Achse. Sie richtet die Aufmerksamkeit des Gläubigen auf Gott, die Transzendenz oder das Absolute. Sie leitet den kognitiven Blick der Menschen *nach oben*. Sie ruft zur Verehrung Gottes auf, aus dem sich alles Heilige ableitet. Für den Vollzug des Weges ist damit eine Haltung des Sich-Erhebens verbunden. Gleichzeitig beinhaltet diese Wahrnehmung, dass hinter aller Natur – der physis – eine metaphysische Wirklichkeit steht, die alle menschliche Vorstellung überschreitet, in jeder Hinsicht transzendiert. Die göttliche Wirklichkeit ist nicht nur eine zweite, sondern das eigentliche Sein, das alles Sichtbare und Erfahrbare hervorbringt und vereinigt, das Eine. Wenn Menschen über diese erste Koordinate erkunden, was sie auf dem Weg des Glaubens erfahren, entscheiden sie sich für eine Orientierung, die allen Ereignissen ihren gläubigen Sinn verleiht. Diese Koordinate wird dann zu einer Leitlinie für das Leben, das alle Ereignisse in ein Kontinuum des Sinns einordnet, der aus dem Glauben kommt. Um diese Leitlinie zu wissen ist das Eine. Doch entlang dieser Koordinate sie auf dem Weg selbst zu er-fahren, ist das Andere. Sie bedeutet, dass alle Ereignisse und Begegnungen ohne Unterschied von oben bis unten miteinander zusammenhängen, alle Menschen in einem sinnhaften wechselseitigen Austausch stehen, die Welt *das Eine und Ganze ist,* wie H.P. Dürr schreibt.[350] Er lädt als Physiker die Menschen ein, sich nicht als Gegenüber, sondern als Teil einer Wirklichkeit zu erkennen, in der Schöpfung nicht nur einmal stattfand, sondern in bewegter Form immer stattfindet:

> *„Hat nicht diese holistische Potentialität (im Biosystem Welt), diese unauftrennbare Ur-Lebendigkeit, zu der ich nur durch Innensicht unmittelbaren Zugang habe, eine tiefe Verwandtschaft zu dem Göttlichen, von dem die Religionen sprechen? Der Schöpfer ist mit dem Urgrund der Schöpfung identisch."*[351]

Die Einheit allen Seins zu er-fahren ist das große lebenslange Unternehmen derer, die sich im Glauben auf den Weg begeben. Ein muslimischer Meister fasst

---

349 An der Stelle erinnere ich an die Herkunft des Begriffs *Orientierung*. Er leitet sich aus dem *Orient* als Ort der aufgehenden Sonne – *solis orientis* – ab, nach der nicht nur geographisch die Himmelsrichtungen ausgerichtet wurden. Ein für das Christentum bedeutsamer Spruch lautet: *Ex oriente lux* (Aus dem Osten steigt das Licht auf.)
350 Dürr, Hans-Peter: o.c. 2013b, S. 60.
351 Dürr, Hans-Peter: o.c. 2013b, S. 42.

das für seinen Schüler in die eine Empfehlung: *Worauf es ankommt, ist allein dies: zur Erkenntnis der EINHEIT GOTTES zu gelangen; dann wird dir alles weitere geschenkt.*[352] Die asiatischen Lehrer geben immer wieder diese eine Wegweisung für die Meditation: Werdet frei und leer für die innere Erfahrung der Einheit. Auf diese Weise wird Einfachheit und Armut zum Kennzeichen jener, die entschiedener als andere den weiten Weg des Glaubens einschlagen. Jesus Christus verabschiedet sich mit dem Gebet um das *Eins-Sein* von seinen Gläubigen (Johannes 17). So groß diese Worte sind, geht es doch darum, über die Koordinate, die sie aufspannen, ihre wirkliche Bedeutung auf dem Weg des Glaubens selbst zu erkennen. Gläubige benötigen ihr ganzes Leben dazu, um ein so hohes Wort wie den in Sure 2 geoffenbarten Vers 115 wirklich zu er-fahren:

Gottes ist der Osten und der Westen. Wohin ihr euch auch wenden möget, dort ist das Antlitz Gottes. Gott umfaßt und weiß alles.[353]

Mit der Koordinate der Zuwendung zu Gott ist die Verehrung des Göttlichen in Liturgie, sind Meditation und Gebet verbunden. Dieses Handeln dient nicht zuletzt dazu, die durchscheinende Struktur des Göttlichen in allen Ereignissen des Lebens zu erkennen. Hinter der sinnlich-konkreten Welt erscheint diaphan das Licht der metaphysisch-göttlichen Wirklichkeit. Das Studium des Heiligen in einer *scientia sacra* ist nach Hossein Nasr ein Anliegen, das nicht nur die Religionen, sondern auch die Weisheitstraditionen der Menschheit bestimmt. Darin spiegelt sich das Wesen auch der menschlichen Natur. Das Siegel des Göttlichen auf dem Antlitz des Menschen auszulöschen, ist nach H. Nasr nicht möglich, *ohne den Menschen selbst zu zerstören.*[354] Gegenwärtig sind ganze Gesellschaften damit beschäftigt, den Menschen zu vertreiben oder zu töten, obgleich ihn sein Schöpfer mit einer personalen Würde ausgestattet hat, die von diesem Siegel kommt. Wahre Religionen können ihren Gott als Schöpfer nur verehren, wenn sie konkret die von Ihm stammende Einheit allen Seins achten. Für alle Religionen leitet sich daraus ein entschiedenes Handeln für ein Leben in Frieden ab. Buddhistische Meister lehren gleichermaßen die Einheit allen Seins. Jo Hoshi gibt seinen Schülern eben diese Weisung mit auf den Weg:

---

352 Feild, Reshad: o.c. 1986, S. 61.
353 Zit. n.: Der Koran, o.c. 1992, S. 13.
354 Nasr, Seyyed Hossein: Die Erkenntnis und das Heilige, München: E. Diederichs 1990, S. 243.

Himmel und Erde sind eins. Ich und der Kosmos sind eins. Alle Lebewesen sind eins. Sie haben dieselbe Wurzel. Sie bilden nur einen einzigen Körper. Der Weise hat kein Ich. Deshalb wird alles Ich.[355]

2. Die Koordinate der Schöpfung oder kosmischen Ordnung

Die zweite Koordinate zieht die Linie der Schöpfung oder kosmischen Ordnung über alles, was ist. In Indien spiegelt das ‚Dharma' diesen übergeordneten Zusammenhang von Gott und Welt.[356] Die damit verbundene Ordnung schafft eine Beziehung zwischen allen Erscheinungen in der Welt, ordnet sie aufeinander zu und regelt ihre Wechselwirkungen. Auch der Mensch wird als Teil der Schöpfung wahrgenommen, seine Art, die Welt bis in den Kosmos hinein zu erkennen ist folgt den Gesetzen des *absoluten Gesetzes*, von dem Physiker wie E. Heisenberg sprechen. Nach dem Blick nach oben der ersten Koordinate fordert die zweite dazu auf, *ringsum* zur Seite zu sehen, den strukturellen Zusammenhang von allem mit allem zu erkennen, die innere Verwandtschaft aller Menschen ohne jeden Unterschied anzuerkennen. Der eigene Gott ist als Schöpfer der Welt nicht nur *unser Gott*, ist nicht nur für das eigene Volk und eine Religionsgemeinschaft verantwortlich, sondern der eine Herr der gesamten Welt und des Kosmos. Nach dieser Koordinate die Landkarten zu lesen bedeutet, jeden Menschen als Geschöpf des einen Gottes zu betrachten, entsprechend hoch zu achten. Jeder Mann und jede Frau, jedes Kind, jeder kranke oder gesunde Mensch kommt aus derselben göttlichen Hand, ist Sein Werk.[357] Alle Menschen leben, wie uns die Naturwissenschaften lehren, gemäß den Naturgesetzen, die bis in die Tiefen des Kosmos Geltung haben. Wie alles in der Natur stehen auch die Menschen in einer Wechselwirkung zueinander, folgen den Regeln einer kosmischen Ordnung.

---

355 Zit.n.: Deshimaru, Taisen: o.c. Die Lehren des Meister Dôgen. Der Schatz des Sôtô-Zen, München: Diederichs 1991, S. 111.

356 Diese Sicht findet in der indischen Advaita-Lehre von der All-Einheit alles Wirklichen ihren vollen Ausdruck. Sie wurde in höchster Form vom Yogi Paramahansa Yogananda verwirklicht: Paramahansa Yogananda: Autobiographie eines Yogi, München: Droemer 1992.

357 Nach der Lehre von Celaleddin Rumi gipfelt die Schöpfung im Menschen, damit sich Gott in ihm spiegle. Die Erklärung eines Sufimeisters in Konya, des Lehrers von R. Feild, über die Schöpfung lautet: „*Und der Grund, aus dem das Universum in Liebe hervorgebracht wurde, ist der Mensch*", sagte er. „*Das heißt – der Mensch, der zur vollkommenen Liebe Gottes gelangt ist. Er heißt der VOLLENDETE MENSCH, denn da ist kein Rest mehr von ihm, da ist nur die ewige Gegenwart Gottes.*"
Zit. n.: Feild, Reshad, o.c. 1986, S. 143.

Die Koordinate der Schöpfung schreibt Worte der Achtung über alles, was erscheint, vor allem die Menschen, die uns begegnen, ohne jeden Unterschied. Erst in der Gegenwart begegnen die verschiedenen Kulturen, Nationen und Religionen einander täglich. Die enorme Lernleistung, die damit verbunden ist, leitet sich aus der Koordinate der Schöpfung ab. Sie findet ihren vielleicht höchsten Ausdruck in der Anthropologie von der *Würde des Menschen* (*dignitas hominis*). Der humanistische Philosoph Pico della Mirandola hat sie 1486 mit seiner Rede über die Würde des Menschen eingeführt. Diese Rede sollte die Grundlage für eine Versammlung der Gelehrtenwelt in Florenz schaffen. Sie wurde jedoch von Papst Innozens VIII. untersagt.[358] Das Konzept dieser Rede jedoch von der Würde eines jeden Menschen unabhängig von seiner Stellung, seinem Geschlecht, seiner Kondition und Rechte ist zur größten philosophischen Entdeckung des Abendlandes geworden. Sie wurde zur Leitlinie für die gesamte philosophische, soziale und demokratische Entwicklung in Europa und den USA bis hinauf zu den Menschenrechten sowie den Rechten der Person im deutschen Grundgesetz. Entlang dieser Koordinate sind bis heute auch die religiösen Karten zu lesen. Für die Religionen leitet sich aus ihr die Aufgabe ab, davon abzusehen, Menschen nach Gruppen einzuteilen, die eigene Gemeinschaft als ‚auserwählt' zu betrachten, sie mit Rechten auszustatten, die anderen nicht gewährt werden sowie den Kontakt zwischen den eigenen Gläubigen und Menschen anderen Glaubens zu unterbinden oder zu verbieten.[359]

---

358   Pico della Mirandola: De hominis dignitate. Über die Würde des Menschen, Stuttgart: Reclam 2001. Seine Rede, dem Papst zur Prüfung vorgelegt, stellt ‚den Menschen' heraus – ohne jede Einteilung. Pico della Mirandola beginnt mit folgenden Worten: *Hochverehrte Väter! In den Schriften der Araber habe ich gelesen, der Sarazene Abdala habe auf die Frage, was sozusagen auf der Bühne dieser Welt als das Bewundernswerteste erscheine, geantwortet, nichts erscheine der Bewunderung würdiger als der Mensch. Dieser Ansicht pflichtet jener Ausspruch des Merkur bei: „Asklepius, ein großes Wunder ist der Mensch."*

359   Gemäß dieser Koordinate kann ein gravierendes Problem zwischen den Religionen bearbeitet werden, jenes der Anerkennung der allgemeinen Menschenrechte. Sie werden keineswegs von allen geachtet. Das islamische Recht der scharia widerspricht in wichtigen Punkten den Menschenrechten, der Religionsfreiheit, die auch darin besteht, eine Religion abzulegen, sowie dem Prinzip der Gleichheit von Mann und Frau. Gegen die geltenden europäischen Bürgerrechte werden muslimische Frauen auch in Europa weithin stigmatisiert, wenn sie einen nichtmuslimischen Mann als Partner wählen. Zur dringenden Notwendigkeit, auf diesem Feld die rechtlichen Strukturen zu öffnen, vgl.:

Die Koordinate der Schöpfung verlangt ferner die Achtung und den Schutz der Natur. Nichts scheint derzeit notwendiger als die Natur ringsum in ihrer Art zu erhalten, will der Mensch selbst überleben. Die Achtung vor der Natur beinhaltet nach meiner Einschätzung gleichermaßen die Achtung vor den Wissenschaften über die Natur: die Astronomie, Physik, Chemie, Biologie, Medizin, Psychologie und Evolutionslehre.[360] Alle diese Wissenschaften über die Natur sprechen auch vom Menschen. Wer im vollen Umfang Mensch werden will, darf sie nicht übergehen. Hinzu kommt eine wesentliche Erfahrung für alle, die glauben: die grenzenlose Schönheit und geheimnisvollen Strukturen der Natur bis hinaus in den Kosmos sind erst durch diese Wissenschaften sichtbar geworden. Die Bedeutung des Schöpfungsgedankens liegt nach meiner Einschätzung weniger in Aussage, dass der eine Gott das alles ‚gemacht' oder den Menschen zum Herren der Natur ernannt hat, wie es in der Genesis steht. Er ist von Anfang an Herr aller Welten und Zeiten. Der weitaus tiefere Gedanke liegt in der Aussage der Genesis, dass alles aufeinander aufbaut und strukturell verbunden ist. Alles in der Schöpfung steht miteinander in Beziehung und in gegenseitiger Wechselwirkung und Abhängigkeit bis hinauf zur menschlichen Existenz. Eben dieser Mensch, aus der einfachen Natur mit seinem Leib geformt, wird zur Brücke zum Göttlichen, denn er wird von Gott bei seinem Namen gerufen. Diese große Verbindung hat im 13. Jahrhundert Mevlanâ Celaleddin Rumi erkannt und seine Sicht von der Einheit allen Seins in vollendete Verse gebracht:

„Ich starb als Mineral und wurde Pflanze;
als Pflanze starb ich und wurde Tier.
Ich starb als Tier und wurde Mensch.

Troll, Christian, W.: Welchen Stellenwert haben Menschenwürde und Religionsfreiheit im Islam? In: Berstch u.a. (Hg) o.c. 2006, S. 179–198.
Langenfeld, Christine: Religiöse Erziehung von Muslimen in der deutschen Schule und Verfassungsrecht – Bestandsaufnahme und Perspektiven, in: Graf, Peter (Hg.): Religionen in Migration. Grenzüberschreitung als Aufforderung zum Dialog, Göttingen: V&R Unipress 2006, S. 59–85.

360 Der Umgang mit den Naturwissenschaften ist weiterhin ein Problem der Theologien. Ein katholischer Theologe, der diesen Kontext intensiv bearbeitet hat, von der ‚*geistigen Potenz der Materie*' sprach, wurde von seiner Kirche noch vor wenigen Jahrzehnten isoliert. Teilhard de Chardin hat Le Milieu divin, eines seiner wichtigsten theologischen Werke, ‚Jenen gewidmet, die die Welt lieben', und ihm den Satz der Schrift in Latein vorangestellt, *Sic Deus dilexit mundum*' (So hat Gott die Welt geliebt.):
Teilhard de Chardin, Pierre: Der göttliche Bereich. Ein Entwurf des inneren Lebens (Le Milieu Divin), Olten – Freiburg i.B. 1964 (4. Aufl.). S. 1, 115f.

Warum also fürchten, im Tod zu Nichts zu werden?
Bei meinem nächsten Tod
werde ich Schwingen hervorbringen und Federn wie Engel;
dann, mich höher noch aufschwingend als Engel –
was ihr nicht erdenken könnt,
ich werde es sein."[361]

3. Die Koordinate der individuellen Verantwortung

In jedem Menschen wohnt die Instanz des eigenen Gewissens. In ihm findet ein Mit-Wissen, – lateinisch con-scientia -, ein Ein-sehen oder eine Zusammen-Schau dessen statt, wie der Mensch sein Handeln bewertet.[362] Die Koordinate der individuellen Verantwortung verweist den gläubigen Menschen eben auf diese innere Instanz. Damit ist ein kognitiver Blick *nach innen* verbunden, der in allen Religionen Geltung hat. Ein Verhalten, das er vor seinem Gewissen nicht verantworten kann, nimmt er als Sünde wahr. Damit lenken Religionen die innere Reflexion auf die je eigene, individuelle Verantwortung des Menschen: Du wirst über Dein Verhalten einmal Rechenschaft ablegen müssen, kein anderer an deiner Stelle. Kulturen, Gesellschaften, Parteien und Nationen leisten das in einem sehr viel geringerem Maß oder lehnen das eigenständige Handeln aus innerer Verantwortung heraus nach wie vor ab. Religion geht daher immer *jeden Einzelnen persönlich an*, wie K. Nishitani festgestellt hat.[363] Eine Sünde begeht nur der Mensch als Individuum, kein Staat und keine Institution, mögen ihre Verfehlungen noch so groß sein. Die Linie der Koordinate der individuellen Verantwortung verbietet nicht nur ein befohlenes Handeln, dem man selbst innerlich nicht zustimmt. Sie verlangt konstruktiv vom Gläubigen, der sie über die Karten seines Handelns legt, positiv das zu tun, was ihm sein Gewissen sagt. Nur zu handeln wie alle oder weil andere dieses wünschen, ist nicht genug, um individuelle Verantwortung zu übernehmen. In allen Kulturen und Religionen ist das Gewissen auch missbraucht worden, um politische Macht zu erringen.[364]

---

361 Zit. n.: Feild, Reshad, o.c. 1986, S.44.
362 Der griechische Begriff für Gewissen lautet entsprechend: συν–ειδεσις – syneidesis, Zusammen-Schau. Ins Lateinische wurde dieser Begriff als ‚con-scientia' übertragen, Mitwissen, Einsehen.
363 Nishitani, Keiji: o.c. 1982, S. 40.
364 Nur zu deutlich liegt eben in der Gegenwart der Missbrauch dieser Koordinate auf der Hand, wenn selbst ernannte ‚religiöse Führer' andere Menschen in den Kampf schicken und ihnen mit religiösen Argumenten befehlen, Gewalt und Morde auszuführen, so deren eigene Verantwortung ausschalten.

Gleichzeitig gibt es in allen Religionen die Tradition, das individuelle Gewissen der Menschen nicht nur zu achten, sondern es als jenen Ort anzuerkennen, in dem der Geist Gottes oder Gott selbst zum Menschen spricht. Im Christentum schafft das Gewissen Raum für das Wirken der dritten göttlichen Person, des Heiligen Geistes, wo immer Christen leben. Er wird die Gläubigen alles lehren, was sie erkennen sollen (Johannes 15,7f). Der große Mystiker des Christentums, Meister Eckhart (um 1260 – 1328), lehrt in dieser Linie, dass Gott selbst im Menschen wohne. In seiner Predigt: *Junger Mann, ich gebiete dir, ‚Steh auf!'* sagt er:

> *Es ist eine Kraft in der Seele, und nicht nur eine Kraft, vielmehr ein bleibendes Sein, und nicht nur ein bleibendes Sein, vielmehr etwas, das vom bleibenden Sein löst – es ist so unvermischt und so hoch und von so hoher Abkunft in sich selbst, daß kein Geschöpf dahinein zu kommen imstande ist, außer Gott allein: der wohnt darin.*[365]

Die Offenbarung des Koran spricht in einem deutlichen Wort über die innere Stimme Gottes im Menschen in Sure 50,16:

> *Wir haben doch den Menschen erschaffen und wissen, was ihm seine Seele einflüstert. Und Wir sind ihm näher als die Halsschlagader.*[366]

Wenn Religionen in so hoher Form die Instanz der inneren Stimme des Gewissens aufrufen, in denen der individuelle Mensch vor Gott steht und Ihn vernimmt, dann leitet sich aus dieser Koordinate eine Aufgabe ab, die noch zu erkennen, in den Landschaften des religiösen Lebens zu verwirklichen ist. Die Instanz des Gewissens kann nur in Freiheit angerufen werden und selbst sprechen. Alles andere ist nur Antwort auf eine äußere Vorgabe. Das individuelle Gewissen des Menschen ist nur dann wirklich frei, wenn es die Möglichkeit hat, sich für einen anderen Glauben zu entscheiden oder auch nicht zu glauben. Pico della Mirandola hat in seiner Rede nicht nur von der Würde des Menschen gesprochen, sondern auch von der entsprechenden Freiheit seines Willens. Beides bedingt sich gegenseitig von Anfang an, also im Prinzip. In der Unantastbarkeit der Entscheidung des Gewissens spiegelt sich die Unantastbarkeit der Würde der individuellen Person. Die Religionen haben alle den Auftrag, diese Folgerung für ihre eigenen Gläubigen zu achten. In der Katholischen Kirche ist es erst seit dem 2. Vaticanum möglich, sich religiös in dieser Form auf die Freiheit des eigenen Gewissens zu berufen.[367] Für die Mission, für den weltweiten Austausch

---

365   Zit. n.: Graf, Peter; Unterreitmeier, Hans: Meister Eckhart. *Zieh' aus, um zurückzukehren,* Perugia: Benucci 1992, S. 103.
366   Der Koran, o.c. 1992, S. 399.
367   Der Konzilstheologe Bernhard Häring hat hierzu den entscheidenden Zusammenhang zwischen dem menschlichen Gewissen und dem darin zu vernehmenden

mit anderen Religionen ist diese Haltung die Bedingung dafür, Andersgläubige oder auch Menschen, die nicht glauben, nicht zu deklassieren. Der interreligiöse Dialog in gegenseitiger Achtung, der in der Gegenwart zu führen ist, kann nicht ohne diese gegenseitige Achtung geführt werden. Er verlangt, die Entscheidung des individuellen Gewissens in Fragen des Glaubens vorbehaltlos anzuerkennen. Über die Instanz ihres Gewissens achten die Menschen sich gegenseitig auch dann, wenn sie verschiedene Wege wählen.

4. *Die Koordinate der Hinwendung zur Gemeinde*
Gläubige Menschen wenden sich einer Gemeinde zu, denn sie haben in der Regel von anderen gelernt, zu glauben. Mit dieser Koordinate ist die Hinwendung zu *den anderen* im Glauben verbunden. Der Glaube kommt vom Hören, sagt man im Christentum. Im Islam wird ein Kind, das in einer muslimischen Familie geboren wird, als Muslim geboren. Die Hinwendung zur Gemeinde kommt von der Bedingung, dass durch Sprache, gemeinsames Feiern und Vollziehen des Glaubens eine Religion verwirklicht wird. Die hohen Formen religiösen Erkennens verlangen den Austausch, das Überein-Stimmen mit anderen. Keine Religion ist ohne die Pflege ihrer Sprache, ohne das Lesen und Interpretieren von Offenbarungstexten und gemeinsamen religiösen Ritualen vorstellbar. Alle Formen des künstlerischen Ausdrucks der Menschen, Gesang, Musik, Tanz und Bilderwelten spielen dabei eine wichtige Rolle.[368] Muslime pflegen in einmaliger Form über den Gebetsruf, die Pilgerfahrt und ihre Gebete in Arabisch die globale Struktur ihrer Religion. Christen können ihren Glauben nur inmitten der Gemeinde sakramental vollziehen, Hinduisten und Buddhisten haben ihre Tempel und Ordensgemeinschaften. Die im Vorausgehenden besprochene Einheit von Körper und Geist, Seele und Emotion, kann nur im Austausch mit anderen konkret gelebt und mit allen Sinnen erfahren werden. Für die Christen wird die Gemeinde zu einem sakramentalen Ort, denn im Evangelium hat Jesus Christus der Gemeinde seine Gegenwart zugesprochen: *Denn wo zwei oder drei in meinem Namen versammelt sind, da bin Ich mitten unter ihnen.* (Matthäus 18,20)

Wirken des Heiligen Geistes dargestellt, der jedem Menschen zugänglich ist, da Er ihn in sein Dasein ruft und anspricht:
Häring, Bernhard, o.c. 1979, S. 226f.

368 H.R. Maturana und F. J. Varela haben in der Ko-Ontogenese durch Kommunikation und soziale Koppelung die Bedingung dafür erkannt, ein menschliches Bewusstsein zu entfalten: Maturana, Humberto, R.; Varela, Francisco, J.: o.c. 1987, S. 221f.

Die Koordinate der Hinwendung zu anderen Gläubigen hat allerdings auch eine Folge, die bislang unzureichend beachtet wird, jedoch für das interreliöse Feld entscheidend ist. Die Leitlinie, die sie vorgibt, hat nicht nur im Binnenraum der eigenen Gemeinde Geltung. Weitaus die meisten Menschen weltweit folgen einer religiösen Tradition. Dieses bedeutet, dass selbst Weltreligionen zu gläubigen Minderheiten werden, wenn sie diejenigen, die einem anderen Glauben folgen, als Ungläubige aus ihrem Kreis der Wahrnehmung und Begegnung ausschließen. Auf diese Weise deklassieren sie nicht nur jene, die auf andere Weise glauben, sie beschneiden auch die Relevanz ihres eigenen Glaubens. Die Bedeutung ihres eigenen Glaubens lässt sich nicht nur daraus ableiten, dass er den *richtigen Glauben* gegen den *falschen Glauben* der anderen darstellt. Diese Menschen werden dann zur absoluten Mehrheit, die den eigenen Glauben ablehnt. Das Leben in Unwahrheit, das so der verbleibenden Menschheit unterstellt wird, begründet keineswegs die Wahrheit der eigenen Lebensform. Vielmehr geht es um den Dialog, der eben die Bedeutung des eigenen Weges darstellt. Der aber kann nicht gegen die anderen wirklich gelingen, sondern nur im Austausch mit ihnen. Die Ausgrenzung des Fremden beschneidet nur die Reichweite des Eigenen. Über den Dialog mit anderen nimmt sie zu, umfasst neue Lebensbereiche. So wird der interreligiöse Dialog zu einer Gelegenheit, auch für die eigene Gemeinde an Überzeugungskraft zu gewinnen. Nach M. Buber, dem Philosophen des Dialogs, offenbaren Menschen einander das Du einer Beziehung, um darin das eigene Ich zu finden. Ihr Schöpfer ist es, der alle Menschen umfasst, die Linien ihrer Beziehung zusammenführt, wenn sie ohne Unterscheidung in *Aufgeschlossenheit* stattfindet. M. Buber schreibt in ‚Ich und Du':

> *Aber in der vollkommnen Beziehung umfaßt mein Du mein Selbst, ohne es zu sein (…). Die Duwelt … hat ihren Zusammenhang in der Mitte, in der die verlängerten Linien der Beziehungen sich schneiden: im ewigen Du.*[369]

5. *Die Koordinate der Wahrnehmung des Sterbens als Übergang*
In allen Religionen wird das Sterben des Menschen in einer Weise beschrieben, die jeder empirischen Erfahrung diametral widerspricht. Sie alle sehen im Tod nicht das Ende der menschlichen Existenz, sondern erkennen in ihm einen Moment der Wandlung, einen einmaligen Prozess des Übergangs in eine andere Form des Lebens. Damit erschließt diese Koordinate eine Leitlinie, die über das gegenwärtige Leben hinaus führt, eine gläubige Dimension für das Leben im *Jenseits* entwirft. Die menschliche Existenz beinhaltet in vielen Bereichen eine Grenzüberschreitung, so auch sein Sterben. Weltweit stellen die

---

369 Buber, Martin: o.c. 1984, S. 101–102.

Menschen eben diese Frage an ihre Religionen: Ist der Tod das Ende meiner Existenz oder werde ich weiter leben? In welcher Form soll dieses stattfinden, da mein Leben in der aktuellen Form beendet sein wird? Bibliotheken wurden über die Vorbereitung auf einen *guten Tod* geschrieben. Dabei werden Leben und Sterben als zwei Seiten des einen Lebens des Menschen dargestellt, denn bereits im Leben muss Abschied genommen werden, wenn etwas wirklich Neues beginnen soll. Im großen Abschied des Sterbens findet die Wandlung des Lebens als Übergang in eine höhere Form des menschlichen Seins statt.[370] Religionen entfalten über diese Koordinate einen Blick auf die Landschaft des Lebens, der Menschen befähigt, dem Leiden, der Last von Schmerzen und Unglücksfällen, in die ihr Lebensweg sie führt, eine religiöse Bedeutung zu geben, sie als Teil ihres Lebensweges anzunehmen. Am Ende wird dieser Weg jeden Gläubigen auch in das Ereignis des Sterbens führen. Diese Koordinate lässt das Leben zum Prüfstein dafür werden, Dinge aufzugeben und abzulegen, die einem wertvoll sind. Sie soll die Gläubigen befähigen, den Gewinn zu erkennen, der in der Loslösung von der äußeren Welt liegt, so mit weniger Angst auf das eigene Lebensende zu sehen. Auch hier liegt der erste Zugang, mit dieser Koordinate durchs Leben zu gehen, darin, die Aussage der eigenen Religion über das Sterben als Moment der Wandlung zu glauben. Eine damit verbundene, sehr viel schwerere Aufgabe ist jedoch damit verbunden, das eigene Leben als einen Weg zu erfahren, der sich darin vollendet, das eigene Ich von eigenen Erwartungen und Urteilen zu lösen. Bereits im Leben geht es darum, frei zu werden für den großen Moment der Erlösung, den der Glaube inmitten von Abschied, Leiden und Schmerzen verheißt. Damit verweist diese Koordinate nicht nur auf das Ende der menschlichen Existenz. Sie befähigt zur Deutung des Leides, dem jeder Mensch begegnet, und bereitet auf die Begegnung mit dem Vergehen vor, ohne das kein Leben stattfinden kann. Im Christentum mit seinem Zeichen des Kreuzes ist das Leiden so präsent wie in keiner anderen Religion. Doch alles Leiden als Nachfolge verweist auf das neue Leben in der Auferstehung Christi, die allen Gläubigen zugesprochen wird.

---

370 Die Konzepte der Erlösung, Auferstehung, Himmel, des Paradieses oder Wiedergeburt und Übergang ins Nirvana stehen für diese höhere Seinsform. Religiöse Lehren über den Tod beinhalten damit eine alle Zeiten und Kulturen überdauernde Reflexion über das Leben des Menschen auf ihrem Weg zur Vollendung. Vgl.: Sogyal Rinpoche: Das Tibetische Buch vom Leben und vom Sterben. Ein Schlüssel zum tieferen Verständnis von Leben und Tod, München: Droemer Knaur 2010.

Für die Christen wie wohl für alle Gläubigen weltweit genügt es nicht, diese Leitlinie des Glaubens über das Sterben zu bekennen. Es geht darum, nach dieser Koordinate den eigenen Lebensweg zu verwirklichen. Asiatische Gelehrte sprechen von der lebenslangen Aufgabe, sich in der eigenen Existenz *‚dem Feld der Leere* zu stellen. Sie rufen zu einer geradezu absoluten Loslösung von eigenen Vorstellungen auf, denn: *Die Leere ist das Selbst.*[371] So der bedingten Existenz des Menschen auf dem Lebensweg ins Auge zu sehen, ist nicht nur Vorbereitung auf den großen Abschied, der im Sterben stattfindet. Auf dem Weg des Glaubens fähig zu werden, *‚alles loszulassen',* in dem es kein Mein und Dein, kein Anhaften an ein Ich mehr gibt, ist ein Weg heilender Befreiung im Leben selbst. Diese Koordinate vom Sterben als Übergang zu lesen, ist nach Takamaro Shigaraki die *große Wahrheit des Lebens,* sie allein bereitet auf den großen Wandel am Ende der gegenwärtigen Existenz des Menschen vor. Sie ruft den Weg religiösen Erwachens auf, der gleichzeitig befähigt, *über den Tod hinaus zu wachsen.*[372]

4.3 Wegweisung im interkulturellen Feld

Eine Theologie des Weges kommt aus der interkulturellen Begegnung und befähigt eben dazu. Sie hat nicht die Aufgabe, neue Landkarten für die Religionen zu zeichnen noch schreibt sie bestimmte Wege vor. Sie wird vielmehr Gläubige auf ihrem individuellen Weg in eine Welt der religiösen Vielfalt begleiten. Sie entwickelt daher keine neue Kunde von Gott, – wörtliche Übertragung des Begriffes Theologie -, sondern bestärkt Menschen in ihrer inneren Reflexion darüber, wie sie den von ihnen gewählten Weg vollenden können. Jeder Glaube beinhaltet große Abschiede und weite Ausfahrten. Entsprechend erinnert eine Theologie des Weges an den Ursprung des Aufbrechens und stellt das religiöse Bemühen in den allein angemessenen offenen Horizont, vereint die nötigen Kräfte aus Körper, Seele und Geist. Darin liegt eine Wegweisung, die der gewählten Landkarte vorausgeht, ohne sie in Frage zu stellen. Wer in ein Zen-do geht, um den Weg der Zenmeditation zu lernen, wird von seinem Meister irgendwann die berühmte Anweisung hören: Brich' auf, sei *auf dem Weg, ohne das Haus verlassen zu haben.*[373] Die Weisung bezieht sich auf die Praxis des Menschen, auf seinem Lebensweg über eine allgemeine Lehre hinaus sein Selbst zu entfalten. Sie schafft

---

371 Nishitani, Keiji, o.c. 1982, S. 241, 242.
372 Shigaraki, Takamaro: Sogar der Gute wird erlöst, um wie viel mehr der Böse. Der Weg des buddhistischen Meisters Shinran, Luxembourg: Kairos 2004, S. 86.
373 Kadowaki, Kakichi, J.: Zen und die Bibel. Ein Erfahrungsbericht aus Japan, o.c. 1989, S. 23.

Orientierung, indem sie dazu einlädt, die eigenen Augen zu erheben, sich einem offenen Horizont zuzuwenden. Über diese Grundlegung hinaus ist eine Theologie des Weges geeignet, Menschen unterschiedlichen Glaubens zusammen zu führen und zu bestärken, auf ihrem je eigenen Weg das gemeinsame Land, das sie durchschreiten, im gegenseitigen Austausch zu erkunden. An die Stelle von Lehrwerken, die immer für andere verfasst sind, werden eigene Erfahrungen weitergegeben, die anderen den Zugang für ihre Erfahrung erschließen. Dabei wird sich zeigen, wie viel ein jeder von allen anderen und mit ihnen lernen kann. So entsteht kreative Orientierung auf dem gemeinsamen Weg, werden tradierte Lehren neu gedeutet und bekannte Gebote in erweiterter Form mit anderen gelebt.

Eine Theologie des Weges bietet mit den vorgestellten Koordinaten eine grundlegende Quelle dafür an, den eigenen Lebensweg verbindlich zu deuten.[374] Die andere Quelle liegt in der gewählten Karte der je eigenen Religion. In ihrer Überlagerung schaffen beide Quellen eine ebenso aktuelle wie verbindliche Form des Erkennens. Gleichzeitig führen die Leitlinien der Koordinaten die Gemeinden zusammen. Der Dialog mit anderen Menschen auf ihrem Weg wird kreativ-neue Erfahrungen freilegen, die noch niemandem bekannt sind. Eine Theologie des Weges will nicht zusätzliches Wissen vermitteln, das man sich aneignen sollte, um es später anzuwenden. Sie wird sich daher immer als eine Einführung verstehen. Doch darin wird sie wesentlich, denn sie erinnert an grundlegenden Fragen, die jeder Glaube von Anfang an stellt. Der Vollzug des Weges selbst überschreitet festgelegte Lehren. Er fordert dazu auf, das bestehende Wissen zurückzulassen, um es zu erneuern. So lehrt der Weg selbst, führt über das bereits Erkannte hinaus. Bestehendes ist zu überschreiten, um es weiter zu verwirklichen.[375] Dazu zählt die Einheit von Körper und Geist, die sich laufend entwickelt. Nirgendwo wird dieser Zusammenhang so deutlich ausgesprochen wie im Buddhismus. Daher haben Buddhisten *Tao* im Sinne einer *Lehre des Weges* entfaltet. So verweisen die Zenmeister intensiv auf das gläubige Tun, das der Einzelne Schritt für Schritt mit seinem Körper zu vollziehen hat, über

---

374 Die genannten Koordinaten stellen keine gemeinsamen Schnittmengen aus verschiedenen Dogmatiken dar. Damit ist eine Verdinglichung gläubiger Lehren gemäß der Mengenlehre verbunden. Theologien oder Ethiken ‚im Dazwischen' geht ihre ursprüngliche Verbindlichkeit verloren.

375 Den *Weg des Derwisch zu gehen* bedeutet nach Reshad Feild, *dass man alle Vorstellungen, alle Ideen und Gedanken darüber, was man ist, hinter sich lassen muß. Man muß gegenüber dem, was man für sich selbst hält, absterben, um geboren zu werden in das, was man wirklich ist; das ist das wahre Erbe der Seele.*
Feild, Reshad: o.c. 1986, S. 87.

intellektuelles Wissen hinaus. Sie bezeichnen das Tao als Ursprung und Ziel des Lebens aus dem Glauben – ohne diesem principium einen Namen zu geben:[376]

> Nan-tjüan sprach: „Der Weg ist kein sichtbares Ding, er ist auch kein unsichtbares Ding. Er ist nichts Erkennbares und auch nichts Unerkennbares. Suche ihn nicht, lerne ihn nicht, nenne ihn nicht! Sei weit und offen wie der Himmel, und du bist auf dem Weg.[377]

Was buddhistischen Meister als *einfach* bezeichnen, ist ein grenzenloses Unterfangen, eine unabdingbare Notwendigkeit auf dem Weg in die offene Weite des Lebens aus dem Glauben. Sie verlangen, alles Wählerische abzulegen, das eigene Wissen, den eigenen Willen vollkommen zurückzustellen, um sich auf den großen Weg des Tao zu begeben.[378] Tatsächlich beinhaltet diese Haltung die strengste Übung ein Leben lang, zu der jeder, der sich dieser Askese unterzieht, seine ganze Kraft und Aufmerksamkeit benötigt: ohne eigenes Urteil und ohne jede eigene Bewertung in *reiner Erfahrung* (N. Kitaro) auf die gegebene Welt zuzugehen, wie sie einem begegnet. Die für den Zenbuddhismus grundlegende Meißel-Inschrift des chinesischen Meisters und dritten Patriarchen des Zenbuddhismus, Seng-ts'an (gest. 606), beginnt mit den machtvollen Versen über das höchste Tao:

---

376 Lateinisch ‚principium' bedeutet *Anfang* im Sinne von *Ursprung und Wesen*.

377 Zit. n.: ZEN. Aussprüche und Verse der Zen-Meister, hg. v. Weber-Schäfer, Peter, Frankfurt a.M.: Insel 1964. S. 25. Der Zen-Meister Nan-tjüan lebte von 749–835 in China und Japan.

378 Die tariqa-Pfade der muslimischen Sufis oder Derwische führen gleichermaßen in die Armut und vollkommene Loslösung von allen Dingen. Der christliche Mystiker Johannes vom Kreuz (1542 – 1591) verlangt von seinen Brüdern absolute Selbstverachtung. Er begründet sie mit den Worten:
(…) *Willst du dahin gelangen, alles zu verkosten,*
  so suche in nichts Genuß;
willst du dahin gelangen, alles zu wissen,
  verlange in nichts etwas zu wissen;
willst du dahin gelangen, alles zu besitzen,
  verlange in nichts etwas zu besitzen;
willst du dahin gelangen, alles zu sein,
  verlange in nichts etwas zu sein. (…)
Zit. n.: Johannes vom Kreuz. Gotteserfahrung und Weg in die Welt, hg. v. Johannes Boldt, Olten: Walter 1984 (2. Aufl). S. 86.

Der höchste Weg
ist nicht schwierig,
nur ohne Wahl.

Hasse nicht,
liebe nicht,
dann ist es klar.
und eindeutig.

Gibt es auch nur die
die kleinste Unstimmigkeit,
dann entsteht ein Unterschied,
so groß wie der
zwischen Himmel und Erde.[379]

Bei aller Größe dieses Vorhabens, Grenzen zu überschreiten, ist es den Menschen gegeben, auf dem Weg des Glaubens in vollkommener Weise arm und leer zu werden. Ihnen ist zugesprochen, dass sie auf dem Weg nicht nur ihr Selbst vollenden, sondern dabei Eingang in die volle Wahrheit finden werden. Auch für die Christen und Muslime wird der Weg zum *principium*, zum Anfang und Ursprung für ihren Weg in das Heil, in dem sie ganz werden. Dabei ist es Gott, der die Menschen auf ihren so verschiedenen Wegen ins Heil führt. Der Mensch muss die Wahrheit nicht zuerst wissen, um sie dann zu tun. Ihm wird auf dem Weg die ganze Wahrheit eröffnet werden. Darin liegt mehr als eine theologische Lehre, eben der Grund für eine Theologie des Weges. Sie ist viel mehr als das Ansehen einer wahren Natur, sie führt in *die wahre Natur, die sehend wird*.[380] Ihre Hinführung liegt darin, Menschen darauf vorzubereiten, selbst an jenen Ort zu gelangen, im dem Erkennen und Erleben eins werden.[381] Die Führung, die Menschen hierzu benötigen, wird den Christen und Muslimen mit den Worten aus

---

379 Seng-Ts'an: DIE MEISSELSCHRIFT VOM GLAUBEN AN DEN GEIST. Das geistige Vermächtnis des dritten Patriarchen des Zen in China, hg. v. Soko Morinaga Roshi, Bern: Barth-Scherz 1991, S. 31f.
380 In dieser Erfahrung liegt das Ziel der Zenmeditation: Kadowaki, Kakichi, o.c. 1980, S. 29.
381 Eine Theologie des Weges ruft in neuer Form die absolute Wahrheit auf. Sie ersteht über und hinter der Lehre, erscheint inmitten des bewegten Lebens. Um diese existentielle Wahrheit zu er-fahren, muss der Gläubige sich von allem Äußeren lösen. Darin liegt die Lehre der Esoterik, des nach innen gewendeten Glaubens in den Religionen. So sprechen die Sufis von ‚dem Weg'. Wer zu dieser großen Reise aufbricht, gelangt zur inneren Erfahrung der Wahrheit selbst. Reshad Feild fasst sie mit den Worten in: Feild, Reshad, o.c. 1986, S. 110:

ihren Offenbarungstexten selbst zugesprochen. Mit zwei Zitaten dazu aus dem Koran und dem Neuen Testament schließe ich meine Studie. Im Koran heißt es in der Sure 2, Vers 213:

> Nun hat Gott die, die glauben, mit seiner Erlaubnis zu der Wahrheit geleitet, über die sie uneins waren.
> Und Gott führt, wen er will, zu einem geraden Weg.[382]

Im Johannesevangelium legt Jesus Christus mit folgenden Worten Zeugnis ab für die Begleitung seiner Gläubigen auf ihrem Weg:

> Ich bin das Licht der Welt.
> Wer mir nachfolgt, wird nicht in der Finsternis umhergehen,
> sondern wird das Licht des Lebens haben. (Johannes 8,12)[383]

„Was ich suchte, war das, was suchte! Und da verstand ich – es ist Gottes sehnlichstes Verlangen, daß wir die WAHRHEIT erkennen, die uns zu Suchenden macht, und die WARHEIT ist nichts anderes als Er Selbst."
Vergleichbar beschließt Thomas von Kempen sein Werk ‚Die Nachfolge Christi' mit einem Abschnitt, in dem er die absolute Wahrheit Gottes auf dessen Wirken bezieht, das jede rationale *Ergründung* überschreitet:
Jede Vernunft und natürliche Ergründung muß dem Glauben folgen, nicht ihm vorangehen, nicht ihn schwächen.
Denn Glaube und Liebe sind hier das Höchste und wirken auf verborgene Weise in diesem heiligsten und allerhabensten Sakrament.
Gott, der Ewige, der Unermeßliche, der unendlich Mächtige, schafft Großes und Unerforschliches im Himmel und auf Erden; unmöglich ist die Ergründung seiner wunderbaren Werke.
Wenn die Werke Gottes so wären, daß sie leicht von der menschlichen Vernunft erfaßt werden könnten, so wären sie nicht wunderbar und unaussprechlich zu nennen.
von Kempen, Thomas: Die Nachfolge Christi, übertragen v. Felix Braun, Stuttgart: A. Kröner 1949, S. 303.

382 Der Koran, o.c., 1992, S. 25.
383 Zit. n.: Einheitsübersetzung der Heiligen Schrift. DAS NEUE TESTAMENT, hg. v. den Bischöfen Deutschlands (…), Stuttgart: Katholische Bibelanstalt 1979, S. 240.

www.ingramcontent.com/pod-product-compliance
Ingram Content Group UK Ltd.
Pitfield, Milton Keynes, MK11 3LW, UK
UKHW061921210426
5322IPUK00007B/189